ROBERT BOSNAK

Auf den Spuren unserer Träume mit der Weisheit der Aborigines

Aus dem Amerikanischen
von Angelika Bardeleben

GOLDMANN

Die Originalausgabe erschien unter dem Titel
»Tracks in the Wilderness of Dreaming«
bei Delacorte Press, New York.

Deutsche Erstausgabe

Der Goldmann Verlag
ist ein Unternehmen der Verlagsgruppe Bertelsmann

Deutsche Erstausgabe Dezember 1997
© 1997 der deutschsprachigen Ausgabe
Wilhelm Goldmann Verlag, München
© 1996 der Originalausgabe Robert Bosnak
Umschlaggestaltung: Design Team München
Umschlagabbildung: B. Schmid/Photonica
Satz: Uhl + Massopust, Aalen
Druck: Elsnerdruck, Berlin
Verlagsnummer: 13224
Lektorat: Olivia Baerend
Redaktion: Claudia Alt
Herstellung: Sebastian Strohmaier
Made in Germany
ISBN 3-442-13224-0

1 3 5 7 9 10 8 6 4 2

Arthur Bosnak (1911–1990) gewidmet

»Vielleicht hast du die Rituale des Begräbnisses nicht richtig erfüllt. Vielleicht gibt es da immer noch etwas, was du für die Toten tun solltest.«

Nganyinytja, 1993

»Es erwies sich mir als ein Stück meiner Selbstanalyse, als meine Reaktion auf den Tod meines Vaters, also auf das bedeutsamste Ereignis, den einschneidendsten Verlust im Leben eines Mannes.«

Sigmund Freud, 1907
Vorwort zur zweiten Auflage von *Die Traumdeutung*

Inhalt

1 Das rote Zentrum 9

2 Ein genialer schöpferischer Akt 19

3 Während des Träumens und über das Aufwachen 39

4 Symbiotische Kommunikation 79

5 Pfade des Träumens 107

6 Traumseminar 1: Wechsel der Jahreszeiten 129

7 Traumseminar 2: Ein gräßliches Experiment 161

8 Der Spur des eigenen Träumens folgen 199

9 Mein alter Herr 247

Anhang 251

Traummaterial, das in Kapitel acht verarbeitet wurde 253

Bibliographie 279

Danksagungen 283

Kapitel 1

Das rote Zentrum

In jenem Monat nach dem Tod meines Vaters hatte ich das innere Bedürfnis, am Ende jeder Woche in meinem Sprechzimmer ein Ritual zu vollziehen. An der Wand hinter meinem Stuhl hängt über dem Kamin – der jenes alte viktorianische Zimmer in Cambridge, New England, schon viele Jahre lang erwärmt hatte, bevor ich es 1977 in meinen Behandlungsraum verwandelte – ein mysteriöses Werkzeug, das früher zu einem alten Holzherd gehört hatte. Ein dicker Stiel aus gebogenem Eisen verjüngt sich an seiner Spitze zu einem kleinen Ring, während er zugleich fest verbunden ist mit einem Ring an seinem unteren Ende.

Nach dem Tode meines Vaters berührte ich immer wieder den unteren Ring und legte etwa in der Höhe meines Kopfes meine hohle linke Hand darüber. Dann schloß ich die Augen und sah im Geist die Milchstraße. Meine Phantasie reiste in einer Spiralbewegung in diese Milchstraße, bis tief in ihr Zentrum hinein. Dort sah ich dann die Kopfhaut meines Vaters mit dem schütteren weißen Haar, auf das er so stolz war und das er auf seinem fast kahlen, glänzenden Schädel (allerdings war mein Vater in meiner Erinnerung niemals kahl) immer glatt zurückkämmte. In meiner Phantasie verweilte ich eine Zeitlang im Zentrum der Milchstraße, dort, wo das Licht am intensivsten ist. Unzählige

9

winzige Körnchen kosmischen Staubs umhüllten mich wie eine Wolke weißen Sternenlichts. Dann sagte ich: »Danke für alles, was du gegeben und was du nicht gegeben hast. Jetzt nimm alles zurück.« Mit diesen Worten distanzierte ich mich von meinen heftigen Gefühlen und ging nach Hause, um dort mein arbeitsfreies Wochenende zu genießen. Mein rationales Selbst lächelt mit einem Gefühl absoluter Überlegenheit über dieses kindliche Ritual, aber bis zum heutigen Tag, drei Jahre später, vollziehe ich es regelmäßig am Ende jeder Woche.

Ilyatjari der Ngankari, ein australischer Geistheiler vom Stamm der Pitjantjatjara im Zentrum Australiens, der Körper und Seele gleichermaßen behandelt, sitzt mir gegenüber. Sein dunkles, glänzendes Gesicht mit den neugierigen Augen, die mich mit intensiver Leidenschaftslosigkeit beobachten, strahlt höchste Aufmerksamkeit aus. Er weiß, wie weit ich gereist bin – über mehrere Kontinente, über die halbe Erdkugel hinweg – und daß ich nur sehr wenig Zeit habe. Er möchte mit mir reden. Auf welche Weise gedenke ich diese paar Tage – weniger als eine Woche – zu nutzen? Ich erzähle ihm, daß ich mit ihm über das Träumen reden möchte. Dies ist eine bloße Formalität, da ich Diana James, der Anthropologin, schon Monate vor dieser ersten Reise in den australischen Busch geschrieben und sie gefragt hatte, ob sie unter den Aborigines einen Traumdoktor kenne, der bereit wäre, sich mit einem westlichen Traumdoktor zu treffen, um mit ihm über das beiden gemeinsame Metier zu diskutieren. Ilyatjari hatte sich damit einverstanden erklärt.

»Soll ich dir erst mal erzählen, wie ich arbeite?« frage ich ihn, um ihm einen Einblick in meine Arbeitsweise zu geben. Nachdem man ihm meine Frage übersetzt hat, nickt er. Er, seine Frau und seine Schwägerin halten dies offensichtlich für eine ausgezeichnete Idee. Sie sitzen auf dem sienaroten, pudrigen Sand und fühlen sich in ihrer staubigen Kleidung wohl. Meine Kleidung wird ebenfalls immer staubiger, aber ihr haftet noch immer eine Spur von Sauberkeit aus der Welt an, in der ich sie in meinen schwarzen Rucksack gepackt habe und die einen halben Erdball hinter mir liegt. Ich sitze auf einem Reisehocker und bemühe mich, auf meinen Rücken zu achten, aber später, in der Hitze unseres Gesprächs, rutsche ich auf den Boden hinunter, um ihnen näher zu sein. Ein gefleckter brauner Köter liegt, alle viere von sich gestreckt, hinter Ilyatjari und schläft.

Ich greife aufs Geratewohl den letzten Traum heraus, mit dem ich gearbeitet habe, da mir die Arbeit mit ihm noch frisch in Erinnerung ist. Es ist der Traum eines jungen Weißen, der ihn in einem Traumseminar in Melbourne (ein Seminar über Traumarbeit, bei dem Träume der Teilnehmer als Material benutzt werden) vortrug. Beim Reden wird mir jedoch bewußt, daß es in der Geschichte dieses jungen Mannes auch um mich geht und daß die Auswahl nicht zufällig war.

»Vorgestern hat mir dieser Mann von Anfang Dreißig einen Traum erzählt, mit dem ich arbeitete«, beginne ich. In dem Traum geht es um ein Auto. Ich weiß, daß Ilyatjari in einem Fahrzeug mit Vierradantrieb durch die Wüste fährt. Wir hatten gesehen, wie der Wagen in einer Staubwolke in das Camp hineinrumpelte. Ilyatjari saß auf der rechten Seite hinter dem Lenkrad und grinste schelmisch in Dianas Richtung.

»Dieser junge Mann fährt einen Wagen aus der Zufahrt seines imposanten Hauses in England. Ein großartiges Haus, gebaut für einen Mann aus dem Westen. Ein Herrensitz. Er hört, wie der Kies unter den Rädern des Wagens knirscht. Es macht ihm Spaß, den Wagen zu lenken. Es ist ein offener Wagen. Sehr imposant. Dann erreicht er den Highway und beginnt, mit höchster Geschwindigkeit zu fahren. Der Motor heult auf. Vollgas. Plötzlich überdreht der Motor, beginnt zu stottern und stirbt ab, macht noch einen letzten Satz nach vorn und kommt dann, immer noch heftig vibrierend und schwankend, endgültig zum Stehen. Der Fahrer hört das Aufheulen des Motors, bis er bemerkt, daß eine Frau neben ihm sitzt und vor Entsetzen lauthals schreit. Der Fahrer ist schockiert und wacht mit einem heftigen Schreck auf.«

Diana dolmetscht den letzten Satz vom Englischen in die Sprache der Pitjantjatjara. Die drei Ältesten nicken. Die Wüste um uns herum schweigt, im Gegensatz zu der geschilderten Raserei des Getriebenen.

»Das ist der Traum. Also, ich bin wie folgt vorgegangen: ich forderte zunächst den Träumer auf, sich in die Kraft des Wagens einzufühlen. Er konnte die Kraft in seinem Körper deutlich spüren, bis tief hinunter in seine Lenden, sein Geschlechtsteil, und sie gab ihm ein Gefühl von Vitalität und Potenz. Dann half ich ihm, den Motor zu spüren, wie er die Straße entlangrast und bis zum Äußersten auf Touren gebracht wird. Er kann die Wirkung dieses Getriebenseins auf seinen Körper spüren. Dies ist ein sehr typischer Traum für einen jungen Mann aus dem Westen«, füge ich hinzu. »Das ist der Grund, warum so viele westliche Männer schließlich einen Herzinfarkt erleiden: weil sie zu hart arbeiten. Sie sind Getriebene. Der Motor macht mehr Umdrehungen, als er ertragen kann.«

Während Diana übersetzt, bemerke ich, daß sie mich verstehen, daß sie sich der Gefahren der beeindruckenden, aber gehetzten westlichen Zivilisation sehr wohl bewußt sind. Nganyinytja, Ilyatjaris Frau, schüttelt mit einem Ausdruck von skeptischer Mißbilligung den Kopf. Ich nehme an, sie versteht nicht, warum jemand sich selbst zu Tode fährt. Aber vielleicht denkt sie auch an etwas ganz anderes, während ich mich bei meinen selbstkritischen Überlegungen über meinen eigenen, getriebenen Lebensstil beobachte.

»Dann bitte ich den Träumer, sich in die Seele der Frau einzufühlen. Die Seele der schreienden, entsetzten Frau in sich hereinzulassen. Zuzulassen, daß die Seele der Frau, die neben ihm sitzt, sich seiner bemächtigt. Zunächst einmal lauscht er eine Weile in sich hinein und erinnert sich an den Klang ihrer Stimme. Plötzlich fühlt er, wie der Schrei wie ein Messer in ihn eindringt. Er kann tatsächlich fühlen, wie sie schreit. Er nimmt ihr Entsetzen deutlich wahr und fühlt sich zutiefst verletzlich, auf eine Weise, wie er es nie zuvor erlebt hat. Jenes Gefühl der Verletzlichkeit, das bei ihm zurückbleibt, nachdem er die Angst der Frau gespürt hat, ist für sein Leben von entscheidender Bedeutung. Es ist diese Angst, die ihn dazu zwingt, die Menschen von sich wegzustoßen. Wirklich in die Angst hineinzugehen kann sie letztlich vermindern. Es ist gefährlich, die Angst zu vermeiden, indem er sich immer unbarmherziger antreibt. Sie isoliert ihn, entfernt ihn von anderen Menschen. Er ist ein einsamer Mann. Er stößt andere Menschen von sich.

Vielleicht kann er jetzt mit einer Frau zusammenleben, ohne sie von sich zu stoßen, vielleicht kann er jetzt eine Familie haben«, beende ich diese kurze Zusammenfassung der Traumarbeit in Melbourne und werde mir zugleich bewußt, daß die wichtige Funktion der Familie etwas Universelles ist, etwas, was jeder Mensch versteht. Einige von Ilyatjaris Enkelkindern basteln irgendwo weiter hinten zusammen mit Dianas sechsjährigem Sohn einen Tennisschläger. Ich habe den Träumer isolierter und verängstigter geschildert, als er es in Melbourne tatsächlich war, aber ich wollte die volle potentielle Kraft eines solchen Traumes verdeutlichen.

»Das ist gut, wie du arbeitest«, ist Ilyatjaris Kommentar. Ich erröte. Die beiden Frauen sind bei dem Gedanken an diesen angstgetriebenen jungen Mann, der sich zu einem so rasenden Tempo zwingt, daß er daran zugrunde zu gehen droht, sehr bewegt. Ihre Augen sind feucht.

13

»Wie arbeitet er?« frage ich Diana.

Ilyatjaris dunkelbraunes Gesicht sieht aus wie das der Gnome, von denen uns in den Märchen unserer Kindheit erzählt wurde: äußerst konzentriert, ernst, aber mit einem verspielten Glanz in den Augen. Er erzählt Diana eine Geschichte, die sie mir abschnittweise übersetzt. Unter uns und um uns herum ist die rostfarbene Erde ausgelaugt und brüchig, als bestünde die Welt aus Staub. Myriaden von kleinen Blüten schimmern im Licht, erzählen von den heftigen Regengüssen der letzten Zeit, die die Wüste zum Blühen brachten. Die Bäume sehen aus, als nährten sie sich von der Dürre, ihre Rinde wirkt wie eine Pergamenthaut, die wie tot erscheint, es aber nicht ist.

Während er Diana antwortet, fällt mir plötzlich mein Traum der vergangenen Nacht ein, in dem ich das Weiße Haus besuchte und dort einem sehr ängstlichen Präsidenten Clinton begegnete. Gerade tagte das Kabinett; im Hintergrund war ein rechteckiger Abgrund, aus dem ein dunkler Schwarm Fledermäuse aus der Jurazeit aufstieg. Sie flatterten mit ihren knochigen, leuchtendroten, riesigen Flügeln – ein schrecklicher Anblick. Ich fragte, ob es Flugsaurier wären. Ein Mann, den ich kenne, verneinte die Frage. Es wären archaische Vögel, die ich nie zuvor gesehen hätte. Es scheint, daß in der Wildnis meines westlichen Verstandes, der im Weißen Haus beheimatet ist, sich ein Gefühl der Unsicherheit breitmacht, die Angst, die Kontrolle zu verlieren, während archaische Wesen aus dem Abgrund emporsteigen.

»Nachts wird er ein Adler«, dolmetscht Diana. Ilyatjari hat mit zusammengepreßten Handflächen eine Tauchbewegung nach vorn gemacht, so wie man einen Wasserskislalom oder ein Flugzeug in einer Flugzeugschau beschreiben würde. »Er stürzt sich aus der Luft herab, um die schlafende Person zu packen, deren Krankheit er behandeln soll.« Ilyatjari verfolgt Dianas Worte sehr aufmerksam, was mich davon überzeugt, daß sein Englisch über die Grundkenntnisse der Sprache hinausreicht. Er strafft seine Schultern, als würde er mit ihren Worten durch die Lüfte fliegen, und bewegt dann mit einer Geste erfrischender Unbekümmertheit die Arme wie Flügel auf und ab. »Er nimmt den Kranken auf seinen Rücken und achtet darauf, daß er nicht hinunterfällt.« Ilyatjaris Schultern sind so weit zurückgebogen, daß sich die Schulterblätter fast berühren. Ich werde mir bewußt, daß er dem Mitreisenden auf seinem Rücken hilft, nicht hinunterzufallen, indem er ihn während des raschen Fluges zwischen seinen Schulterblättern festhält.

»Dann fliegt er auf geradem Wege zur Milchstraße. Er sagt, daß sein Kopf weiterhin sein eigener ist und daß der Kranke hinterher manchmal seinen Hinterkopf wiedererkennt. Aber der Patient darf nicht sagen, welcher Ngankari ihn auf den Adlerflug mitgenommen hat. Der Ngankari selbst darf es sagen, aber der Patient nicht. Dann erreicht er den Ort auf der Milchstraße, der einer Hand ähnelt. Dort sind die toten Ngankaris.«

Ilyatjari zeichnet eine Art Hand in den Sand und legt Stöckchen darum herum. Er arbeitet langsam und zielstrebig; seine intensive Konzentration bewirkt, daß ich den Ort, von dem er redet, fast vor mir sehen kann. Auf dem roten Sand läßt sich sein Weg zum Zentrum der Milchstraße ablesen. Zurück bleibt ein Sandgemälde zur Erinnerung an seine nächtliche Reise.

»Das da sind die Stöcke. Sie fallen in die Stöcke hinein, er und der kranke Mann, den er trägt. Die Stöcke durchbohren sie.« Ich sehe den Arzt und den Patienten aufgespießt auf Strahlen uralter Heilkräfte. »Dann fliegt er in einem wilden Zickzack zurück, während er ständig versucht, den Kranken nicht zu verlieren. Wenn der Kranke hinunterfällt, dann wird er erneut krank werden.«

Ilyatjari unterbricht Dianas Bericht. Seine Bewegungen sind

sehr heftig, dann hören sie plötzlich auf. Es ist eine lange Geschichte.

»Ilyatjari sagt, wenn jemand noch lernt, ein Ngankari zu sein, dann passiert es manchmal, daß er den Kranken fallenläßt, weil er unerfahren oder übermütig ist. Der Ngankari profitiert sehr von dieser Erfahrung. Er muß noch einmal ganz von vorn anfangen und lernen, ruhig und sicher zu fliegen«, erklärt Diana. Mir fällt ein schrecklicher Fehler ein, den ich einmal bei einer Patientin machte. Ich hatte sie aus einem Gefühl der Gereiztheit heraus zu einem falschen Zeitpunkt, viel zu früh, mit einer Erkenntnis konfrontiert, lange bevor sie bereit war, diese zu akzeptieren – einfach deshalb, weil ich diese Erkenntnis nicht länger für mich behalten konnte. Aufgrund meiner Ungeduld scheiterte ihre Analyse – und ich erhielt eine wertvolle Lektion, meine Gereiztheit zu beherrschen und den richtigen Zeitpunkt abzuwarten. Während ich darüber nachdenke, wieviel mehr wir Analytiker von unseren Fehlern profitieren als unsere Patienten, ist Ilyatjari dabei, etwas sehr viel ausführlicher zu erklären, nicht mit der atemberaubenden Geschwindigkeit des Fluges, den er vor ein paar Sekunden schilderte. Ich warte auf Dianas Übersetzung.

»Häufig möchte der Kranke nach einem solchen Flug selbst ein Ngankari, ein Medizinmann, werden, aber dann erklärt ihm Ilyatjari, daß das nicht geht. Das ist erst möglich, nachdem er viele Male geflogen ist.« Ich lache und sage, daß es bei der Analyse genauso ist. Zu Beginn der Behandlung möchten viele Patienten Analytiker werden. Wir nennen das Übertragung.

»Am nächsten Morgen saugt er die Stöcke aus dem Kranken heraus.«

Das war's dann. Geheilt. Wer kommt als nächster dran?

»Hat er das schon immer gekonnt?« frage ich und hoffe, daß meine Frage nicht meinen spontan aufflammenden Neid erkennen läßt.

16

»Er sagt, er habe schon immer das Zweite Gesicht gehabt. Er habe Dinge sehen können, die andere nicht sehen konnten. Aber im Teenageralter verlor er diese Gabe, weil er das Fleisch vom Stachelschwein aß. Das scheint für Ngankaris und für das Zweite Gesicht nicht günstig zu sein. Aber dann erzählte ihm ein alter Ngankari, daß diese Fähigkeit langsam wieder zurückkehren würde. Und das tat sie dann auch. Seine Augen öffneten sich wieder, und sein Mund öffnete sich. So konnte er das Schlechte aus dem Kranken heraussaugen.«

Ilyatjaris Adlerflug erinnert mich an den Schwarm archaischer rotgeflügelter Vögel, die ich letzte Nacht sah. Die Milchstraße ist die perfekte Beschreibung des Traumuniversums, wo die Seele durch eine Welt des Schimmerns und Funkelns reist, so real wie die Himmelskörper.

Der Ngankari fliegt tatsächlich. Er glaubt nicht nur, daß er fliegt, er *fliegt*. Die Erfahrung ist so real wie mein zwanzigstündiger Flug nach Australien. Ich flog durch die Luft, und er fliegt durch die Essenz des Raums.

Aus Träumen wissen wir, daß die *Präsenz* von Raum oder Körperlichkeit nicht von Materie abhängt. Obwohl die geträumte Landschaft oder Umgebung immateriell ist, präsentiert sie sich als physisch real. Dies ist eines der wenigen Gesetze menschlicher Erfahrung, die überall auf der Welt gelten. *Während wir träumen, sind wir von einer scheinbaren physischen Realität umgeben.* Jede Nacht steigen mehrere Stunden lang archaische Vögel, die sich nicht um die Gesetze des Tages kümmern, aus der Grube empor.

Mit einem Gefühl des Schocks erinnere ich mich an das wöchentliche Ritual, bei dem mein Verstand sich über mich selbst lustig macht, wenn ich meinen Vater in einem leuchtenden Sternenschwarm in der Milchstraße besuche. Einen halben

Erdball und fünfzigtausend Jahre an Zivilisation voneinander entfernt sehen wir dasselbe: Ilyatjari seine toten Medizinmänner in einer zusammengeballten Hand der Milchstraße – ich meinen toten Vater in einem dichten Sternenhaufen der Galaxie.

In jener Nacht beginnt ein Traumzyklus mit meinem Vater. Ich umarme ihn, nachdem ich herausgefunden habe, daß er nicht gestorben ist. Mein Zyklus der Vaterträume wird von zwei Umarmungen flankiert sein: eine am Anfang und eine am Ende.

Tod und Erneuerung verwirren mich zutiefst in meiner Seele. In Träumen fallen Gebäude zusammen, erbebt die Erde; meine Reise ins Zentrum hat mich erschüttert.

Kapitel 2

Ein genialer
schöpferischer Akt

Ich träume von einer schönen Frau.

Als ich aufwache, begegne ich ihr in meiner Küche. Es ist eine Bekannte, die mich besuchen will. Ich erröte, als ich sie sehe. Sie nicht. Sie lächelt nur höflich und unterhält sich weiter mit meiner Frau. Ich weiß, daß *sie* selbst nicht in meinem Traum war, weil sie sonst feuerrot werden würde. Wer also war ihr identisches Traum-Gegenstück, die Frau, die mich liebte, während ich schlief?

Einige Leute würden sagen, sie sei einer meiner Wunschträume gewesen. Ja, sicher, ich kann nicht leugnen, daß ich es wunderbar fände, sie als eine Frau meiner Träume in den Armen zu halten. Aber das heißt gar nichts. Es erklärt nicht, wer die Person war, mit der ich im Traum eine Romanze hatte. Während ich träumte, war das Bett, in dem ich lag, real, die Bettücher waren zweifellos richtige Bettücher, alles war spürbar vorhanden. Aber wer war diese Frau, die ihr Nachthemd einladend hochhob, ihren Körper meinen sehnsüchtigen Blicken preisgab? Er sah real aus und duftete real, fühlte sich so weich an wie ein zarter Körper. Und vor allem zog ich nicht eine Sekunde lang ihr reales Vorhandensein in Zweifel. Ich wußte in jenem Moment, daß ich mit jemandem zusammen war. Mit einer anderen Person. Und doch ist sie, wie ein paar Minuten später (und in einer anderen Welt) deutlich wird, nicht die schöne Bekannte aus meiner Tageswelt. Wer also ist sie?!

Ich habe eine Antwort darauf: Ich weiß es nicht.

Aber das ist nicht einfach ein »Ich weiß es nicht« so wie ein »Ich weiß nicht, wo meine Socken sind« oder »Ich weiß nicht, wo genau Timbuktu liegt«, sondern ein Nichtwissen, das so profund ist, daß es mich erschaudern läßt. Ich weiß es *aus meinem tiefsten Gefühl heraus* nicht. Träume sind mir ein Rätsel, genauso wie die Bewohner der Traumwelt. Dieses absolute Nichtwissen wurde mir, so wie es der Frage entspricht, in einem Traum bewußt. Der Traum hat mich beeinflußt, seitdem ich ihn 1983 träumte; er hat meine grundsätzliche Einstellung zum Träumen für alle Zeiten verändert.

Es ist früh am Morgen. Mit meinem Sohn David bin ich um meine Alma mater, die Universität von Leiden in Holland, herumgelaufen. Wir gehen den Hauptkanal, den Rapenburg, entlang, direkt hinter seiner Biegung gegenüber der alten Universitätsbibliothek. Es ist ein schöner Tag, und ich freue mich, daß ich David mein altes Revier zeigen kann. Wir nähern uns der Brücke neben der Akademie, dem Hauptgebäude der Universität, das im dreizehnten Jahrhundert erbaut wurde. Ich erzähle ihm die wichtigsten Dinge über die Stadt und schwelge in Erinnerungen an die guten Zeiten, die ich dort verbrachte. Meine Jugend ist mir sehr präsent. Mein Sohn ist, als wir diesen Spaziergang machen, ungefähr neun Jahre alt.
Plötzlich sehe ich etwas in dem Kanal. Ich schaue genauer hin und bemerke, daß es irgendeine alte Statue ist. Ich deute mit dem Finger darauf, um sie David zu zeigen. Wir sehen einander an, und ohne zu zögern springen wir beide hinein. Das Wasser ist nicht sehr kalt. Ich tauche und

beginne, die Statue an die Oberfläche zu ziehen. Es ist Merkur, der Gott mit den geflügelten Füßen, der den Stab mit den beiden Schlangen trägt und die linke Hand hoch in die Luft hebt, in der Art, wie du in New York City ein Taxi anheuerst. Dieses Bild schmückt den Ring, den ich immer an meinem linken Ringfinger trage.

Wir bemühen uns, die Statue aus dem Wasser zu ziehen. Es ist ein hartes Stück Arbeit, und es ist ein Gefühl der Feierlichkeit damit verbunden, als würden wir etwas sehr Altes und Heiliges ausgraben. Mit großer Anstrengung gelingt es uns, sie auf den Kai zu ziehen. Wir stehen da und betrachten sie. In diesem Moment wird mir bewußt, daß ich träume. Ich sehe die Brücke an und erkenne, daß sie gänzlich real ist. Ich spüre den Boden unter meinen Füßen und weiß, daß er fest ist. Ich schaue zum Himmel empor und sehe die Wolken. Diese Welt ist absolut real, und dennoch weiß ich ganz sicher, daß ich träume.

Jetzt ist David nicht mehr da. In der Entfernung sehe ich, wie sich mir, auf der Seite des Rapenburg-Kanals, wo ich jetzt stehe, ein Taxi nähert. Auf der Straße sind keine Menschen, aber ich muß irgend jemandem mitteilen, was mich bewegt: Ich weiß, daß ich träume, und dennoch ist diese Welt völlig real. Deshalb renne ich auf die Straße und halte das Taxi an. Der Taxifahrer kurbelt sein Fenster herunter und sieht mich mit einem fragenden Gesichtsausdruck an. Ich rufe ihm zu: »Ich träume. Dies ist ein Traum. Sie sind ein Teil meines Traums!«

Zuerst schaut der Taxifahrer völlig ungläubig drein. Plötzlich scheint er sich bewußt zu werden, daß ich irgendein Verrückter sein muß, und der Ausdruck auf seinem Gesicht ist eine Mischung aus Langeweile und leichtem Ekel. Er kurbelt das Fenster wieder herauf und fährt davon.

Ich hätte genauso reagiert wie der Taxifahrer. Hätten Sie das nicht auch getan? Wenn jemand zu Ihnen sagte, daß Sie ein Teil seines Traums sind, dann würden Sie denken, daß der Betreffende verrückt sein muß. Der Taxifahrer *lebt* in der Welt, die ich »Traum« nenne. Im Augenblick des Träumens selbst ist seine Existenz für ihn so real, wie meine es jetzt für mich ist. Die Tatsache, daß ich, wenn ich wach bin, ihre Welt »Traum« nenne, ist für die Menschen, die dort leben, bedeutungslos. Wir wissen nicht, ob die Traummenschen über den Augenblick unserer Anwesenheit in der Traumwelt hinaus weiter existieren, aber eines ist offensichtlich: aus der Perspektive der Bewohner jedes einzelnen Traumes betrachtet ist die Realität, in der sie sich befinden, *ihre* Realität. Traummenschen wie der Taxifahrer leben innerhalb dieser Realität, dieser sinnlich wahrnehmbaren Welt, die sie von allen Seiten umgibt, und zwar auf dieselbe Weise, wie das »Ich« des Traumes in der Traumwelt in der festen Überzeugung lebt, daß die es umgebende Realität gänzlich real ist.

Wenn die Traumwelten und ihre Bewohner real und uns völlig unbekannt sind, dann müssen sie in eine Art *Wildnis* gehören, in unbekannte Länder mit ihren eigenen Gesetzen und Geschöpfen, die ungezähmt, faszinierend und erschreckend sind. In der Psychoanalyse nennen wir diese Bereiche »das Unbewußte« – was natürlich bedeutet: »Ich weiß es nicht« oder »Ich weiß nicht, worüber ich rede.«

Ein profundes Nichtwissen ist schwer zu ertragen. Wir wachen auf und versuchen, unsere Träume zu fassen und festzuhalten. Wir zähmen sie mit Interpretationen. Wir versuchen sie in Haustiere zu verwandeln, sie zu etwas relativ Harmlosem zu machen und sie nicht als die unberechenbaren, wilden Geschöpfe zu akzeptieren, die sie in Wirklichkeit sind. Wir erzählen unseren Träumen, daß sie *unsere* Träume sind, daß wir sie selbst geschaffen haben. Wir erzählen ihnen, daß sie die zufälligen Produkte des Kreuzfeuers der Synapsen sind oder vielleicht die Schöpfungen von Göttinnen und Göttern. Wir versuchen sie zu überzeugen, daß sie nichts sind als Metaphern, eine Fußnote unserer Existenz, oder daß sie uns eine unerträgliche Kindheitssituation erneut vor Augen führen. Wir binden sie in ein Gewebe der Vernunft ein, bis sie Schmetterlinge sind, aufgespießt auf dem Gitter der Selbstwahrnehmung.

Und doch ist jeder Traum ein genialer schöpferischer Akt. Denken Sie einmal über folgendes nach:

Ein Träumer schafft eine Welt, die bis in alle Details völlig real ist. Jeder Traum weckt in uns die Überzeugung, daß wir uns in unserem Wachleben befinden. Dieser völlig wache Traumzustand konfrontiert uns mit Präzision und Details, er hat Formen, die der Realität entsprechen und manchmal auch nicht, die jedoch in jedem Fall realistisch genug sind, um uns hinsichtlich unseres Bewußtseinszustandes Sicherheit zu vermitteln. Vergleichen Sie dies mit dem großartigsten von Menschen gemachten bildnerischen Werk, das Sie sich vorstellen können – mir fällt dazu die Sixtinische Kapelle in Rom ein. Wenn wir den Blick heben und uns die Decke anschauen, dann empfinden wir Ehrfurcht vor der außerordentlichen Schöpferkraft Michelangelos. Dennoch sind wir nicht überzeugt, daß wir, wären wir hoch oben an der Decke, in jene himmlisch schönen Gefilde hineinspringen könnten – etwas, wovon wir in einem ganz gewöhnlichen Traum, in dem wir an einem sonnigen Tag auf einer Blumenwiese spazierengehen und dabei einen Luftsprung machen, durchaus überzeugt wären.

Während wir träumen, wissen wir, daß jeder Baum real vorhanden ist, daß jedes Luftmolekül wirklich tief in unsere Lungen eindringt; wir wissen, daß der Himmel tatsächlich seidigblau schimmert. Wir wissen, daß uns eine dreidimensionale Welt umgibt: eine Welt, die nicht nur über unserem Kopf existiert, so wie die Decke der Sixtinischen Kapelle, sondern *überall*. Diese einfache Welt, die von dem schöpferischen Traum-Ich geschaffen wurde, ist realer als das großartigste von Menschen geschaffene Kunstwerk.

Wer also ist der Träumer?

Vom Standpunkt des Träumers aus wissen wir, wer er oder sie nicht ist. Der Träumer kann nicht die Person sein, die wir in dem Traum »Ich« nennen, da wir leicht feststellen können, daß die Traumwelt eine sehr viel umfassendere Realität ist als nur die Welt des »Ich«. Stellen Sie sich einen Moment lang vor, daß Sie träumen. Sie hören, wie jemand den folgenden Satz sagt: »Dieses ganze Universum wurde von mir geschaffen.« Da Sie träumen, sind Sie zutiefst davon überzeugt, daß Sie wachen. Und nun sprechen Sie diesen Satz einmal im Wachzustand aus. Er klingt eindeutig ein bißchen größenwahnsinnig, nicht wahr? Also ist aus der Sicht des Träumens der Träumer nicht das »Ich« des Traums.

Möglicherweise gibt es neben dem »Ich« noch mehrere andere Personen (wie beispielsweise den Taxifahrer), die anscheinend auf der Basis ihres eigenen Bewußtseins agieren. Es scheint, als wären sie in einer ähnlichen Position wie das »Ich«. Es scheint, als wären sie gleichermaßen überzeugt, daß sie wach und in ihrer Welt wirklich existent sind. Wenn es größenwahnsinnig ist, anzunehmen, daß das »Ich« der Schöpfer der Welt sei, dann gilt das für die anderen Personen ebenfalls.

Der Träumer muß ein Schöpfer von Welten sein. Dieses träumende Genie – oder die träumenden Genies – *schafft im Laufe von insgesamt zwanzig Jahren unserer Existenz* (wenn wir davon ausgehen, daß wir achtzig Jahre alt werden) eine Welt nach der anderen. Dies jedenfalls ist das Ergebnis von Traumforschungsprojekten, die unter Laborbedingungen in Italien durchgeführt wurden. Wenn diese neuen italienischen Forschungsergebnisse korrekt sind, dann träumen wir während einer achtstündigen Schlafphase etwa sechs Stunden lang. Diese faszinierende Erkenntnis ist eine ganz allgemeine menschliche Realität. Wir essen, wir atmen, wir träumen. Allein die Tatsache, daß wir ständig mit diesem träumenden Schöpfergeist zusammenleben, macht unsere Träume zu etwas Interessantem. Zwanzig Jahre der menschlichen Existenz werden in einem Zustand reiner Kreativität verbracht!

Dennoch: Wer das träumende Genie ist oder wer die träumenden Genies sind, das weiß ich nicht, und zwar auf eine so absolute Weise, wie ich etwas eben nicht wissen kann. Dieses Nichtwissen ist eine Leidenschaft; es trifft mich wie ein Donnerschlag.

Gehört das schöpferische träumende Genie *mir*?

Das schöpferische Genie schuf die Universität Leiden meiner Jugend, den Rapenburg-Kanal, meinen Sohn und den Taxifahrer. Und auf dieselbe Weise schuf dieses Genie mich, wie ich durch seine Schöpfung spazierte. Ich bin ein Partikel in der gesamten Schöpfung des Träumens. Das träumende Genie gehört mir, und zwar auf dieselbe Weise, wie die Welt mir gehört. *Meine* Welt, *mein* Traum, *mein* schöpferisches Traumgenie: all dies gehört insoweit mir, als ich ihm gehöre. Es gehört nicht zu mir. Instinktiv würde ich sagen, daß das Genie sozusagen das träumende Ich ist (oder daß die Genies das träumende Ich sind).

Aber dies alles ist bloße Philosophie. Wenn ich von einem »Träumer« rede, dann bin ich gewöhnlich in einem Gemütszustand der Naivität und benutze das Wort, um eine Person zu beschreiben, die einen Traum hat oder hatte.

Wessen würde es bedürfen – oder was würde es bedeuten –, in die Träume hineinzugehen, als wären sie Mysterien? Würde das bewirken, daß wir uns selbst am Ende immer weniger verstehen, würde eine solche Herangehensweise den Abgrund unter unseren Füßen aufreißen und uns den sauberen, gut versicherten Teppich der Vernunft unter den Füßen wegziehen?

Als ich begann, mit Träumen zu arbeiten, wurde mir das unangenehme Gefühl des Nichtwissens ein wenig dadurch versüßt, daß ich die Illusion hegte, es gäbe Menschen, die tatsächlich wüßten, was Träume bedeuten. Menschen, die mir aufgrund einer langjährigen Ausbildung sagen könnten, was Träumen wirklich sei. Aber in dem Maße, wie sich diese Illusion im Laufe der Jahre verlor, wurde mein Unbehagen schmerzlicher. Umso schmerzlicher dadurch, daß mittlerweile Menschen mich allen Ernstes dafür bezahlten, daß ich etwas über Träume wüßte. An jedem Arbeitstag führe ich vertrauensvolle Menschen an der Nase herum, die glauben, daß mein Zertifikat über eine abgeschlossene Ausbildung am C. G. Jung-Institut bedeutet, daß ich etwas über Träume weiß. Zugleich wurde mir jedoch bewußt, daß in dem Maße, wie meine Toleranzschwelle, nichts über Träume zu wissen, sich erhöhte, die Ergebnisse meiner Traumarbeit profunder wurden. Ich war wie ein tumber Tor in das Unbehagen des Träumens-als-Mysterium hineingestolpert. Seit uralten Zeiten wurden die initiatorischen Erfahrungen mit dem letztlich Unbekannten in einem rituellen Umfeld »Mysterien« genannt.

Je ignoranter ich in der Welt des Träumens wurde, desto weniger war ich vor der Unmittelbarkeit der träumenden Realität geschützt. So war das Ritual der Traumarbeit meine Initiation in die Mysterien des Unbekannten.

Als ich nach meinem Aufenthalt im australischen Busch wieder nach Adelaide zurückgekehrt war, träumte ich, daß ich einen Vortrag über die Eleusinischen Mysterien halten müsse, über die in der Antike weit verbreiteten Initiationsrituale, bei denen die Initianden mit den Mysterien der Unterwelt konfrontiert wurden.

»An was für Träume erinnerst du dich?« frage ich Nganyinytja, eine Anführerin der Pitjantjatjara-Frauen, die vor ihrem Mann, Ilyatjari, in unser Camp gekommen war.

Wir hatten Alice Springs am Tag zuvor verlassen und waren elf Stunden lang auf immer schmaleren Pisten in das Land der Pitjantjatjara gefahren. Diana hatte für mich, meine Frau und meine Tochter die Sondergenehmigungen besorgt, die wir brauchten, um im Territorium der Aborigines zu reisen. Wir hatten eine unserer Buschführerinnen, Nganyinytjas Schwägerin, mitgenommen, eine freundliche Frau mit einem gewinnenden Lächeln und bemerkenswert dünnen Beinen. Sie war in Alice Springs gewesen, um ihren Mann zu pflegen, der dort im Krankenhaus lag, und reiste mit ihrem Enkel, einem kleinen Jungen mit einer Erkältung und sehr seltsamen flachsblonden Haarsträhnen auf seinem dunklen Schädel. Er lag ruhig auf dem Schoß seiner Großmutter, während wir in dem robusten alten Fahrzeug, das sich in einer Camel-Werbung sehr gut gemacht hätte, die Buschpisten entlangrumpelten. Keiner von beiden sprach Englisch, und da Diana sich auf die Straße konzentrieren mußte, kommunizierten wir nur durch Lächeln und Ausrufe. Als wir an unserem Camp ankamen, war es mitten in der Nacht. Wir rollten unsere Schlafsäcke auseinander und waren nicht im geringsten auf den Anblick der Sterne vorbereitet. Ich hatte nie zuvor so viele Sterne gesehen: Wolken von Sternen in endlosen Tiefen – Sprühnebel von Lichtpunkten in einem kohlrabenschwarzen Universum.

An diesem Morgen kam Nganyinytja in unser Camp, während wir die Erdnußbutter-Sandwiches der westlichen Zivilisation aßen, setzte sich neben uns an das Holzfeuer mit seinem siedenden Wasserkessel und wartete darauf, daß wir ihr eine Tasse Tee reichten. Diana hatte sie mit herzlicher Selbstverständlichkeit begrüßt, so wie man unter Familienmitgliedern

27

miteinander umgeht. Tatsächlich war Diana vor zwanzig Jahren von Nganyinytjas Familie adoptiert worden. Nachdem wir uns gegenseitig vorgestellt hatten, schwiegen wir eine Weile. Ich fühlte mich ratlos und dumm, da ich das Protokoll für eine Begegnung mit einer meiner Buschlehrerinnen nicht kannte. Dann sah Nganyinytja den sechsjährigen Christopher, Dianas Sohn, und lächelte so herzlich und ansteckend, daß die Distanz zwischen uns sofort überbrückt war. Nach einer kurzen Plauderei fühlten wir uns sehr wohl miteinander, und ich glaube, sie war es, die das Thema Träume anschnitt, da sie wußte, daß ich nach Zentralaustralien gereist war, um zu fachsimpeln.

Ich stellte ihr eine Frage und nachdem sie einen Moment darüber nachgedacht hatte, antwortete sie mir: »Andere erinnern sich an Träume mit Tänzen darin und an Träume mit Liedern darin. Dies sind Träume, an die andere sich erinnern. Jetzt träume ich nicht.«

Zuerst bin ich bestürzt über ihre Unterscheidung zwischen erinnerten und vergessenen Träumen. Warum erinnert sich ihr Volk nur an Träume, in denen Tänze und Lieder vorkommen? Es kommt mir so willkürlich vor. In Anbetracht meines Schweigens sagt sie noch ein paar Sätze in Pitjantjatjara zu Diana.

»Ihr Mann hat einmal einen neuen Tanz gesehen und ihn den Leuten beigebracht«, dolmetscht Diana. Nganyinytja unterstreicht noch einmal die Bedeutung von Tanz und Gesang in Träumen, und mir wird plötzlich bewußt, wie weitgehend unsere individuellen Vorstellungen über Träume kulturell bedingt sind. Sie glaubt, ein Traum sei für ihr Volk, nicht für sie persönlich da. Sie erzählt uns von einem Traum, den sie einmal träumte:

Wir tanzen in einem Kreis. Wir laden alle möglichen Leute ein, sich zu uns zu gesellen. Der Kreis vergrößert sich.

28

Ich fühle mich sofort an Nganyinytjas Bemühungen erinnert, unser Verständnis der Kultur der Aborigines zu vertiefen. Sie hat Menschen in ihr Land eingeladen, um über Dinge zu reden, die uns allen gemeinsam sind: die Natur und das Land. Sie hat gegen den Widerstand ihres Volkes angekämpft, den Europäern (wie die weiße Bevölkerung genannt wird) ihr überliefertes Wissen mitzuteilen. Sie ist in der Gemeinde der Aborigines eine der herausragenden Vermittlerinnen und lädt ständig neue Menschen ein, in ihren Kreis des Verständnisses hereinzukommen.

Nachdem sie mir den Traum erzählt hat, mache ich eine Bemerkung darüber, daß er ihr tägliches Bemühen, das Verständnis ihres Landes zu vertiefen, widerzuspiegeln scheint.

Nganyinytja schaut verständnislos drein. Diana versucht, ihr ungefähr fünf Minuten lang den Gedanken nahezulegen, daß der Traum sich möglicherweise auf ihr Privatleben bezieht. Am Ende antwortet Nganyinytja mit einem lauwarmen: »Vielleicht.«

Wir gelangen genau bis an diesen Punkt, aber nicht weiter. Für Nganyinytja ist es offensichtlich, daß der Traum dem Volk gehört, und es erscheint ihr als ein seltsamer Gedanke, daß er eine innere, persönliche Relevanz haben könnte. Ich mache noch nicht einmal den Versuch, meine Kiste mit Jungianischen Tricks hervorzuholen, durch die der Traum mit dem zunehmend stärker werdenden Selbstgefühl und der immer größeren Ganzheit in Bezug gesetzt würde, die sie durch ihre kreisförmige Expansion gewinnt. Wem ist das denn überhaupt wichtig? Meine Interpretation würde dem Wert, den der Traum für sie persönlich hat, nichts hinzufügen. Anscheinend gehört das, was in ihrer Welt wertvoll ist, wie beispielsweise das Land, der Gemeinschaft. Träume sind wie das Land: Für Nganyinytja existiert das Land in Beziehung zu einem Volk, während für uns das Land bestimmten Individuen gehört. Und deshalb sind für sie die erinnerungswürdigen Träume diejenigen mit einem kollektiven Wert, während wir in unseren Träumen nach einem individuellen Selbstbezug Ausschau halten. Wir stimmen jedoch immerhin darin überein, daß Träume *irgendeinen* Wert haben.

Wieder folgt ein Schweigen. Die alten roten Hügel schauen auf unser Camp herab. Der kleine Christopher fährt mit seinem schmutzigen Fahrrad durch den Sand. Meine halbwüchsige Tochter schläft noch immer fest. Ich bin erleichtert, als man mich bittet, aus dem riesigen Plastikcontainer, der extra hierhertransportiert wurde, damit wir Tee, Kaffee und Spülwasser haben, ein wenig Wasser zu holen. Ein paar räudige Hunde lecken einige Wassertropfen auf, bevor die Feuchtigkeit in dem rostroten Sand versickert. Meine Frau Deanne sitzt plaudernd mit Diana und Nganyinytja am Lagerfeuer. In mir steigt die Erinnerung an Gemälde der Aborigines auf, auf dem aus Tupfen bestehende Kreise umrahmt sind von einer großen U-Form – eine symbolische Darstellung von Frauen, die um ein Lagerfeuer herumsitzen.

Das ist der Moment, in dem Ilyatjari mit seinem Wagen in einer Staubwolke in das Lager hereinfährt. Als er aussteigt, mache ich instinktiv eine Verbeugung nach Art der Japaner – wahrscheinlich, weil das die einzige wirklich fremde Kultur ist, mit der ich vertraut bin. Er schaut mich einen Moment lang an, wendet sich dann zu Diana und ruft ihr etwas in Pitjantjatjara zu. Sie lachen. Mit dem Kessel in der Hand stehe ich verlegen da und grinse.

Nachdem ich Ilyatjari geholfen habe, einen Teil des Holzes von seinem Lastwagen auf den Holzhaufen zu stapeln, schleiche ich mich davon, um das Geschirr in den Plastikschüsseln abzuwaschen, die Diana mit heißem Wasser gefüllt hat. Ich bin froh, daß meine Hände mit relativ vertrauten Tätigkeiten beschäftigt sind.

Diana stapelt alles in Behälter und wechselt von ihrer Rolle einer Campberaterin in die der Anthropologin/Dolmetscherin. In dem Moment beginnt unser Gespräch über Ilyatjaris Adlerflug.

Ilyatjari ist fortgefahren, um ein paar Sachen zu erledigen. Nganyinytja und ihre Schwägerin bleiben da. Ich weiß nicht, ob es richtig ist, wenn ich ständig weiter Fragen stelle, aber ich möchte sehr gern etwas über den »Buschtelegraphen« erfahren, den Kommunikationsweg der Aborigines, von dem wir Westler mit unseren überlegenen Kenntnissen wissen, daß er eigentlich ein Ding der Unmöglichkeit ist. Ich hatte dieses Wort zuerst aus dem Mund von Dr. David Tacey gehört, einem hervorragenden und sehr geachteten Professor aus Melbourne, der in Alice Springs geboren wurde und bei den Aborigines aufwuchs. Er erzählte mir, daß er sich während seines Studiums einmal für ein Jahr hatte beurlauben lassen, um ein Gefühl für die wirkliche Welt zu bekommen. Er beschloß, sich seinen Lebensunterhalt als Orangenpflücker zu verdienen, und arbeitete Seite an Seite mit den Aborigines. Viele von ihnen haben den Kontakt zu ihrer Herkunft völlig verloren und leben, abgeschnitten von ihren Stammeswurzeln, am Rande der größeren australischen Städte.

Ein solcher Mann arbeitete beim Orangenpflücken direkt neben ihm. Plötzlich wandte er sich David zu und sagte:»Meine Mutter ist gestorben. Als ich diese Orange pflückte, wußte ich es.« Er verließ auf der Stelle seinen Arbeitsplatz und reiste mehr als tausend Kilometer nach Norden, um gerade noch rechtzeitig zur Beerdigung seiner Mutter anzukommen. Sie war nicht krank gewesen.

Ich hatte nicht den geringsten Grund, Davids Geschichte in Zweifel zu ziehen, und schrieb sie deshalb einfach dem Bereich der Wunder zu. Zugleich wurde ich neugierig, was es mit dem

Buschtelegraphen auf sich hatte. Bei meiner Arbeit weiß ich oft Dinge, die ich eigentlich nicht wissen sollte – dies ist eine besondere Sensibilität der Wahrnehmung, die ich noch weiter zu intensivieren versuche.

Traumarbeit schafft eine Nähe, die sich zu einer Art Symbiose entwickeln kann. In einer so engen Beziehung – bei der durch die Traumarbeit sehr viel unbewußte Aktivität geweckt wird – scheint die Kommunikation manchmal nicht durch die Sinne übermittelt zu werden, so wie es beim Reden oder beim Beobachten der Körpersprache der Fall ist. Sie wird vielmehr zu einer direkten, *unmittelbaren Wahrnehmung des Seelenzustands eines anderen Menschen*. Ich habe diese ungewöhnliche Art der Übermittlung *symbiotische Kommunikation* genannt. Da diese Art der Kommunikation häufig sehr überraschend ist und bei der Traumarbeit zu profunden Ergebnissen führt, versuche ich, sie besser zu verstehen. Als ich in den australischen Busch fuhr, ahnte ich, daß die Aborigines mir von Erfahrungen berichten könnten, die meinen eigenen entsprachen.

Während ich in Sydney ein Traumseminar abhielt, lernte ich eine Frau kennen, die mir erzählte, daß sie einmal ein Stipendium bekommen habe, um mit den Aborigines aus dem australischen Busch Theater zu spielen. Sie reiste kreuz und quer durch den Kontinent und wußte häufig nicht, wo sie als nächstes Station machen würde, aber sie traf regelmäßig Leute, die an der Piste standen und erklärten, sie hätten sie schon erwartet und wüßten, warum und woher sie gekommen sei. Es gab keine Telefone und niemanden, der ihr vorausgefahren wäre und die Nachricht übermittelt hätte. *Sie selbst* hatte nicht gewußt, daß sie an jenen Orten ankommen würde und meist den Zufall ihren Reiseführer sein lassen – woher also wußten sie es? Nach ein paar Monaten allerdings nahm sie dieses Verhalten der Aborigines als selbstverständlich hin, so wie diese selbst es zu tun schienen.

Diese Teilnehmerin meines Traumseminars hatte ihre Geschichte nicht erfunden, um sich interessant zu machen. Ihr Erstaunen darüber war echt, auch wenn sie diese seltsamen Vorahnungen schließlich als eine alltägliche Realität akzeptierte. Ein weiteres Mysterium.

Ich schiebe meine Unsicherheit im Hinblick auf das Buschprotokoll beiseite und stelle Nganyinytja die Frage nach dem Buschtelegraphen. Sie ist darüber nicht überrascht und beginnt, uns zu erklären, wie es funktioniert.

»Wenn ich ein Zucken an meiner Nase spüre oder wenn sie mich juckt, dann weiß ich, daß bald ein Fremder kommen wird«, erzählt sie mir in sachlichem Ton. Ihre Schwägerin nickt und wiederholt Nganyinytjas Satz. Nganyinytja redet weiter, so sachlich, als würde sie irgendeine Grammatikregel erklären. »Wenn ich etwas in meiner Hüfte spüre, dann weiß ich, daß etwas Wichtiges im Zusammenhang mit meinem Mann passiert ist. Wenn meiner Tante oder meiner Schwester etwas Unangenehmes zustößt, dann spüre ich es in meinem Oberarm. Mein Oberschenkel hat etwas mit meinem Sohn oder Onkel zu tun.« Ihre Schwägerin berührt die Teile ihres Körpers, die Nganyinytja erwähnt. »Ist das bei allen Pitjantjatjaras so?« frage ich, verblüfft darüber, wie simpel ihre Beschreibung klingt. Sie nicken. Es gilt für jeden. Es scheint ein Kommunikationssystem zu sein, über das sich alle einig sind. Dies ist das erste Mal, daß ich von einer *systematischen, kollektiven, physischen Grammatik der außersinnlichen Wahrnehmung* gehört habe.

Sie erklären, daß es nur bei den engeren Familienmitgliedern zu funktionieren scheint. Wenn einem Familienmitglied etwas Bedeutsames, gewöhnlich ein Unfall, zustößt, dann erfahren es die anderen auf dem Wege über diese grundlegende telepathische Grammatik. Als Gegenleistung biete ich ihnen eine Geschichte an, die in meiner eigenen Familie passiert ist.

Als meine Nichte noch klein war, bemerkte mein Bruder, daß immer dann, wenn meine Schwägerin einschlummerte, ihre kleine Tochter, die sich in einem anderen Zimmer befand, innerhalb von fünfzehn Sekunden zu weinen begann. Mein Bruder ist Rechtsanwalt, ein sehr verstandesbetonter Mann, deshalb überprüfte er die Sache sehr sorgfältig. Er erzählte mir, daß er immer dann, wenn er und seine Frau im Bett lagen und seine Frau über ihrem Buch einnickte, zu zählen begann. Monatelang blieb die Zeitspanne immer gleich, ungefähr fünfzehn Sekunden, und danach begann irgendwo am anderen Ende des Flures das Weinen.

Die beiden Frauen aus einer anderen Welt wissen genau, wovon ich rede. Ich erinnere mich an eine Untersuchung, die in einer wiederum ganz anderen Welt, in der Sowjetunion des Jahres 1967, durchgeführt wurde und bei der man feststellte, daß »Telepathie meistens zwischen Familienmitgliedern, Verliebten und Freunden, die sich schon seit der Kindheit kennen, stattfindet.«*) Dr. Pavel Naumov, der seine Untersuchungen in einer gynäkologischen Klinik durchführte, sagt, daß »die biologischen Bande zwischen Mutter und Kind unanfechtbar sind. In der Klinik liegen die Mütter in einer Abteilung, die getrennt ist von der, wo die Babys sind. Sie können sie keinesfalls hören. Und doch läßt eine Mutter, wenn ihr Baby weint, deutliche Anzeichen von Nervosität erkennen. Oder die Mutter läßt, wenn ein Kind Schmerzen hat, wenn beispielsweise ein Arzt ihm Blut abnimmt, Anzeichen von Angst erkennen. Sie kann unmöglich darüber informiert sein, daß der Arzt in jenem Moment bei ihrem Kind ist.« Anscheinend ist das Charakteristikum dieser angeborenen telepathischen Verbindung, daß zwei Pole zusammengeschaltet

*) Sheila Ostrander und Lynn Schroder: *PSI – Die wissenschaftliche Erforschung und praktische Nutzung übersinnlicher Kräfte des Geistes und der Seele im Ostblock*, München: Scherz 1972.

sind. Eine Mutter hat starke Schmerzen. Das Baby spürt dies und weint. »Wir entdeckten eine solche Kommunikation in 65 Prozent unserer Fälle«, stellt Dr. Naumov fest.

In einer Befragung, die ich kurz vor meiner Ankunft in Australien durchführte, erzählte ein geachteter und verläßlicher hawaiianischer Stammesältester, Professor Ibrahim Piianaia, der Begründer des *Hawaiian Studies Programme* an der Universität von Hawaii, mir – ohne das Gefühl, daß dies ungewöhnlich sei –, daß seine Großmutter eines Tages, als er als kleiner Junge mit ihr spazierenging, zum Himmel emporschaute, eine bestimmte Wolkenformation sah und dann erklärte, einer ihrer engsten Verwandten sei gerade gestorben. Und so war es dann auch. Am nächsten Tag wurde von einer anderen Insel die Nachricht überbracht, daß genau dieser Verwandte, der vorher nicht krank gewesen war, zur selben Zeit gestorben war, als die Großmutter des Jungen die Wolke sah.

Die bei weitem umfassendste Beschreibung dieser rätselhaften Form der Kommunikation verdanken wir einem der größten Forschungsreisenden des zwanzigsten Jahrhunderts, Loren McIntyre, der am 15. Oktober 1971 kurz nach drei Uhr nachmittags die Quelle des Amazonas entdeckte. Dies war ein sehr viel mühseligeres Unterfangen als die große Expedition des vorigen Jahrhunderts zur Quelle des Nils. Der Nil wurde allgemein als der längste Fluß der Welt angesehen, bis McIntyre durch seine Entdeckung herausfand, daß dies vielmehr der Amazonas ist: Wenn man ihn vom südlichsten Flußarm seines Deltas aus mißt, dann ist er es tatsächlich.

McIntyres Referenzen sind tadellos, seine Vertrauenswürdigkeit wurde von vielen Seiten bestätigt.

Seine Geschichte wird von Petru Popescu in dem Buch *Amazonas – Mit den Katzenmenschen zu den Quellen der Zeit* erzählt, das Popescu zusammen mit McIntyre schrieb. Im Klappentext des Buches lesen wir: »Als er zum erstenmal versuchte, mit einem Stamm der Mayoruna, dem schwer faßbaren Katzenvolk des Amazonasbeckens, Kontakt aufzunehmen, wurde McIntyre von dem Stamm verschleppt und bekam dadurch wichtige Einblicke in dessen rätselhafte und alte Kultur. Unter anderem kommunizierte er auf telepathischem Wege mit dem obersten Schamanen...«

Dieser oberste Schamane übermittelte McIntyre komplizierte »Gedanken«, in denen er ihm Einblick in seine umwälzenden Pläne für die Zukunft seines Stammes gewährte. Erst später konnte McIntyre den Kontakt zu einem Dolmetscher herstellen, der Portugiesisch ebenso gut wie Matse, die Sprache der Mayoruna, sprach, die außerhalb des Stammes praktisch unbekannt war. In Gesprächen, die auf diese »Beamings«, wie McIntyre sie nannte, folgten, wurde der Inhalt dieser Botschaften, die nonverbal zwischen dem Schamanen und dem Forschungsreisenden übermittelt worden waren, bis in alle Einzelheiten bestätigt.

Nachdem er seinen skeptischen und abwehrenden westlichen Verstand in seine Schranken verwiesen hatte, fragte McIntyre den Dolmetscher nach dieser rätselhaften Gedankenübertragung. Man nennt das die »alte Sprache«, wurde ihm nur gesagt. Die obersten Schamanen geben dieses Wissen durch ihre Familie oder durch Gehilfen weiter. Der Dolmetscher weiß zwar davon, beherrscht diese »Sprache« selbst aber nicht. Das tut nur der »Stammeshäuptling«.

Mittlerweile bin ich sehr aufgeregt und möchte von meinen eigenen Erfahrungen mit symbiotischer Kommunikation in der Traumarbeit berichten.

Ich möchte meinen Begleitern von den Gefühlen berichten, die ich empfunden habe, die aber, während ich mit den Träumen anderer Menschen arbeitete, nicht wirklich meine eigenen waren. Häufig spiegelten sie eine Atmosphäre, die der Träumer ebenfalls spürte.

Einige Stimmungen sind anscheinend objektiv vorhanden. Stimmungen scheinen eine *Umgebung* zu sein, auf die Weise, wie Träume es sind.

Beispielsweise kann in einem Traum, in dem der Träumer Angst empfindet, eine beängstigende *Atmosphäre* herrschen. Wenn man bei der Traumarbeit in einen solchen Traum hineingeht, dann kann diese Atmosphäre vom Traumarbeiter selbst als unmittelbar beängstigend erlebt werden. Deshalb betrachte ich die Gefühle und Empfindungen, die ich habe, während ich der Erzählung des Traumes zuhöre, als meine persönlichen Reaktionen *und* zugleich auch als ein Barometer des psychologischen »Wetters«. Der Träumer setzt mich, während er mich in die Traumlandschaft mitnimmt, seinem ganz persönlichen Seelenklima aus. Meine innersten Gefühle könnten sein »Wetter« in *meinem* System sein. Wenn das Wachbewußtsein es schafft, ganz nahe über der Traumwelt zu verharren, dann ist eine solche emotionale Verschmelzung – aller Erfahrung nach – wahrscheinlich. Ich verstehe Individuen nicht *nur* als Partikel, sondern auch als *loci* emotionaler Schwingungen, die von anderen empfangen werden können, und zwar so, wie das Radio die Funkwellen empfängt oder wie die Haut des Chamäleons die Farbschattierungen seiner Umgebung annimmt. Diese Übertragung von Stimmungen, Gefühlen etc. kann Störungen unserer eigenen Befindlichkeit verursachen. Es ist also möglich, die Gefühle anderer wahrzunehmen, indem wir auf Störungen in unserem eigenen Inneren achten. Ein Großteil meiner Arbeit als Lehrer besteht darin, mich und andere darin auszubilden, diese Wahrnehmungsfähigkeiten zu schärfen. Manchmal fühle ich mich wie ein Chamäleon, das sehr aufmerksam seine eigene Haut studiert.

Die Interaktion mit dem Material durch die *Selbstbeobachtung in einem Zustand der Symbiose mit dem Material* ist eine alte Kunst in der Geschichte des westlichen Bewußtseins. Man nannte diese Kunst Alchemie. Sie war nicht nur ein Vorläufer der Wissenschaft, sondern auch eine Gegenkraft gegen die fortgesetzte Expansion der objektiven Beobachtung, die schließlich zur absoluten Hegemonie der Wissenschaft führte. Für die alte Kunst der Alchemie bildeten die Materie, die verarbeitet wurde, der experimentierende Alchemist und die kreative Imagination, die die Verbindung zwischen beiden herstellte, ein einziges fließendes Medium. Durch Selbstbeobachtung nahm der Alchemist am Geheimnis seines Materials teil; der Alchemist war ein Medium, durch das das Material sich darstellte. Wenn er beispielsweise mit Blei arbeitete, dann empfand der Alchemist die düstere, lastende Stimmung, die man Melancholie nennt. Er hielt sie nicht für die physische Folge einer Bleivergiftung, sondern glaubte, daß diese Stimmung der schweren Welt des Bleis zuzuordnen sei, mit dem er arbeitete. Auf dieselbe Weise können in der Traumarbeit Gefühle, die im Traummaterial vorhanden sind, bei der Selbstbeobachtung des Traumarbeiters ebenfalls an die Oberfläche kommen.

Durch ihre kollektive Pitjantjatjara-Grammatik der außersinnlichen Wahrnehmung haben mir Nganyinytja und ihre Schwägerin gerade ein überzeugendes Beispiel für die Fähigkeit gegeben, unmittelbar am Erleben eines anderen Menschen teilzunehmen. Ich möchte den beiden unbedingt noch weitere Fragen stellen. Aber Ilyatjari ist im Augenblick nicht da, und so entschließe ich mich zu warten.

Kapitel 3

Während des Träumens
und über das Aufwachen

Meine Frau und meine Tochter sind spazierengegangen. Ich halte ein paar Gedanken mit Hilfe meines Laptops fest und hoffe, daß die Batterie ausreichen wird. Viele Gedanken, die ich mir über meine Arbeit gemacht habe, lassen sich hier, in der Stille unseres Lagers, leichter entwirren. Das matte graue Licht meines Bildschirms entfernt mich von der wilden roten Landschaft.

Ich werde im folgenden versuchen, meine Gedanken zu rekonstruieren, soweit ich sie mir mit Hilfe meiner Aufzeichnungen ins Gedächtnis zurückrufen kann. Es handelt sich um Gedanken, die sich ein Traumarbeiter macht, wenn er mit Traummaterial konfrontiert ist.

Wie ein Zimmermann, der nicht viel über die Mikrobiologie wachsender Bäume weiß, nähern wir uns unserem Traumhandwerk mit der Vorstellung, daß Träume, selbst die kleinsten Traumbruchstücke, vollständig ausgebildete lebende Organismen sind, die in der Natur zu finden sind. Diese Organismen rätselhaften Ursprungs benutzen wir als Material für unsere Arbeit. Wir wissen nicht, wie sie entstanden sind, nur daß sie existieren. Wenn wir auch einige Prozesse im Gehirn, die mit dem Träumen in Zusammenhang stehen, verstanden haben, so erklären diese das Träumen doch nur so weit, wie eine Erklärung der

Digitaltechnologie, die es ermöglicht, daß Musik aus meinem CD-Player ertönt, etwas über die Musik selbst aussagt.

Das wichtigste Werkzeug jedes Traumarbeiters ist die Erinnerung. Man kann nicht mit einem Traum arbeiten, wenn man sich nicht angemessen an ihn erinnert.

Ich unterscheide zwischen zwei Arten von Träumen: frische Träume und schale Träume. Ein frischer Traum ist einer, an den man sich als ein tatsächliches Ereignis, das im Traumleben stattgefunden hat, erinnern kann; ein schaler Traum ist eine Erzählung *über* Ereignisse, ohne sensorische Erinnerung an die Ereignisse selbst. So ist beispielsweise ein Traum, in dem ich höre, wie jemand gegen die Tür hämmert und eine Stimme ruft: »Laß uns rein!«, noch immer frisch, wenn ich mich an das tatsächliche Geräusch des Hämmerns erinnere oder an die rufende Stimme oder das Gefühl in meinem Herzen und meinen verkrampften Magen oder die Intensität meiner Zweifel, ob ich die vor der Tür Stehenden hereinlassen soll oder nicht. Wenn ich mich nur daran erinnere, *daß* es geschah, dann definiere ich das Traumereignis als »schal«. Frische verflüchtigt sich schnell, manchmal sofort. Die meisten Träume verlieren nach ein paar Tagen ihre Frische, einige Träume bleiben jedoch jahrelang frisch, manchmal sogar jahrzehntelang. Einige Träume geben nur vor, schal zu sein, gerade so, als würden sie sich totstellen. Wenn man sie sich näher anschaut, dann werden sie wieder lebendig.

Diese Unterscheidung hinsichtlich erinnerter Träume hat direkte Folgen für die Traumarbeit. An dieser Stelle werden wir uns anschauen, wie wir mit lebendigem Material – mit frischen Träumen – arbeiten.

Die beiden grundlegenden Prämissen, von denen ich ausgehe, sind, daß wir *absolut keine Vorstellung davon haben,* welches der »*Stoff ist, aus dem die Träume sind*«, und daß Träume von Träumenden überall auf der Welt *als völlig reale Ereignisse des Wach-*

lebens erfahren werden. Ich selbst wurde Zeuge vieler Beispiele für diese über alle kulturellen Unterschiede hinweg gültige Regel, als ich in Europa, Amerika, Asien und Australien umfassend an Träumen arbeitete. Deshalb bleibt uns nichts anderes übrig, als den Traum unter seinen eigenen Bedingungen zu akzeptieren und einfach die Phänomene zu beobachten, die die träumende Realität hervorbringt.

Die meisten Blickwinkel, die wir einnahmen, seit die zeitgenössische westliche Traumarbeit im Jahre 1900 mit Freuds Werk *Die Traumdeutung* ins Leben gerufen wurde, gingen von einer externen Betrachtungsweise aus. Selbst C. G. Jung, der Träume als real ansah, als eine Realität der Seele, interpretiert diese vom Standpunkt des Wachbewußtseins aus. Ob wir nun Träume als Mechanismen zur Wunscherfüllung betrachten, als Repräsentationen von Archetypen oder Subpersönlichkeiten, als Metaphern, Symbole oder den sinnlosen Blödsinn, den ein Computer ausspuckt, wenn er nicht richtig funktioniert – wir beurteilen den Traum von der Plattform aus, auf der wir stehen, *nachdem* wir aufgewacht sind. Selbst eine der unter Traumarbeitern beliebtesten Ansichten, daß nämlich Träume eine Bedeutung haben, ist eine externe Betrachtungsweise. In seiner Abhandlung *Das Leben des Pythagoras* schreibt Iamblichus über den griechischen Philosophen: »Als jemand Pythagoras fragte, was es *bedeute*, daß er geträumt habe, sein Vater, der bereits vor langer Zeit gestorben war, habe mit ihm geredet, antwortete Pythagoras: ›Nichts; und es *bedeutet* auch nichts, daß du jetzt mit mir redest.‹«

Zwar sind externe Betrachtungsweisen durchaus relevant, sie unterscheiden sich jedoch von unseren tatsächlichen Erfahrungen beim Träumen. Während des Träumens höre ich, wissend, daß ich völlig wach bin, das Hämmern an meiner Tür und die beharrlich fordernde Stimme, die Einlaß begehrt; ich erlebe diese Bilder beispielsweise nicht als einen unbekannten Teil meines Selbst, der ins Bewußtsein dringen will. Ich weiß, daß *jemand* Einlaß begehrt. Ein *tatsächlich existierender Mensch* mit einer lauten, männlichen Stimme. Ich weiß, daß ich Angst habe. Ich kann bis in den Bauch hinein spüren, wie heftig mein Herz klopft. Ich habe Sodbrennen. Ich weiß, daß ich rasch atme. Ich weiß, daß ich möglicherweise in Gefahr bin. Ich befürchte, daß andere durch den Lärm aufwachen könnten. Ich weiß nicht, was geschehen wird, wenn ich tatsächlich die Tür öffne.

Beginnen wir mit der Tatsache, daß *irgend jemand* all diesen Lärm an meiner Tür macht. Dieser *Jemand*, diese tatsächlich existierende Person draußen, ist sich deutlich bewußt, daß sie hereinkommen will. Meine Überlegungen, ob ich sie hereinlassen soll, sind ebenso real wie ihr Insistieren, daß ich die Tür öffne. Während ich träume, ist es offensichtlich, daß ich die Tür öffne. Während ich träume, ist es offensichtlich, daß ich nicht die einzige Person mit einem Bewußtsein bin. Dies führt zu der Schlußfolgerung, daß es *beim Träumen mehrere gleichzeitig vorhandene Träger von Bewußtsein gibt*, auch wenn die Ereignisse gewöhnlich nur vom Standpunkt einer dieser Personen aus erfahren werden.

Da die Gesamtheit des Traumgeschehens aus mehreren gleichzeitig existierenden Wahrnehmungsperspektiven besteht, ist es wichtig, das Potential der Erinnerung des Traumerlebens nachzuempfinden, und zwar nicht nur vom Standpunkt der Person aus, die wir als »Ich« bezeichnen, sondern wenn möglich auch vom Standpunkt anderer »Personen« aus. Wenn ich den Traum vom Standpunkt dessen aus erleben kann, der an meine Tür hämmert, dann komme ich zu einer sehr viel umfassenderen Erfahrung des gesamten Traumgeschehens, als wenn ich nur »meine eigenen« Gefühle wahrnehme. Es ist, als würde das träumende Bewußtsein seine Botschaften auf verschiedenen Wellenlängen zugleich aussenden: Auf der Wellenlänge des Leidener

Taxifahrers ist die Atmosphäre im Traum die einer gelangweilten Konfrontation mit offensichtlicher Verrücktheit; auf der Frequenz des Robbie Bosnak ist die Atmosphäre die eines ungetrübten Glücksgefühls. Diese Atmosphären oder Stimmungen gehören beide gleichermaßen zum Traumereignis. Es ist eines der Ziele der Traumarbeit, die Traumereignisse durch so viele Facetten wie möglich zu erleben.

Die Wahrnehmung der vielen verschiedenen – häufig widerstreitenden – Traumgefühle setzt die Gefühlswelt des Träumers unter Druck, was in dem Träumer eine akute körperliche Reaktion hervorruft. Dieses aufmerksame Wahrnehmen der Körpergefühle kann zu einem Katalysator werden und die psychischen Transformationsprozesse *beschleunigen*, die ständig in der Tiefe der menschlichen Seele stattfinden.

Um zu diesem körperlichen Aspekt des Erlebens vorzustoßen, ist es wichtig, daß man in jedes Gefühl bis in die es begleitenden Körperempfindungen hineingeht. In dem Traum von der Person, die Einlaß begehrt, muß ich in der Tiefe meines Bauches die Furcht des Robert Bosnak in dem Zimmer spüren, ebenso wie ich in der Kraft der Faust, die gegen die Tür hämmert, die Entschlossenheit spüren muß, sich Einlaß zu verschaffen. Wenn ich Bauch und Faust gleichzeitig spüre, dann erlebe ich körperlich sowohl die Muskelkraft des Unbekannten als auch die Furcht vor der Welt, die jenseits meiner bewußten Kenntnis liegt. Die Spannungen in meinem Körper sind die körperliche Reaktion auf den Zusammenstoß dieser Kräfte. Sie sind eine direkte, körperlich spürbare Form der Bewußtheit.

Durch den Prozeß der Identifikation können wir einen Traum vom Standpunkt einer anderen Traumperson aus, einer Person also, die nicht »Ich« ist, erleben. Identifikation ist jedoch ein unwillkürlicher, unbewußter Prozeß, der durch das Ego nicht erzwungen werden kann. Ich kann mich bewußt bemühen, mit einem anderen Menschen Mitgefühl zu empfinden, mir vorstellen, was dieser andere fühlt, mich in seine Lage versetzen, aber eine völlige Identifikation kann nicht bewußt erwirkt werden. Identifikation ist etwas, was *mit mir* passiert. Dennoch ist es möglich, Bedingungen zu schaffen, unter denen eine Identifikation wahrscheinlich stattfinden wird. Identifikation kann durch sorgfältige Beobachtung oder durch Empathie herbeigeführt werden und dadurch, daß man sich in die Körperhaltung oder eine bestimmte Bewegung eines anderen Menschen einfühlt, während man zugleich eine abwartende Haltung des Nichts-Erzwingen-Wollens einnimmt. Der Prozeß, der dazu führt, daß man sich in eine andere Traumperson hineinversetzt, ist notwendigerweise ein langsamer. Wenn wir versuchen, ihn zu erzwingen, dann führt dies gewöhnlich zu einer Projektion auf die andere Traumperson. Projektion – der Prozeß, unbewußt Elemente des eigenen Selbst in einer anderen Person zu sehen, in der Überzeugung, daß diese Elemente tatsächlich zu jener anderen Person gehören – findet nicht nur im Wachleben statt. Sie geschieht auch in Träumen. Projektion hält dem Selbst einen unsichtbaren Spiegel vor und hindert uns daran, die Persönlichkeit des anderen wirklich wahrzunehmen.

Lassen Sie mich Ihnen ein Beispiel geben, in dem alle Elemente des Identifikationsprozesses enthalten sind und der sich deutlich unterscheidet von dem Vorgang der Projektion von Elementen des Selbst auf eine andere Traumperson.

Eine Frau träumt, daß sie einem Mann, den sie gerade kennengelernt hat, ein Foto ihrer Familie zeigt. Das Ganze findet in einer Bar statt.

In meinem Sprechzimmer in Cambridge sind die Lampen gedimmt, und die Mitglieder meiner Traumgruppe sind sehr konzentriert. Bei unserer Arbeit lenkt die Träumerin, selbst eine erfahrene Traumarbeiterin, ihre Erinnerung auf ihren Po, um das Gefühl des Barhockers zurückzuholen, und ruft sich die Qualität des Lichts ins Bewußtsein. Während sie dies tut, nimmt sie den Mann wahr, der neben ihr sitzt und das Bild in der Hand hält. Sie ist sicher, daß er sie nicht mag. Sie hat den Eindruck, daß er ziemlich arrogant ist und auf sie herabschaut. Sie fühlt sich klein und verletzlich. Sie bleibt eine Weile bewußt bei diesem Gefühl, um es zu erkunden; später wird sich dieses Gefühl als eine Projektion ihrer eigenen Ängste auf den Mann erweisen, resultierend aus der Tatsache, daß sie sich zu ihm hingezogen fühlt, und aus ihrer Überzeugung, daß sie Männern, zu denen sie sich hingezogen fühlt, ganz bestimmt nicht gefällt. Diese Projektion auf Männer führt sie immer wieder in dieselbe Sackgasse im Hinblick auf das andere Geschlecht.

Jetzt kehrt sie zu dem Augenblick zurück, in dem sie ihm das Foto reicht. Sie ist sich des leisen Stimmengewirrs in der Bar bewußt, aber in dem Augenblick, als sie dem Mann das Foto reicht, hat sie ein Gefühl der Intimität. Sie erinnert sich vage an die Personen auf dem Foto: Mitglieder ihrer Familie. Das Bild selbst ist weniger deutlich als das leichte Zittern ihrer Hand, als sie es ihm reicht. Das Zittern hat mit ihrer Interaktion mit dem Mann zu tun, nicht mit der Familie, die auf dem Foto zu sehen ist.

Sie beobachtet weiterhin ihre Hand. Der Mann hat das Bild mit seiner linken Hand ergriffen und hält es mit ihr zusammen fest. Dies ist der Augenblick, in dem sie im Zeitlupentempo, fast bis zum Punkt des völligen Stillstands, ihre Traumgefühle heranholt: Sie fühlt das Zittern in ihren Fingern und nimmt die Art wahr, wie er sein Ende des Bildes festhält. Seine Finger sind sanft. Er hält das Bild vorsichtig fest. Sie bemüht sich, sich in seine Finger hineinzufühlen, und bemerkt, wie vorsichtig und sanft er das Foto berührt. Seine Finger sind ruhig, im Gegensatz zum Zittern ihrer eigenen Hand. An diesem Punkt hält sie kurz inne und spürt die relative Entspanntheit, mit der er das Bild berührt. Sie versucht nicht, herauszufinden, was der Mann fühlt, weil sie in dem Fall möglicherweise nur die Gefühle haben wird, die sie *selbst im Hinblick auf* den Mann hat. Statt dessen läßt sie die Szene mit großer Wachsamkeit auf sich einwirken.

Ihre Familie befindet sich, wie sie jetzt bemerkt, in den Bergen. Es war eine glückliche Zeit. Fast kann sie sehen, wie alle auf dem Bild lächeln. Aber sie konzentriert sich weiterhin auf die Hand des Mannes und lenkt ihre Aufmerksamkeit besonders auf seinen Daumen und Zeigefinger. Ihre Wahrnehmung ist mittlerweile sehr präzise. Es bedarf all ihrer Konzentration, sich selbst daran zu hindern, die Szene weiterlaufen zu lassen. Die Gruppe hilft ihr, fokussiert zu bleiben, indem sie detaillierte Fragen stellt. Dies hilft ihr, dem natürlichen Impuls der Imagination, ständig weiter voranzustürmen, Widerstand entgegenzusetzen. Diese Zurückhaltung gibt ihr das Gefühl, gegen den Strom zu schwimmen.

Dann kann sie, ganz spontan, seine Hand von innen fühlen. Ein *Transit* hat stattgefunden: Sie identifiziert sich jetzt mit der Hand, die sie zuvor von außen beobachtet hatte. Ich verstehe unter Transit einen *spontanen* Wechsel des Bewußtseins vom inneren Bereich einer Traumpersönlichkeit zum inneren Bereich einer anderen. In diesem Fall fand der Transit zwischen ihr und dem Mann statt. Sie fühlt jetzt sein inneres Selbst auf genau dieselbe Weise, wie eine Schauspielerin einen Charakter erspüren kann, den sie aus ihrer eigenen Persönlichkeit heraus darstellt. Sie wird das Medium. Der Charakter formt sie. Die Essenz eines anderen Menschen ergreift von ihr Besitz, während sie sich völlig dessen bewußt ist, daß dies die Essenz eines anderen ist. Sie wird der andere, während sie zugleich weiß, daß sie sie selbst ist. Das, was sie in sich fühlt, bleibt weiterhin das Eigentum des anderen. Seine Hand bleibt weiterhin seine Hand – sie wird nicht ihre. Das Gefühl, ein anderer Mensch zu sein, bleibt präsent, während sie zugleich die Hand von innen spürt.

Seine Hand fühlt sich ruhig an. Er achtet darauf, das Bild nicht zu beschädigen. Durch seinen Arm hindurch kann sie sich in seine Schulter hineinfühlen; sie ist mehr oder weniger entspannt. Die Achtsamkeit, mit der er das Bild in der Hand hält, ist in seinem ganzen Körper präsent. Dieses Bild ist ihm wichtig. Er empfindet das Treffen als wichtig, wenn auch nicht auf die romantische Art, wie sie es sich gewünscht hätte. Er ist neugierig auf sie als Mensch, während er zugleich eine selbstauferlegte Distanz zu ihr wahrt. Er möchte dieser Frau in diesem Stadium nicht nahekommen, auch wenn sie ihm wichtig ist und er den Augenblick genießt. Alle diese Gefühle erkennt die Träumerin spontan, und sie empfindet sie als echt. Sie hat nicht das Gefühl, daß all dies eine Erfindung von ihr sei. Sie nimmt Gefühle wahr, die die ganze Zeit vorhanden waren, aber außerhalb des Bereichs ihrer Wahrnehmung. Sie kann die Entspannung in seinem Körper spüren, obwohl sie sich jetzt auch einer leichten Anspannung in seiner Schulter bewußt ist, während er ihr gegenüber Distanz wahrt und sich zurückhält.

Dieses Gefühl ist der Träumerin nicht vertraut – dieses Interesse an einem anderen Menschen mit einer gleichzeitigen Distanz, wobei das Interesse jedoch durchaus echt ist. Sie erinnert sich an die Arroganz, die sie zuvor in ihn hineinprojiziert hatte. Aus dieser Perspektive heraus fühlt es sich jedoch nicht wie Arroganz an, sondern wie ein leises, sorgfältig bewahrtes Gefühl der Distanz. Diese Distanz ist keine Reaktion auf sie persönlich; sie ist seine Art, mit anderen Menschen in Beziehung zu treten.

Ohne ihre gleichzeitige Identität als Beobachterin aufzugeben, identifiziert sich die Träumerin jetzt mit dem Mann auf dem Barhocker. Sie spürt, wie er in der Vergangenheit verletzt wurde und deshalb im Umgang mit Frauen vorsichtig sein möchte. Er möchte die Frau, die ihm das Bild reicht, nicht ermutigen; er möchte sie aber auch nicht von sich stoßen. Er hält sie für einen sehr intensiven Menschen. Dies schreckt ihn nicht ab, macht ihn aber vorsichtig. Er hat zudem das Gefühl, daß diese Bar kein sehr privater Ort ist. Er ist sich der Menschen um ihn herum stärker bewußt, als die Frau selbst es gewesen ist.

Die Aufmerksamkeit der Träumerin verharrt weiterhin im Bereich der Körpergefühle dieses Mannes. Dann zerbricht die Identifikation, und sie findet sich in dem schwach beleuchteten Zimmer in Cambridge wieder. Die Mitglieder der Traumgruppe öffnen ihre Augen im selben Moment wie die Träumerin.

Die innere Erfahrung dieser maskulinen Realität könnte bewirken, daß sie in Zukunft nicht mehr vor Männern zurückweicht und eine sofortige Zurückweisung erwartet. Zugleich könnte sie verstehen, daß diese Haltung – sowohl bei anderen als auch bei ihr selbst –, die sie als arrogant interpretiert, tatsächlich eine Art der menschlichen Interaktion ist, mit der sie, in ihrer Sehnsucht nach Intensität, nicht vertraut ist: eine kühle und zugleich distanzierte Form von ehrlichem Interesse. Es könnte ihr Leben tiefgreifend verändern, wenn sie mit dieser Art der Kommunikation vertraut würde.

Um Traumarbeit leisten zu können, muß das Bewußtsein sozusagen ganz dicht über dem Schlaf verharren. Diese Bewußtheit an der Oberfläche des Schlafens kann man *Schwellenbewußtsein* nennen, eine Wahrnehmung im Bereich zwischen Wachen und Schlafen.

Eine Möglichkeit, in diesen Schwellenzustand einzutreten,

48

besteht darin, erneut in die Erinnerung hineinzugehen, die der Traum zurückgelassen hat, und zwar auf weitgehend dieselbe Weise, wie wir in die Traumwelt selbst hineingingen: als ein Eintreten in einen tatsächlich vorhandenen Raum, in dem Handlung geschieht, in einen Raum mit Objekten und Formen darin, mit lebendigen Geschöpfen. Wir machen die Traumwelt wieder lebendig, indem wir uns an alles erinnern, was uns vom Träumen einfällt. Wir schließen die Augen und konzentrieren unsere Aufmerksamkeit auf jedes Element des Traumes, an das wir uns erinnern können, selbst wenn dies nur ein winziges Bruchstück sein sollte. Dann warten wir und versuchen, die Erinnerung daran zu hindern, wie ein Schmetterling zum nächsten Bild zu flattern. (Zu Aristoteles' Zeiten bedeutete das griechische Wort *psyche*, Seele, zugleich »Schmetterling«.) Zu unserer Überraschung finden wir heraus, daß der Akt des Sich-Erinnerns immer detailliertere Erinnerungen aufsteigen läßt, wobei ein Objekt die Erinnerung an ein anderes nach sich zieht. Wir konzentrieren uns auf Details des Raumes, den der Traum darstellte, und nehmen wahr, daß der Nebel sich lichtet und Formen erkennbar werden. Diese neuen Erinnerungen ergeben sich spontan, als wären sie von der Traumwelt geschaffen worden, die uns jetzt von allen Seiten umgibt und *sich selbst* träumt, während wir wach sind. Manchmal war die detaillierte »Erinnerung« nicht ein Teil des eigentlichen Traums; dennoch ist sie ein Produkt seiner Atmosphäre. Eines der letzten Überbleibsel, das haftenbleibt, nachdem ein Traum selbst nicht mehr erinnerbar ist, ist eine Atmosphäre, eine Stimmung. Häufig ist sie formlos, weil die Einzelheiten sich in der Erinnerung aufgelöst haben. Selbst wenn dies alles ist, an das man sich erinnert, ist es möglich, an dem Traum zu arbeiten, indem man sich auf die Körpergefühle konzentriert, die von der Stimmung, welche der Traum zurückgelassen hat, ausgelöst wurden. Diese Körpergefühle werden ihrerseits Bilder erzeugen – nicht notwendigerweise die Traumbilder, die die Stimmung hervorgerufen hatten, sondern neue Bilder, die zu der Atmosphäre des vorangegangenen Träumens passen.

Die Atmosphäre eines Traumes ist *Atmosphäre* im vollen Wortsinn: die Stimmung einer Traumlandschaft, der atmosphärische Druck des Trauminneren und das Medium, in dem alle lebenden Traumwesen existieren.

Wenn wir aufwachen, empfinden wir häufig eine plötzliche Druckentlastung, und oftmals stoßen wir den Seufzer aus: »Gott sei Dank, es war nur ein Traum!« Wir waren gerade in der Hölle, und jetzt liegen wir mehr oder weniger sicher und geborgen in unserem eigenen Bett. In der Hölle ist der Mensch unter einem erheblich stärkeren Druck als in der sogenannten Sicherheit des eigenen Schlafzimmers. Wir wurden von finsteren Mächten verfolgt, konnten ihnen unter großen Gefahren entrinnen, und plötzlich ist das Bett herrlich warm. Oder wir hatten gerade eine wunderbare Liebesbegegnung, und jetzt ist das Bett kalt und leer. Die warme Liebe fühlt sich ganz anders an als die kalte Einsamkeit. Dies sind zwei verschiedene atmosphärische Bereiche, zwei verschiedene emotionale Wetterlagen. Wir erfahren sie als plötzliche Stimmungsumschwünge beim Erwachen.

Wenn wir tiefer in die Details der Erinnerung hineingehen, taucht die Atmosphäre des Traums erneut auf. Indem wir unsere Körperempfindungen sehr aufmerksam beobachten, können wir tiefer in diese Atmosphäre und die Gefühle, die sie erzeugt, eindringen. Unser Wachbewußtsein ist jetzt mit dem Traumzustand verschmolzen. In meinem Traum vermittelte mir die Frau-die-in-der-Küche-meine-Bekannte-ist und die ihr Nachthemd bei unserer Liebesbegegnung verlockend hochgehoben hatte, ein Gefühl köstlichen Prickelns; die körperlich empfundene Stimmung des Traums vom Standpunkt des Traum-Selbst aus gesehen. Indem ich zu der Beschaffenheit der Bettücher und dem Duft, den die Frau zurückgelassen hat, zurückkehre, kann ich das Prickeln, das ich vor einer kurzen Weile empfand, erneut spüren. Die Atmosphäre meiner Sehnsucht ist wieder wachgerufen worden: »Ich möchte bei dir sein!«

Jetzt, da die Traumatmosphäre sich wieder manifestiert hat, versuchen wir, einen Transit zu bewirken. Dies ist bei der Traumarbeit ein entscheidender Schritt. In diesem Moment beginnen wir, die andere Person in dem Traum intensiv zu beobachten: beispielsweise diese Frau-die-nicht-meine-Bekannte-ist.

Ich fühle mich zunächst tief in meinen Traumkörper ein. Dann beginne ich zu beobachten und bemerke, wie leicht meine Aufmerksamkeit abgelenkt wird. Plötzlich werden die beiden Fenster hinter der Frau deutlich erkennbar. Das Licht ist blaßblau, so wie zu Anfang des Frühjahrs oder zu Ende des Winters. Weich. Dann sehe ich sie. Sie ist jung. Während sie ihr Nachthemd über den Kopf hochzieht, bewegt sich ihr Körper hin und her. Ich empfinde eine tiefe Sehnsucht. Ich konzentriere mich auf diese Sehnsucht: eine Sehnsucht nach ihrer Jugend vielleicht, und danach, sie zu besitzen. Ich sehe ihre Brüste, die größer sind als die meiner Bekannten, und bemerke ihre roten Brustwarzen.

Ich bin völlig in eine Identifikation mit dem Traum-Selbst eingetaucht. Jetzt möchte ich einen Transit bewirken, mich mit dem Traum-Anderen identifizieren. Ich beobachte die Selbstvergessenheit, mit der sie ihr Nachthemd hochhebt, die Fröhlichkeit und die Lebenslust in ihren Bewegungen, die Dehnung ihres Brustkorbs, als sie plötzlich aus lauter Freude an ihrem physischen Sein tief einatmet. Ihr Oberkörper biegt sich zurück, die Brustmuskeln dehnen sich; ich kann das Gefühl der Erleichterung in ihr spüren, als sie die letzte Hülle ihrer Sinnlichkeit entfernt.

51

Ich halte inne und bleibe bei diesen Wahrnehmungen. Während ich warte, konzentriere ich meine Aufmerksamkeit auf sie. Dann plötzlich findet der Transit statt, und ich identifiziere mich mit dieser Frau. Ihre Stimmung ist ganz anders als die des Traum-Selbst. *Das Traum-Selbst möchte sie besitzen, während es dieser Frau völlig genügt, sich selbst zu besitzen.*

Beide atmosphärischen Bereiche, meine Sehnsucht und ihre Freude darüber, physisch lebendig zu sein, gehören zu diesem Traum von der Frau-die-nicht-meine-Bekannte-ist. Beide müssen *gespürt* werden, um den Traum erneut zu erkennen: zu erkennen im biblischen Sinne, mit einem Bewußtsein, das in einen anderen Menschen gänzlich hineingeht. Schließlich mache ich den Versuch, diese verschiedenen atmosphärischen Bereiche in rascher Aufeinanderfolge zu spüren, zu sehen, was geschieht, wenn sie sich vermischen. Zuerst empfinde ich diese Stimmungen individuell, getrennt, dann beginne ich, sie als Mischung voneinander zu empfinden. Neben der Möglichkeit für mein männlich zentriertes Selbst, Frauen einmal auf eine andere Weise wahrzunehmen, bringt diese Mischung von Gefühlen mich der Totalität des Raumereignisses nahe. Je mehr ich mich der Totalität des Traumes nähere, desto mehr nähere ich mich meinem träumenden Schöpfergeist und damit einer der kreativen Quellen meines Seins. Dieser Wechsel von der Peripherie zum Kern der Existenz hat eine transformierende Wirkung.

Ein Experiment in der Traumarbeit

In den Traumseminaren, die ich im Laufe der letzten fünfzehn Jahre durchgeführt habe, entwickelten wir ein Experiment, durch das alles, was ich oben beschrieben habe, unmittelbar erlebt werden kann. Dieses Experiment ermöglicht es uns, allein, ohne äußere Unterstützung, mit lebendigen, frischen Träumen arbeiten zu können. Möglicherweise werden Sie jedoch feststellen, daß Sie einen externen Stimulus brauchen, der Sie daran hindert, mit Ihrer Aufmerksamkeit abzuschweifen. In dem Fall nehmen Sie das Vor- und Rückwärtszählen und die anderen Anweisungen, die ich unten noch im einzelnen erläutern werde, auf Tonband auf und spielen Sie das Band ab, während Sie das Experiment machen, wobei Sie es immer dann, wenn Sie für einen Schritt mehr Zeit brauchen, einfach stoppen.

Suchen Sie sich einen Platz, wo Sie eine halbe Stunde lang ungestört sein werden. (Für einige Leute kann schon allein das Finden eines solchen Platzes eine gute Übung sein.) Führen Sie dieses Experiment durch, indem Sie sich auf den Rücken legen oder sich in einer meditativen Haltung auf den Boden oder auf einen Stuhl setzen – mit anderen Worten: Finden Sie die Ihnen bequemste Position, bei der Ihre Atmung nicht behindert wird. Lesen Sie sich langsam die unten aufgeführten Anweisungen durch. Sie sind aufgeteilt in vier Stufen des Abstiegs und eine Stufe des Wieder-an-die-Oberfläche-Zurückkehrens. Während des Abstiegs versuchen wir, einen Schwellenzustand des Bewußtseins zu erreichen, in dem wir fast, aber nicht ganz einschlafen.

Nachdem Sie die Anweisungen verstanden haben, schließen Sie die Augen und beginnen Sie mit dem Experiment. Es muß nicht länger als ein paar Minuten dauern, aber es kann so lange fortgesetzt werden, wie Sie möchten. Wählen Sie für dieses Experiment einen frischen Traum aus, an den Sie sich noch deutlich erinnern. Gewöhnlich sind Träume, die Sie erst vor kurzem geträumt haben, für diesen Zweck am besten geeignet.

Dies ist in Kurzfassung das Programm:

Erstens steigen Sie einen imaginären Abhang oder eine Treppe hinunter. Wiederholen Sie dies.

Zweitens spüren Sie, beginnend mit dem oberen Teil Ihres Kopfes, wie Ihr Bewußtsein von dort in Ihre Füße hinabsinkt, und nehmen Sie alle Gefühle auf diesem Weg deutlich wahr.

Drittens gehen Sie vom Standpunkt des Traum-Selbst in den Traum hinein und nehmen Sie Ihre Umgebung bewußt wahr.

Viertens beobachten Sie eine andere Person in dem Traum. Beginnen Sie mittels sorgfältiger Beobachtung, sich in die andere Person einzufühlen, so daß ein Transit zu ihrem Standpunkt erfolgen kann. Wiederholen Sie dies mit verschiedenen anderen Traumpersönlichkeiten. Wenn Sie sich schließlich mit dem Traum-Anderen weitestgehend identifiziert haben, dann versuchen Sie, das Traum-Selbst zu lokalisieren und zu beobachten.

Fünftens: Wenn Sie meinen, genug von diesem Experiment zu haben, dann zählen Sie langsam von eins bis zwanzig und nehmen Sie wahr, wie das Bewußtsein, während es wieder an die Oberfläche zurückkehrt, eine Druckentlastung erfährt.

Um einen geeigneten Traum auszuwählen, machen Sie ein kurzes, vorbereitendes Experiment: Schauen Sie sich um und nehmen Sie den Raum wahr, in dem Sie sich, während Sie dieses Buch lesen, befinden. Schauen Sie sich die Objekte an, von denen Sie umgeben sind. Schauen Sie sich an, wie das Licht auf sie fällt. Nehmen Sie den Abstand zwischen sich selbst und den Objekten wahr, auf die Sie sich konzentriert haben. Machen Sie sich bewußt, daß Sie sich *in einem Raum* befinden, der Sie von allen Seiten umgibt. Dann schließen Sie die Augen und versuchen sich an den Raum zu erinnern, den Sie gerade betrachtet haben, und an die Objekte, auf die Sie Ihre Aufmerksamkeit konzentrierten. Verweilen Sie einige Momente bei dieser Erinnerung. Dann richten Sie Ihre Aufmerksamkeit auf den Traum, den Sie anfänglich für dieses Experiment ausgewählt haben.

Wenn Sie sich an irgendeinen Teil des Traumes genauso deutlich erinnern, wie Sie sich an den Raum erinnerten, in dem Sie sich augenblicklich befinden, dann ist dieser Traum für unser Experiment geeignet. Wenn es nur eine *einzige* Szene gibt, an die Sie sich noch räumlich erinnern können, dann nehmen Sie jene Szene, um damit zu experimentieren. Wenn sich der Traum jedoch mehr wie eine Geschichte als wie ein räumlich wahrnehmbares Ereignis anfühlt, dann sollten Sie lieber einen anderen Traum auswählen.

Das Traumbild, das Sie für diese Arbeit auswählen, sollte eines sein, in dem auch noch eine andere Traumpersönlichkeit vorhanden ist: ein Mensch, ein Tier oder irgendein anderes Lebewesen. Eines der Ziele des Experiments ist, den Ort des Bewußtseins vom Traum-Selbst auf die andere Person zu verlagern, um das Träumen vom Standpunkt einer anderen Person als des eigenen Selbst aus zu erleben.

Schritt 1

Für ein erstes Herbeiführen des Schwellenbewußtseins – ein Bewußtsein des Fließens zwischen Wachen und Schlafen – werden Sie sich Ihres Atmens bewußt und beginnen Sie dann, von zwanzig bis zehn rückwärts zu zählen. Bei jeder Zahl stellen Sie sich vor, daß Sie einen Schritt, eine Treppe oder einen Hügel hinuntergehen. Während Sie gehen, fühlen Sie, wie Sie immer tiefer in den Schlaf hinabsinken. Wenn Sie bei zehn angekommen sind, halten Sie für einen Moment inne: Fühlen Sie, in welchem Bewußtseinszustand Sie sich jetzt befinden, und *fragen Sie sich*, ob Ihr Gefühl anders ist als zu dem Zeitpunkt, als Sie zu zählen begannen. (Es ist gleichgültig, ob es in diesem Moment tatsächlich anders ist oder nicht. Worauf es augenblicklich ankommt, ist, sich diese *Frage* zu stellen, da es Sie für die Möglichkeit sensibilisiert, daß Ihr Bewußtseinszustand sich verändern *kann.*) Dann zählen Sie weiter rückwärts von zehn bis null, während Sie dabei immer weiter nach unten sinken.

Sie werden dem Bereich, wo Sie tatsächlich einschlafen, sehr nahe kommen. Sie müssen versuchen, an der Grenze oberhalb des Einschlafens zu verweilen, indem Sie eine Ebene erreichen, auf der Sie dem Schlafzustand so nahe wie möglich sind, ohne tatsächlich einzuschlafen. Es erfordert eine gewisse Anstrengung, so als balancierten Sie auf einem Drahtseil: wenn Sie hinunterfallen, dann schlafen Sie ein.

Schritt 2

Wenn Sie diesen Schwellenzustand zwischen Wachen und Schlafen erreicht haben, dann zählen Sie noch einmal rückwärts von zehn bis null. Diesmal richten Sie Ihre Aufmerksamkeit beim Zählen zunächst auf den oberen Teil Ihres Kopfes, dann lassen Sie sie langsam weiter hinabwandern: durch Ihren Kopf und Ihren Hals, Ihren Rumpf und Ihre Arme und schließlich durch Ihre Genitalien bis in Ihre Beine und Füße. Wenn Ihre Aufmerksamkeit auf Ihre Beine gerichtet ist, dann betreten Sie das Traumbild, das Sie gewählt haben.

Schritt 3

Jetzt begeben Sie sich zum selben Traumort, in dem das Traum-Selbst sich befand, und beginnen Sie, sich umzusehen.

Ist es an diesem Ort hell oder dunkel? Wie ist das Licht – hell oder schwach? Wenn Sie Ihren Blick nach vorn richten – was sehen Sie dann? Was nehmen Sie wahr? Gibt es dort irgendwelche Gegenstände, die Sie sehen können? Wenden Sie sich langsam nach links. Was nehmen Sie wahr? Ist es ein großer Raum, in dem Sie sich befinden? Ist er hoch oder niedrig? Konzentrieren Sie sich auf ein Objekt und schätzen Sie, wie weit entfernt von jenem Objekt Sie sind. Welches ist die Form des

Objekts? Wie ist seine Textur? Wie fällt das Licht darauf? Drehen Sie sich ein Stück weiter herum, auf welche Seite Sie möchten, und bemühen Sie sich, so viele Objekte wie möglich zu sehen – aber drehen Sie sich ganz, ganz gemächlich. Machen Sie dies alles so langsam wie möglich. Jedesmal, wenn Sie ein interessantes Objekt wahrnehmen, schauen Sie es sich sehr genau an und versuchen Sie, die Entfernung zwischen sich selbst und jenem Objekt einzuschätzen. Machen Sie sich bewußt, daß Sie auf allen Seiten von etwas umgeben sind.

Gibt es irgendwelche Geräusche? Irgendwelche Gerüche? Auf was für einem Boden stehen Sie? Welche Atmosphäre ist in dem Raum, in dem Sie sich befinden? Ist die Atmosphäre angespannt oder entspannt, hell oder düster, angenehm oder unangenehm, deprimierend, fröhlich oder irgend etwas dazwischen?

Schritt 4

Schauen Sie sich in dem Raum um und nehmen Sie jedes andere Wesen wahr, das sich außer Ihnen dort befindet. Um eine Identifikation zu erleichtern, werde ich jene andere Person »das Andere« und Sie selbst »das Selbst« nennen. Wie weit entfernt ist das Selbst vom Anderen? Schätzen Sie die Entfernung. Was fühlt das Selbst im Hinblick auf das Andere? Mag das Selbst das Andere oder lehnt es es ab? Konzentrieren Sie sich. Spüren Sie in Ihrem Körper nach, was das Selbst im Hinblick auf das Andere empfindet. Beobachten Sie das Andere. Was fühlt das Andere Ihrer Erwartung nach? Machen Sie sich eine mentale Notiz. (Dies geschieht, um später die innere Welt des Selbst – seine Erwartungen und Projektionen – mit dem tatsächlichen Erleben des Innenbereichs des Anderen zu vergleichen.)

Was für eine Körperhaltung nimmt das Andere ein? Ist die Haltung des Anderen angespannt oder entspannt? Engagiert oder distanziert? Wenn das Andere sich bewegt, beobachten Sie dessen Bewegungen mit den Augen eines Choreographen. Jetzt spüren Sie in Ihrem Körper dieser Körperhaltung oder diesen Bewegungen nach. Wie fühlt es sich an, in einer solchen Haltung oder in einer solchen Bewegung zu sein? Spüren Sie es deutlich. Benutzen Sie Ihren Körper, um die Bewegung oder die Haltung zu imitieren. Wie fühlt es sich an, diese Bewegungen oder diese Haltung nachzuahmen? (Wenn möglich, tun Sie all das, ohne sich tatsächlich zu bewegen. Gehen Sie nur ganz tief in Ihr eigenes Körpergefühl hinein.) Beobachten Sie, während Sie all das tun, ganz genau das Andere. Prüfen Sie, ob Sie den Körper des Anderen von innen fühlen können. Jetzt halten Sie inne, während Sie zugleich noch immer sehr genau beobachten, und setzen Sie Ihren ganzen Körper ein, damit er Ihnen bei der Beobachtung und dem Sich-Einfühlen hilft. Wenn es irgendeinen Teil des Körpers des Anderen gibt, den Sie deutlicher von innen spüren als die anderen Teile, dann konzentrieren Sie sich darauf.

Wenn das Selbst und das Andere sich anschauen, konzentrieren Sie sich auf diesen Blick. Was sehen Sie in den Augen des Anderen? Was wird dem Selbst durch diesen Blick des Anderen vermittelt? Drückt der Blick eine Stimmung aus? Halten Sie inne und beobachten Sie.

Ein weiterer guter Ort, auf den Sie Ihre Aufmerksamkeit lenken können, ist das Rückgrat des Anderen. Spüren Sie es mit Ihrem eigenen Rückgrat. Wie fühlt sich der Rücken des Anderen an? *Gute Punkte des Hineinfließens in das Andere sind sensible Blicke, die zwischen dem Selbst und dem Anderen gewechselt werden, und die Haltung, das Rückgrat oder eine Bewegung.* Jetzt halten Sie inne, bis Sie das Andere in Ihrem eigenen Inneren spüren.

Plötzlich wird es sich leicht und natürlich anfühlen, das Andere von innen heraus zu spüren. *Warten* Sie auf diesen Moment. Dies ist die Identifikation, die Sie erhofft hatten. Sie mag eine Weile anhalten. Verharren Sie an diesem Punkt der Konzentration. Der Transit findet fast unmerklich statt; Sie werden entdecken, daß es sehr leicht ist, aus dem inneren Bereich des Anderen heraus zu fühlen. Wie fühlt sich das Andere? Was fühlt das Andere körperlich?

Jetzt beginnen Sie, den Raum von der Sichtweise, der Plattform des Anderen aus zu betrachten. Sehen Sie sich einmal um. Wie sieht das Andere den Raum? Das Andere erlebt die unmittelbare Umgebung möglicherweise anders als das Selbst.

Jetzt findet das Andere heraus, wo das Selbst ist, und beginnt, das Selbst anzuschauen. Wie erscheint das Selbst vom Standpunkt des Anderen aus? Nehmen Sie nur das Selbst wahr und beobachten Sie es.

Wie ist die Atmosphäre, während das Andere weiterhin das Selbst beobachtet und sich im Raum umschaut? Gibt es Geräusche, die das Andere hört? Was erlebt das Andere? Was erlebt das Andere körperlich?

Jetzt beginnen Sie, das Selbst vom Standpunkt des anderen zu beobachten. Sehen Sie sich einfach nur um. Wie sieht der Andere den Raum? Ist er für das Andere hell oder dunkel? Ist es ein großer Raum? Das Andere erlebt vielleicht seine unmittelbare Umgebung anders als das Selbst.

Jetzt lokalisiert das Andere das Selbst und beginnt, das Selbst anzuschauen. Wie erscheint das Selbst vom Standpunkt des Anderen aus? Schauen Sie sich das Selbst einfach an und beobachten Sie es.

Während das Andere weiterhin das Selbst beobachtet und sich im Raum umschaut – wie ist da die Atmosphäre? Gibt es Geräusche, die das Andere hört? Was erlebt das Andere sonst noch? Wie ist jetzt das Gefühl im Körper des Anderen? Wie ist jetzt die Haltung oder Bewegung des Anderen? Spüren Sie die Haltung oder Bewegung des Anderen aus seinem Inneren heraus. Jetzt beobachten Sie erneut das Selbst. Verweilen Sie bei dieser Beobachtung so lange, wie Sie können. Bleiben Sie in Kontakt mit dem Erleben des Anderen. Wenn mehr »Andere« im Raum präsent sind, dann möchten Sie vielleicht einen Transit in eine Identifikation mit ihnen vollziehen. Gehen Sie weiterhin sehr *langsam* vor. Warten Sie, bevor Sie weitermachen, immer so lange, bis die Einfühlung fast unmerklich in eine vollständige Identifikation übergeht.

Schritt 5

Wenn Sie müde werden, das Gefühl haben, genug getan zu haben, oder auch anfangen, das Bild zu verlieren, an dem Sie gearbeitet haben, dann zählen Sie von eins bis zwanzig. Vergessen Sie, während Sie in das Wachbewußtsein zurückkehren, nicht, den Wechsel in der Intensität Ihrer Konzentration und die atmosphärischen Veränderungen wahrzunehmen.

Es mag sein, daß dieses Experiment Ihnen zunächst Schwierigkeiten bereitet. Der Transit zum Anderen ist häufig schwer zu vollziehen. Sie werden das Gefühl haben, daß Sie sich das alles nur ausdenken. Die Stimme der Vernunft erklärt Ihnen voller Überzeugung, daß Sie sich hier im Bereich des Fiktiven bewegen. Aber wenn das erinnerte Traumereignis wieder zu einer *tatsächlich vorhandenen Umgebung* wird, dann wird das Gefühl von Authentizität – für einen Moment – diese Stimme der Vernunft zum Schweigen bringen. Probieren Sie ein paar mögliche Transite zu anderen Bewohnern Ihrer Traumlandschaft aus, und entdecken Sie, daß Sie plötzlich den Traum aus der Perspektive eines Anderen fühlen *können*. Wenn Ihnen das einmal gelungen ist, werden Ihnen zukünftige Experimente leichter fallen. Je häufiger Sie das tun, desto weniger anstrengend wird es sein, am Punkt Ihrer Aufmerksamkeit zu verharren und das Sie umgebende Bild stabil zu halten. Während Sie Ihre Aufmerksamkeit trainieren, wird die natürliche Tendenz der Bilder, unscharf zu werden und sich schließlich zu verflüchtigen, sich mehr und mehr verlieren, und Transite werden sehr viel rascher erfolgen.

Wenn Sie das Gefühl haben, daß Sie sich nach Beendigung der Traumarbeit nicht aus der Identifikation mit dem Anderen lösen können, dann geraten Sie nicht in Panik. Dieses Gefühl wird sich langsam verflüchtigen, und Sie werden in Ihr gewohntes Selbst zurückkehren. Man selbst zu sein ist eine Angewohnheit wie das Rauchen. Es ist schwierig, das Rauchen aufzugeben, und leicht, es wieder anzufangen. Und ebenso ist es schwierig, die gewohnte Perspektive des Selbst zu verlassen, und leicht, wieder hineinzuschlüpfen.

Eine gute Möglichkeit, sich einem Panikanfall zu entziehen, besteht darin, tief einzuatmen. Lassen Sie Ihren Atem so tief wie möglich in Ihren Körper hineinfließen. Stellen Sie sich vor, daß Ihr Atem mit Ihren Füßen Verbindung aufnimmt. Dann nehmen Sie wahr, wie Ihre Füße fest auf dem Boden stehen. Befehlen Sie sich immer wieder aufs neue, tief durchzuatmen.

Das oben beschriebene Experiment ist eine sehr wirkungsvolle Möglichkeit, allein, ohne die Unterstützung anderer, mit frischen Träumen zu arbeiten. Besorgen Sie sich ein Tagebuch, um Ihre Erfahrungen aufzuschreiben. Spüren Sie Ihren Schwierigkeiten mit den Transiten nach, und schreiben Sie auf, welche Methode für Sie am effektivsten ist, diese Transite zu bewirken. Ich selbst beispielsweise kann am leichtesten einen Transit bewirken, indem ich sehr aufmerksam die Körperhaltung beobachte. Ich schreibe auf, auf welche Weise ich es schaffe, zu anderen Perspektiven überzugehen, was schwierig und was leicht war. Ich rufe mir ins Gedächtnis zurück, in welcher Hinsicht sich jede einzelne Perspektive von den anderen unterschied und welche Assoziationen entstanden, während ich an diesen inneren Landschaften arbeitete. Immer wenn ich mich an einen

Augenblick in meinem Leben erinnere, in dem ich mich auf genau dieselbe Weise verhielt wie die Traumpersönlichkeit, in die ich mich gerade hineinversetzt habe, schreibe ich mir das sehr genau auf. Auf diese Weise bringe ich die Menschen meines Traums mit meinem Alltagsleben in Verbindung. Beispielsweise führte mich meine Traumarbeit an dem im Anhang beschriebenen Traum acht, den ich in Sydney träumte, dazu, mich in einen Wiener Freund, einen Psychiater, hineinzuversetzen, der plötzlich entdeckte, daß alles, wonach er immer gesucht hatte, ihm die ganze Zeit direkt ins Gesicht gestarrt hatte, und zwar von der gegenüberliegenden Straßenseite aus. Ich kann mich in seinen hageren, starken Körper, den er ein wenig ungeschickt nach vorn beugt, einfühlen und seine Sehnsucht nach dem, was er nicht haben kann, deutlich spüren. Mir fällt ein, daß ich häufig Dinge nicht finden kann, die direkt vor meiner Nase liegen, weil ich aufgrund meiner ständigen Geistesabwesenheit davon ausgehe, daß ich sie ganz bestimmt nicht finden werde. Dadurch wirke ich bisweilen wie der typische zerstreute Professor. Trüge ich eine Brille, dann würde ich ständig danach suchen, auch wenn sie mir direkt auf der Nase säße.

Wenn ich die Energie dazu habe, dann beende ich den Bericht in meinem Traumtagebuch mit einer Beschreibung der gesamten Traumarbeit, als wäre sie ein Traum, wobei ich mich an so viele Details wie möglich erinnere. (Da diese detaillierten Eintragungen in das Traumtagebuch ein gewisses Maß an Disziplin verlangen, wovon ich herzlich wenig habe, verfasse ich solche nur sehr sporadisch. Gewöhnlich bereitet mir die eigentliche Traumarbeit schon genug Schwierigkeiten. Es gibt so viele Gründe, sich vor den Eintragungen zu drücken.

Wenn Sie dieses Experiment mit der Arbeit an Traumserien, wie ich sie in Kapitel acht darstelle, kombinieren, dann können Sie mit einiger Disziplin allein an Ihren Träumen arbeiten.

Eine Traumserie besteht aus einer Reihe von Träumen, die nacheinander auftauchen. Bei der Arbeit an Traumserien sucht der Traumarbeiter nach Zwischenverbindungen in der großen Menge an Material, das in den Inhalten erinnerter Träume präsentiert wird. Beispielsweise habe ich in Kapitel acht eine Serie meiner eigenen Träume, die ich träumte, während ich in Australien war, sehr systematisch auf verbindende Pfade hin untersucht und mir dadurch eine Art Landkarte dieser bestimmten Wildnis geschaffen.

Je mehr unser Leben von dem üblichen Pfad abweicht, desto weniger Straßenschilder werden wir sehen. Schließlich enden wir mitten im Dschungel unseres Lebens, an einem Ort, wo wir uns ausschließlich auf unseren inneren Orientierungssinn verlassen müssen, während wir täglich mit neuem Terrain konfrontiert sind. Traumarbeit ist eine gute Übung, einen Orientierungssinn im absolut Unbekannten zu entwickeln. Meine australische Traumserie demonstriert, wie dieser innere Orientierungssinn, der wie eine Art Zielfluggerät funktioniert, sich in meinem Leben entwickelte.

Ich begann meine Arbeitsmethode – so wie ich sie in dem oben beschriebenen Traumarbeitsexperiment demonstriert habe – zunächst auf der Basis meines luziden Traumes zu entwickeln, als ich den Taxifahrer in der Nähe der Akademie in Leiden anhielt. (Ein luzider Traum ist ein Traum, in dem man sich der Tatsache bewußt ist, daß man träumt.) Plötzlich wurde mir klar, daß der Taxifahrer, aus einer rein phänomenologischen Perspektive, ein lebendes Wesen war, in dessen Augen *ich* wie irgendein Verrückter erschien. Von seinem Standpunkt aus gesehen lebte er in einer völlig realen Welt, die offensichtlich nicht von dem Verrückten geschaffen worden war, der behauptete, dies alles sei nur ein Traum. Je mehr ich fähig wurde, seine Perspektive einzunehmen, desto realer wurde seine Welt. Wurde ich allmählich tatsächlich verrückt und verlor die Fähigkeit, zwischen Realität und Phantasie zu unterscheiden?

Ich hätte mich tatsächlich wie der Verrückte gefühlt, als den der Taxifahrer mich ansah, hätte sich meine Einstellung nicht zehn Jahre früher, nämlich schon 1973, durch einen anderen Traum vorbereitet, in den ich einfach eintauchte. Ich diskutierte diesen Traum mit einem Mann, den ich sehr bewunderte, Henry Corbin, dem großen Meister des Sufismus.

In dem Traum wanderte ich an einem Fluß entlang. Auf der anderen Seite des Flusses sah ich eine Stadt des Mittleren Ostens mit vielen weißen Stuckkuppeln. Ohne Zögern sprang ich in den Fluß und schwamm hinüber. Als ich durch die weiße Stadt ging, war ich geradezu überwältigt von der Realität dieser Stadt. Sie fühlte sich realer an als alles, was ich je zuvor gesehen hatte.

Ich erzählte Corbin von diesem Traum, weil ich ihn, einige Wochen nachdem ich ihn geträumt hatte, in Eranos, einem Konferenzzentrum in Ascona, über die Stadt des Lichts sprechen hörte, wo verschiedene große Gelehrte im engeren Kreis ihre bahnbrechenden Ideen vortrugen, bevor sie sie einem größeren Publikum präsentierten. Seine Beschreibung der Stadt des Lichts ähnelte so sehr der Stadt, die ich in meinem Traum gesehen hatte, daß ich beschloß, ihn danach zu fragen. Ich war Mitte Zwanzig, am Anfang meines Lebens, und er war Mitte Siebzig, am Ende des seinen. Aus irgendeinem Grunde mochte er mich und stellte, während er mir zuhörte, sein Hörgerät an. Das Hören ermüdete ihn. Er lebte in einer Welt, in der, so pflegte er ironisch zu sagen, die meisten seiner Zeitgenossen bereits seit tausend Jahren tot waren. Ich liebte ihn. Nachdem er meinen Traum gehört hatte, lächelte er. »Du warst dort«, sagte er. »Du warst tatsächlich dort. Du warst in jener Stadt. Deshalb empfandest du sie als so real. Du warst dort, weil die Stadt tatsächlich existiert.«

Die Stelle, wo die Stadt sich befindet, wurde von ihm in vielen seiner Bücher beschrieben, vor allem in *Creative Imagination in the Sufism of Ibn Arabi*. Er hatte diesen Ort den *mundus imaginalis*, die imaginäre Welt, genannt. Diese imaginäre Welt war ein Zustand der Realität, ein Bereich mit einer Architektur des Raums und der Zeit, der so real ist wie die Welt der physikalischen Materie und so real wie die Welt des Geistes, der Metaphysik, des reinen Denkens. Man ging davon aus, daß es drei Welten gäbe: die Welt der Materie unten, die Welt des Geistes darüber und die Welt der Imagination dazwischen, wobei jeder Bereich völlig real war. Im zwölften Jahrhundert fiel nach Ansicht Corbins die mittlere Welt aus dem Bewußtsein heraus und ließ uns mit der Dichotomie von Materie und Geist zurück, und schließlich nur noch mit der Wissenschaft von der Materie. Aber als die Vorstellungskraft in Europa noch ungebrochen war, hatte es eine obere Welt des Geistes gegeben, eine untere Welt der Materie und eine dazwischenliegende Welt der Imagination. Visionäre hatten im Zustand der völligen Wachheit freien Zugang zu diesem letzteren Bereich. Ihre Visionen wurden nicht als ihre privaten Phantasien betrachtet, sondern als Reisen durch eine real existierende Welt; sie ähnelten damit in gewissem Sinne dem Adlerflug Ilyatjaris. Corbin nannte diese Reisenden – und er folgte damit dem größten der mittelalterlichen Sufi-Visionäre, Ibn Arabi – die Ritter des Unsichtbaren.

Heute erkenne ich diesen mittleren Bereich. Während des Träumens ist die imaginäre Welt objektiv dort *präsent*: wir haben tatsächlich das Gefühl, da zu sein. Sie ist wie die materielle Welt ein Kontinuum von Raum – Zeit, bevölkert mit Körpern, die eine bestimmte physikalische Dichte haben und aus einer Substanz bestehen, die wahrscheinlich nicht-materiell ist.

Als ich also dem Taxifahrer begegnete, war ich philosophisch darauf vorbereitet, zum westlichen Bewußtsein, so wie es *vor* dem zwölften Jahrhundert war, zurückzukehren und die Existenz dieses Mannes als real zu betrachten, wenn auch *weder im materiellen noch im metaphysischen Sinne*. Die Substanz seiner Existenz ist etwas anderes, *Imaginäres*: fundamental unbekannt und dennoch real. Im wesentlichen betrachte ich ihn *nicht* als eine momentane Verkörperung eines dauerhaft vorhandenen anderweltlichen Wesens, eines Geistes im metaphysischen Sinne. Alles, was ich über ihn weiß, ist, daß er während des Träumens existiert und daß er Gestalt angenommen hat. Wo war er vor dem Träumen und wo wird er danach sein? Ich weiß so wenig darüber, wie ich über mein eigenes Sein vor und nach meinem Leben weiß.

Zu meiner Überraschung waren die therapeutischen Wirkungen der Methode der Identifikation mit anderen Traumwesen *als Anderen* sehr tiefgreifend. Für einen Therapeuten, der Traumarbeit dazu benutzt, in die Tiefe der Seele seiner Patienten einzudringen, ihnen dabei zu helfen, bescheidene Transformationen zu erwirken, war dies eine aufregende Entdeckung. Sie gab mir eine Möglichkeit, tiefer vorzudringen, als ich dies je zuvor getan hatte. Es war zudem ein entscheidender Schritt in meiner Emanzipation von meinen psychoanalytischen Vorfahren – wie Ilyatjaris tote Ngankaris im Zentrum der Milchstraße –, den Autoritäten, die mich in meinem Beruf angeleitet und deren Ideen mein Denken ermöglicht hatten. Ich war zu einer Erkenntnis gelangt, die für *meine* Arbeit entscheidend war. Jetzt, da mir ein sehr origineller Gedanke gekommen war (insofern Gedanken überhaupt jemals originell sein können), begann sich meine Beziehung zu meinen geistigen Vätern, Freud und Jung, zu verändern. Die Träume, die ich träumte, während ich in Australien war, sind Beweis für eine kürzlich erfolgte Phase der Veränderung in meiner Beziehung zu diesen »Vätern«.

Ich blieb konsequent bei der Perspektive des Taxifahrers, vor allem, daß er *er selbst* sei und nicht ein Teil von mir. Er gehörte mir nicht. Er war keine sogenannte Sub-Persönlichkeit. Er war nicht mein Besitz. Er bestand darauf, seine Autonomie und Würde zu wahren. Aber ich konnte ihn, durch den oben beschriebenen Prozeß der Identifikation, *von innen heraus kennenlernen.* Es zeigte sich, daß es leichter war, sich mit den Traummenschen zu identifizieren als mit den Menschen der Tageswelt – vielleicht deshalb, weil eine gemeinsame Lebenskraft sowohl das Selbst als auch die Anderen in der Traumwelt nährt, denn möglicherweise nehmen alle Traummenschen, einschließlich des Traum-Selbst, am kreativen Leben eines unbekannten, übergeordneten träumenden Schöpfergeistes teil. Da die Gefühle, die ich bei der Identifikation empfand, anfänglich nicht meine eigenen waren, konnte ich sie paradoxerweise mit einer Tiefe und Intensität empfinden, die sehr viel größer war als die Intensität, die ich erreichen konnte, wenn ich die Gefühle der Traumpersönlichkeit als meine eigenen betrachtete, wenn ich, wie es heißt, mir diese Gefühle »angeeignet« hätte. (Zu diesem Zeitpunkt war das »Sich-Aneignen« von Gefühlen in der Psycho-Szene der letzte Schrei, und jeder, der eine Methode ausprobierte, bei der es nicht um dieses Sich-Aneignen ging, schwamm gegen den Strom.) Durch diese neue Herangehensweise wurde man von der Last der Verantwortung für die aufsteigenden Sehnsüchte und Gefühle völlig befreit, da sie nicht die eigenen waren. Auf die Weise brauchte man nicht in die Fallen von Schuld und Scham hineinzustolpern, die die manchmal erschreckenden Gefühle und häßlichen Begierden begleiten, welche das innere Leben ausmachen. Ich besaß die Freiheit, alle Gefühle ganz, ohne jedes Schuldgefühl, zu erleben. Aber bei einem solchen intensiven Erleben der inneren Landschaft wurde ich von den Gefühlen, die in mein Bewußtsein gedrungen waren, zutiefst berührt und bewegt.

Auf derselben Eranos-Konferenz des Jahres 1973, auf der Henry Corbin über die Stadt des Lichts sprach, hielt James Hillman einen bahnbrechenden Vortrag zum Thema »*The Dream and the Underworld*« (der später unter demselben Titel als Buch erschien). Mit diesem Vortrag stellte Hillman die gesamte Traumarbeit auf den Kopf.

Hillman stellte fest, daß sich Traumarbeiter seit Freuds Zeiten dem Traum in der Absicht genähert hatten, darin eine *Bedeutung* zu entdecken, die in die Tageswelt *zurückgeholt* werden könne. Freud hatte gesagt: »Wo das Es war, soll das Ich sein.« Damit hatte er angedeutet, daß die Bewohner des Traumlandes durch das Wachbewußtsein erobert und sozusagen an den Haaren an die »Oberfläche« gezogen werden sollten, so wie es der Höhlenbewohner in der für ihn typischen »Ritterlichkeit« mit seinen Frauen tut – oder der Kolonisator in seinem Drang, die Rohstoffe des Landes, das er erobert, auszubeuten. Der Traum sollte sozusagen »gemolken« werden, um Einsichten daraus zu gewinnen – und danach sollte man ihn wie einen leeren alten Sack fortwerfen, damit wir im Wachleben um so weiser wären. Hillman schlug einen Richtungswechsel vor: durch unser Wachleben das Träumen zu nähren. Ich verstehe ihn in dem Sinne, daß wir versuchen sollten, unsere ausschließlich *Export*-orientierte Traumarbeit in Richtung auf eine stärkere *Import*-Orientierung zu verändern.

Träume nach Einsichten für unser tägliches Leben, unsere Vergangenheit und unsere Probleme abzusuchen ist der übliche Weg, mit ihnen umzugehen. Wir wenden das, was wir aus unserer Arbeit an einem Traum lernen, direkt auf unser Wachleben an. Die Frau, die ihr Nachthemd hochhebt, ist meine feminine Seite, die mehr Aufmerksamkeit verlangt; ich muß mein Leben mit mehr Sinnenfreude leben. Die Menschen, die an meine Tür klopfen, sind Teile meines dunklen Schattens, Elemente meiner eigenen Männlichkeit, die mich erschrecken; ich sollte sie lieber hereinlassen, meine Männlichkeit auf befriedigendere Weise leben. Die Frau auf dem Barhocker muß lernen, warme Gefühle für andere zu entwickeln, und zwar ohne sich sofort so leidenschaftlich in sie hineinzustürzen, daß ihr Leben dadurch aus der Bahn geworfen wird. Die Unsicherheit des Präsidenten in seinem Weißen Haus mit jenen archaischen Höhlenvögeln im Hintergrund bedeutet, daß *mein* unsicheres westliches Bewußtsein lernen muß, sich stärker an einen primitiveren inneren Bereich anzupassen.

Dadurch, daß wir aus dem Traum Einsichten gewinnen, kann unser Leben unmittelbar beeinflußt werden. Die direkten therapeutischen Möglichkeiten liegen auf der Hand. Im Fall meines Traumes vom Weißen Haus könnte ich meine Gefühle von Unsicherheit auf die frühesten, archaischen Augenblicke meines Lebens zurückführen, als die Gefühle von Unterlegenheit, die in der Familie meiner Mutter vorherrschten, mein Selbstbild formten. Ich würde mich am Ende selbst besser verstehen, was ein wertvolles Ergebnis ist.

All dies sind »Exporte« aus der Traumwelt in das Alltagsleben. Wenn wir uns in einem Traum völlig isoliert und einsam fühlen, dann müssen wir an einen Ort in unserer Kindheit oder Jugend zurückkehren, um herauszufinden, wie dieses Einsamkeitsgefühl entstanden ist ... Aber – einen Augenblick mal.

Nehmen wir dieses Beispiel der Einsamkeit, um über *Importe* zu reden.

Ein Mann mittleren Alters träumt, daß er neben einem Kühlschrank sitzt. Er fühlt sich einsam und zurückgewiesen. Seine Frau hat ihn verlassen. Der Kühlschrank ist leer.

So wie ich es in der Übung gezeigt habe, kehren der Mann und ich in die Traumküche zurück. Er erlebt seine Isolation zunächst als ein eisiges Gefühl in der Magengrube und als ein Gefühl der Leere. Dann identifiziert er sich auf dem Wege über einen Traumarbeit-Transit mit dem Kühlschrank – und erinnert sich an seine »eisige« Mutter. Und schließlich erinnert er sich an einen Augenblick, in dem seine Mutter in eine andere Stadt zog, um dort noch einmal zu studieren, und er erkennt, daß er Angst hat, erneut allein gelassen zu werden, weil seine Frau jetzt, da die Kinder das Haus verlassen haben, wieder ein Studium aufnehmen will.

An diesem Punkt können wir all die Schritte zum Export des Traumes unternehmen; wir können verstehen und nachempfinden, wie das Verhalten seiner Frau ihn das wiederholen läßt, was er schon zuvor durchlebte. Eine solche Vorgehensweise wäre gewiß angemessen. Jedoch könnten wir auch die Gefühle *importieren*, die an dem Tag hochkamen, als seine Mutter sich zu ihm umwandte und sagte: »Ich gehe.« Wir können sie wieder zum Träumen zurückbringen, zu dem Gefühl eisiger Isolation, das er empfindet, während er neben dem Kühlschrank sitzt. Während wir diesen importierenden Schritt vollziehen, werden die Gefühle in dem Traum vergrößert: der Mann hat plötzlich das Gefühl völlig starr, wie erfroren zu sein. Ein spontaner Transit in den inneren, eiskalten Kern des Gefrierschranks hat stattgefunden. Der Zustand von Eiseskälte breitet sich in seinem ganzen Körper aus. Dann beginnt er, ein dumpfes Gefühl des Wohlbefindens zu spüren (der Punkt, wo Kälte in Empfindungen der Wärme umschlägt), als stürbe er an Unterkühlung, in der Weise, wie Bergsteiger, die noch im letzten Moment gerettet wurden, über die Erfahrung berichten, fast erfroren zu sein. Er hat sich in den Kern der Kälte hineinbegeben. Das Gefühl der Isolation wurde essentialisiert, durch Destillation in eine konzentrierte emotionale Substanz verwandelt, indem eine Erinnerung aus dem Tagesleben importiert wurde. Der Träumer kennt die *Essenz* der Kälte.

Der Träumer, der sich vor den Gefühlen der Einsamkeit plötzlich weniger fürchtet, beginnt, über die Aspekte der Einsamkeit des menschlichen Lebens zu reflektieren. Im Laufe der Zeit verwandelt sich eiskalte Einsamkeit – zum Teil – in das Gefühl, ein separates Selbst zu sein, in die Fähigkeit, allein zu sein, entfernt von mütterlicher Wärme. Er klammert sich weniger an seine Frau; sie hat das Gefühl, freier atmen zu können. Eine Art Wellenbewegung breitet sich in seinem ganzen Leben aus; die Welt des Wachbewußtseins dieses Paares verändert sich. Jedesmal, wenn er sich, aus Furcht vor der Kälte, an seine Frau klammert, kann er mit Hilfe der Traumarbeit zur Essenz der Kälte zurückkehren und dort warten, bis seine Angst abklingt. Dies ist homöopathische Therapie: man heilt Ähnliches mit Ähnlichem. Er hat gelernt, seine Angst vor der Kälte mit der Essenz von Eiseskälte zu heilen.

Es ging mir in diesem Beispiel darum, zu zeigen, daß wir, *wenn wir die Tageswelt der Nachtwelt dienstbar machen*, Erlebnisse haben können, die sich so intensiv real und essentiell anfühlen, daß sie die Qualität unseres Lebendigseins unmittelbar beeinflussen und uns dadurch als Träumer auf fundamentale Weise verändern. Es ist, als würde das Importieren von Gefühlen aus unserem Wachleben die Traumarbeit zu einem Destillierkolben machen, in dem, so wie beim Alkohol, unverarbeitete Emotion zu einer starken seelischen Empfindung destilliert wird.

Ein unverarbeitetes Gefühl von Kälte und Isolation verwandelt sich in die reine Empfindung der Einsamkeit. Das Erleben des eiskalten, reinen Geistes der Einsamkeit führt zu der Fähigkeit, allein zu sein. Aus dem emotionalen Rohmaterial die Essenz herauszubrauen hat auf den Brauer selbst eine verwandelnde Wirkung.

Traumarbeit zeigt, daß im Kern des Gefühls, vor dem wir am meisten Angst haben, ein Wirkstoff der Veränderung gefunden werden kann, der unsere Tagesprobleme auf indirekte und profunde Weise transformiert, da er eine Veränderung der Einstellung und ein neues Lebensgefühl bewirkt.

Bis hierher habe ich mich auf die Sichtweisen konzentriert, durch die versucht wird, sich wieder in den Seelenzustand hineinzubegeben, in dem wir uns befanden, als wir träumten, in die sogenannten *Traumperspektiven*.

Aber dann wachen wir auf.

Wenn wir wach sind und auf das Träumen als auf ein Ereignis der Vergangenheit zurückblicken, dann zeigen sich andere Sichtweisen, die sogenannten *Wachperspektiven*. Wachperspektiven umfassen eine breite Skala an Möglichkeiten.

Natürlich ist die simpelste Perspektive, die man einnehmen kann, die rationalistische, nämlich Träume als sinnloses Gewäsch zu betrachten, als Seifenblasen, die dazu gut sind, das Gehirn zu reinigen. Aber da diese Perspektive jede Möglichkeit für Traumarbeit leugnet, nenne ich sie hier nur der Vollständigkeit halber. Wenn wir jedoch wie Jung glauben, daß psychologische Gesetze ihrer Natur nach paradox sind, dann sind Träume zugleich sinnlos und sinnvoll. Traumarbeit konzentriert sich auf Träume in ihrem sinnvollen Aspekt.

Die erste sinnvolle Perspektive, mit der wir konfrontiert werden, nenne ich die *naive* Perspektive. (Ich benutze das Wort *naiv* in diesem Zusammenhang ohne ein Werturteil, in der Weise, wie man über naive Malerei redet.) Bezogen auf meinen Traum mit meinem Sohn bei der Akademie von Leiden geht man bei dieser naiven Perspektive automatisch davon aus, daß der Sohn, mit dem ich in Leiden spazierengehe, meinen wirklich vorhandenen Sohn, David, repräsentiert. Es ist diese Sichtweise, die mich am nächsten Morgen sagen läßt: »Hey, David, ich hab von dir geträumt.«

Die Interpretation des Traums aus dieser Perspektive heraus nennt Jung die *Objektebene*, da sie davon ausgeht, daß die Traumgestalt sich auf ihr Objekt, ihre Entsprechung im Wachleben, bezieht. Jung betont, daß diese Herangehensweise an Träume von wesentlicher Bedeutung ist, wenn man zu der Person, von der man träumt, eine enge Beziehung hat, da sie sich auf eine bisher unbewußte Wahrnehmung im Hinblick auf diese Person beziehen kann.

In diesem Fall habe ich *tatsächlich* eine sehr enge Beziehung zu der Traumgestalt. Vielleicht ist in diesem Traum die unbewußte Erkenntnis enthalten, daß mein Sohn und ich etwas Wichtiges, nämlich eine intensive forschende Neugier und bestimmte merkurische Fähigkeiten gemeinsam haben, und daß ich ihm in dieser akademischen Welt der Neugier und der ständigen Veränderung seinen Weg zeigen sollte. Der Traum kann sich auch auf die Notwendigkeit einer vermehrten Kommunikation zwischen uns beziehen. Merkur ist schließlich der Gott der Kommunikation (ebenso wie des Handels, des Reisens, des hinterhältigen Diebstahls und der Traumarbeiter, die die Menschen in die Unterwelt des Seins hineinführen).

Auf dieser Objektebene bezieht sich das Traum-Selbst direkt auf das Wach-Selbst: Ich im Traum bin dieselbe Person, die ich im Wachleben bin.

Als nächstes käme dann die *Persönlichkeits*perspektive. Nachdem ich meinem Sohn erzählt habe, daß ich von ihm geträumt habe, komme ich möglicherweise zu folgender Erkenntnis: Da alle Elemente, die sich in einem Traum zeigen, Teil des gesamten Traumes sind, muß jedes Element, das in dem Traum auftaucht, auch ein Aspekt des Träumers sein. Deshalb muß jedes Element des Traumes ein Teil der Persönlichkeit des Träumers sein. David in Leiden ist eine Subpersönlichkeit meines träumenden Selbst. Er bezieht sich auf das innere Kind in mir, das seinem Vater folgt und von ihm lernt, indem es tut, was er tut. Er ist der Teil meines Selbst, der sich der väterlichen Autorität mit rückhaltlosem Vertrauen unterwirft und allen Anweisungen des Vaters Folge leistet. Wenn ich mich in die Persönlichkeit des kleinen-David-in-mir-der-auf-jeden-Wink-der-Autorität-reagiert hineinbegebe, dann bin ich leicht zu begeistern, Autoritäten gegenüber naiv und schwärmerisch, und ich lasse mich von anderen leicht hinters Licht führen. Merkur ist schließlich der Gott der Gauner. Er kann in diesem Kontext ein fast unschuldiges Vergnügen am Lügen und Betrügen bereiten: Es macht Spaß, ein Betrüger zu sein, der andere hemmungslos hinters Licht führt. Oder er weckt eine kindliche Sehnsucht danach, zu kommunizieren und andere Menschen zusammenzubringen. (Dieses Element meiner Persönlichkeit muß auf jeden Fall an die Oberfläche kommen, um den unethischen Aspekt ihrer Absichten in Schach zu halten.) Jung nennt diese Perspektive, nach der jedes Element des Traums einen Teil des Subjekts (bzw. des Träumers) repräsentiert, die *Interpretation auf der Subjektebene*.

Auf der Subjektebene ist das Ich im Traum der Teil meiner Persönlichkeit, der sich damit identifiziert, ein Vater zu sein, der sich nach seiner Jugend zurücksehnt.

Welches ist die Beziehung zwischen der Perspektive beim Träumen – daß mein Sohn ein selbständiges Wesen ist – und der Interpretation auf der Subjektebene oder der Ebene des Wachlebens, die ihn als einen Teil meiner subjektiven Persönlichkeit betrachtet? Natürlich weiß ich es nicht, aber ich kann nicht anders, als über dieses Wellen-/Teilchenphänomen des Träumens meine Spekulationen anzustellen. (Nach den Regeln der Quantenmechanik verhält sich ein Lichtstrahl paradoxerweise sowohl wie eine Welle als auch wie ein Partikel, abhängig vom Standpunkt, den der Beobachter beim Erforschen des Lichts einnimmt.)

Die Personen, die meine Traumwelt bevölkern, scheinen sich von derselben Lebenskraft zu nähren wie ich, vom kreativen Leben dessen, was ich den träumenden Schöpfergeist nannte. Es ist, als würden die Traummenschen und ich zu einer Seelengemeinschaft gehören, die die Energie, die sie belebt, aus derselben vitalen Quelle schöpft. Deshalb spüre ich, wenn ich mittels Identifikation in die emotionale Welt einer Traumpersönlichkeit eingetreten bin, einen Teil dieser gemeinsamen Lebenskraft – einen Teil meiner träumenden Vitalität, derer ich mir nicht bewußt bin, weil sie als das Andere erfahren wird. Auf diese Weise erscheint eine Traumperson sowohl als ein unabhängiger Wirkstoff wie auch als eine Qualität meiner eigenen Vitalität.

Teilhard de Chardin beschreibt dies sehr schön in seinem Buch *Das göttliche Milieu**):

Ich nahm die Lampe und stieg, indem ich den Bereich der alltäglichen Beschäftigungen und Beziehungen, wo alles klar zu sein scheint, verließ, in mein inneres Selbst hinab, in den tiefen Abgrund, aus dem, wie ich unbestimmt spüre, meine Kraft zum Handeln emporsteigt. Aber während ich mich immer weiter von den Gewißheiten und Konventionen entfernte, die das soziale Leben oberflächlich erhellen, wurde mir bewußt, daß ich den Kontakt zu mir selbst verlor. Bei jedem Schritt auf dem Weg in die Tiefe wurde eine neue Person in mir enthüllt, deren Namen ich nicht länger mit Gewißheit kannte und die mir nicht mehr gehorchte. Und als ich mit meiner Erkundung aufhören mußte, weil der Weg sich unter meinen Schritten verlor, entdeckte ich zu meinen Füßen einen boden-

---

*) Teilhard de Chardin: *Das göttliche Milieu: Ein Entwurf des inneren Lebens*, Olten: Walter 1990.

losen Abgrund, und heraus stieg – aus mir unbekannten Tiefen – der Strom, den ich *mein* Leben zu nennen
wage.

Die Schlußfolgerung daraus scheint zu sein, daß die Traummenschen, aus welchem Grunde auch immer, tatsächlich existierende und unabhängige Handelnde sind, während sie zugleich verschiedene Eigenschaften von mir repräsentieren, die
durch Identifikation mit diesen konkret vorhandenen Anderen
genauer wahrgenommen werden können.

Eine weitere Perspektive, eine der ältesten, ist die *symbolische*.
Sie betrachtet die Bilder in den Träumen als Wegweiser in eine
andere Welt, die nicht mit Worten ausgedrückt, jedoch mit Hilfe
dieser Symbole wahrgenommen werden kann. Ein Symbol verweist auf eine *Realität jenseits* seiner bloßen Erscheinung. Die
symbolische Welt, die in der Religion, der Kunst und der Literatur ausgedrückt wird, bezieht sich auf das Metaphysische, das
Unsichtbare. Ein Symbol evoziert den Geist seiner unsichtbaren
Entsprechung. Ein Symbol verbindet die Realität von Bildern
und Formen mit dem transzendenten, bilderlosen Bereich reiner Kontemplation (manchmal beschrieben als »nicht hier, nicht
dort«), genannt *die Welt des Geistes.*

Im Traum von der Akademie in Leiden kommt die Statue
Merkurs an die Oberfläche. (Vergessen Sie nicht, daß sie im
Traum eine tatsächlich existierende Statue war. Die symbolische
Perspektive geht vom Wachleben aus.) Als Symbol betrachtet,
verweist der Gott Merkur auf den Geist der Kommunikation in
einer Welt, in der Bewegung herrscht, auf einen Geist des Reisens und der Imagination, wo ständiger Wechsel wichtig ist,
auf die Existenz eines Taxifahrers, der Menschen auf der Landkarte der menschlichen Unternehmungen transportiert. Merkur
herrscht über »donquichottische« Veränderung, betrügerischen

Handel und radikale Amoralität. (Nicht Immoralität, da dies auf eine Gegenposition gegen die Moral hindeutet. Moral scheint in der merkurischen Welt ganz einfach keine Rolle zu spielen.) Sein einziges Postulat: Bleib ständig in Bewegung.

Der Geist des Merkur ist der eines formverändernden Transformators. Er ist der Schutzgeist der Geschäftsleute, Reisenden, Diebe und derer, die eine Reise ins Unbekannte wagen, der Traumarbeiter, Forschungsreisenden und Spione. Nach Meinung der mittelalterlichen Alchemisten, deren Schutzherr Merkur war (in der Verkörperung des Hermes Trismegistus) und die sich leidenschaftlich für den Heilungsprozeß interessierten, herrscht Merkur beim Heilen sowohl über das Gift als auch über die Medizin. Wie wir bei der Arbeit mit dem Mann neben dem Kühlschrank sahen, kann das, was ihn vergiftet, nämlich seine intensive Angst vor der Kälte, durch ein Eintauchen in die Essenz der Kälte geheilt werden. Vom Standpunkt der Heilkünste aus betrachtet befaßte sich die Alchemie mit dem Gewinnen von Medizin aus Gift.

Der Traum von der Akademie in Leiden symbolisiert eine Initiation in die Riten des Merkur. Die Initiation besteht darin, die Statue an die Oberfläche zu holen und dann luzide zu werden – mir dessen bewußt zu werden, daß ich träume, während ich mich innerhalb der Realität des Träumens aufhalte –, während sowohl die Statue als auch mein Sohn verschwinden. Darauf folgt dann die Konfrontation mit dem Taxifahrer, der Merkur in seiner Manifestation als der Reisende symbolisiert. Merkur, der Geist der Bewegung und Transformation, verwandelt mich von einem Wesen-mit-meinem-jugendlichen-Gegenstück in einen autonomen Mann, der sich der Realität des Träumens felsenfest sicher ist. Diese merkurische Einsicht vergiftet meinen Geist und heilt ihn zugleich: Sie macht mich mit der größenwahnsinnigen Idee verrückt, eine wesentliche, originelle Einsicht gewonnen zu haben, und sie heilt mich, indem sie mich auf einen der Akteure im kreativen Leben eines übergeordneten Wesens reduziert.

Die *metaphorische* Perspektive unterscheidet sich von der symbolischen. Sie ist der poetische Standpunkt, der Bilder als Sprachfiguren wahrnimmt. Das Bild von Merkur, *der an die Oberfläche kommt*, kann leicht in eine Metapher, in eine Sprachfigur verwandelt werden. Man kann sozusagen »tief im Bauch« die Bedeutung eines Prozesses spüren, den man sich vorstellt als etwas, das auftaucht, blubbert, an die Oberfläche steigt. Die Metapher schwingt *innerhalb* des Bildes. Wir brauchen kein äußeres Wissen, um ihre Bedeutung zu spüren. Wir brauchen kein Symbollexikon und keine Bibliotheken mit alten Texten zu konsultieren. Alles, was wir brauchen, ist ein poetisches Auge, um das Herz der Metapher zu entschleiern. Eine poetische Fähigkeit, aus Bildern Metaphern zu gestalten, ist für die Traumarbeit von wesentlicher Bedeutung, ebenso wie eine umfassende Kenntnis der Welt der Symbole.

Im Lager entsteht Bewegung. Ilyatjari kommt mit einer Lastwagenladung kreischender kleiner Kinder herangebraust. Es sind noch mehr von seinen Enkelkindern, erzählt man mir. Ich bin froh, daß er zurück ist. Ich hatte gerade begonnen, es ein bißchen ermüdend zu finden, für mich selbst kleine schulmeisterhafte Analysen aufzuschreiben, während ich auf unser nächstes Gespräch warte.

Mein Laptop gibt ein sehnsüchtiges Quäken von sich; er hungert nach Saft.

Kapitel 4

Symbiotische Kommunikation

Ilyatjari hat die Beine links unter seinen Körper gezogen, während er gelassen auf die Frage wartet, die zu stellen ich hierhergekommen bin. Ich möchte über *symbiotische Kommunikation* sprechen, über das Mitfühlen der Emotionen und Empfindungen eines anderen Menschen mittels direkter *Partizipation*.

Die Vorstellung, daß es eine solche Kommunikation, die anscheinend nicht über die Sinne vermittelt wird, überhaupt geben kann, paßt nicht besonders gut in unsere kartesianische Welt, in der wir voller Überzeugung behaupten, daß man nur seine eigenen Gefühle, aber nicht die anderer Menschen fühlen kann. Diese modernistische Sichtweise betrachtet Individuen als partikular, als Partikel, die mit einem Inhalt gefüllt sind, der ganz und ausschließlich ihr eigener ist, wobei jedes dieser Partikel in seiner privaten Welt lebt, die – willentlich – durch das Benutzen der Hilfsmittel der Kommunikation mit einem anderen Menschen geteilt werden kann.

In der Traumarbeit sind die Individuen nicht nur Partikel, sondern auch emotionale Felder. Der Traumarbeiter kann mit dem emotionalen Feld, das durch den Träumer geschaffen wurde, verschmelzen. Ähnlich wie ein Traum ist *eine Stimmung eine emotionale Atmosphäre, die uns von allen Seiten umgibt.* Wenn wir sagen, daß in einem Raum eine bestimmte Stimmung

79

herrscht, dann meinen wir genau das: der gesamte Bereich ist von einer bestimmten emotionalen Atmosphäre erfüllt.

Aber wir haben auch festgestellt, daß ein Traum nicht nur eine einzige Stimmung beherbergt. Man kann sich Traumereignissen durch eine Vielfalt emotionaler Perspektiven nähern. Das Träumen kann durch die Gefühle des Traum-Selbst (des »Ich« des Traumes) erfahren werden oder durch die Gefühle eines Anderen im Traum. Das Erleben des Robbie Bosnak, der zu einem Taxifahrer in Leiden rennt, ist ein ganz anderes als das des leicht gereizten Taxifahrers. Der erstere wird von ekstatischen Gefühlen überschwemmt, während der letztere sich verärgert und gelangweilt fühlt.

Und ebenso sind einige der Gefühle, die ein Traumarbeiter durch symbiotische Wahrnehmung erlebt, nicht die des Traum-Selbst, sondern die eines Traum-Anderen. Manchmal haben die Anderen in unseren eigenen Träumen Stimmungen und Gefühle, die uns unzugänglich sind. In einem solchen Fall, wenn nämlich der Träumer vom Traumarbeiter dazu gebracht wird, sich mit diesem Traum-Anderen zu identifizieren, verflüchtigt sich das Gefühl in dem Traumarbeiter – und wird von dem Träumer erlebt. Da es eines der Ziele des Traumarbeiters ist, dem Träumer zu helfen, sich bestimmter Elemente seiner Existenz bewußt zu werden, die ihm bis dahin unbekannt waren, betrachtet der Traumarbeiter seine eigenen Erlebnisse als *potentielle* Erlebnisse des Träumers. Das bedeutet natürlich nicht, daß alles, was ich erlebe, notwendigerweise zur Traumatmosphäre gehört, die durch die Schilderung des Traums erneut geschaffen wird. *Viele* meiner Gefühle und Empfindungen gehören wahrscheinlich gänzlich zu *meiner eigenen Subjektivität* und sind nicht das Ergebnis einer unbewußten Verschmelzung mit einer allgegenwärtigen Stimmung, die der Träumer geschaffen hat. Jedoch habe ich manchmal beobachtet, daß scheinbar subjektive Empfindungen das Ergebnis einer unbewußten Identifikation des Traumarbeiters mit Elementen des Traumes sind. Deshalb betrachte ich *alle* Gefühle, die ich erlebe, während ich mir einen Traum anhöre, als *potentiell* verwandt mit einer bestimmten Stimmung des Traumes.

Es scheint, daß besonders Wahrnehmungen, die vom Träumer *verdrängt* werden, vom Traumarbeiter »aufgefangen« werden können. Meiner Ansicht nach ähnelt dieser Vorgang dem Gesetz der kommunizierenden Röhren, das man uns in der High School vorführte. Man nimmt einen Behälter, der aus zwei länglichen Gläsern besteht, die durch eine dünne Röhre verbunden sind. Wenn das Wasser in dem einen Glas heruntergedrückt wird, dann steigt es in dem anderen. In ähnlicher Weise kann ein Gefühl, das von einem Träumer verdrängt wird, im Traumarbeiter aufsteigen. Gefühle, die ich als Traumarbeiter erlebe, *können* mir Aufschluß darüber geben, an welcher Stelle des Traums ich nach verdrängten Emotionen Ausschau halten sollte. Seit den Anfängen der westlichen therapeutischen Traumarbeit im Jahre 1900 haben wir Träume als eine Hilfe betrachtet, nach emotionalen Realitäten, die uns selbst verborgen sind, Ausschau zu halten. Nur das Problem mit dem Verborgenen ist eben, daß es schwer zu finden ist. Wenn wir nicht das gesamte Projekt der Traumarbeit gefährden wollen, dann dürfen wir nichts übersehen, was als ein Hinweis auf die unbewußten Unterströmungen des Träumens dienen könnte.

Wir Traumarbeiter müssen immer überprüfen, ob Gefühle, die *wir* haben, tatsächlich in irgendeiner der unterschiedlichen Sichtweisen, die in dem Traum existieren, präsent sind. Und wir müssen dies mit größter Vorsicht tun, ohne dem Träumer die Gefühle aufzudrängen, die wir selbst erleben, da eine Stimmung, die auf diese Weise bei uns ausgelöst wird, möglicherweise *nicht* zur Welt des Träumers gehört, sondern zu unserer. Man weiß nie *wirklich*, ob ein Gefühl oder eine Empfindung, die man als Traumarbeiter erlebt, etwas mit der Meteorologie eines Traumes oder der Übermittlung von eigenen verdrängten Gefühlen zu tun hat. »Empfangene« Gefühle könnten dem Traumarbeiter ganz persönlich gehören und keinerlei Bezug zu dem Traum haben. Auch hier müssen wir das Unbehagen des Nichtwissens ertragen. Manchmal habe ich ein Bild von mir selbst, wie ich bis zum Hals im dunklen Wasser sitze und an etwas Unsichtbarem unter der Oberfläche arbeiten muß, das ich nur mit meinen Fingerspitzen ertasten kann.

Das Traum-Andere, das der Traumarbeiter in sich aufnimmt, muß nicht notwendigerweise ein *menschliches* Anderes sein. Ich habe dies an dem Beispiel von dem Mann gezeigt, der neben dem Kühlschrank saß und einen Transit in das Gefrierfach im Inneren des Kühlschranks vollzog. Es scheint, als besäße jeder Partikel des Träumens ein inneres Leben. Ein Transit ist alles, dessen es bedarf, um dies wahrzunehmen. Dieses Phänomen kennen wir von menschlichen Schöpfungen, die eng mit dem Träumen verwandt sind, beispielsweise Mythen und Märchen, in denen Bäche flüstern, Tiere reden und Bäume nachdenken. Später werden Nganyinytja und Ilyatjari, während wir uns auf den Traumpfaden der Ngintaka-Eidechse bewegen, uns durch das Innenleben einer Eidechse führen.

In dem Beispiel der Traumarbeit, das ich Ilyatjari vortragen wollte, ist das Traum-Andere ein Ballon, der in Stücke gerissen wurde. Ich hatte diesen Fall eine Woche zuvor einem westlichen Publikum in Sydney und Melbourne in mehreren ausführlichen Vorlesungen vorgetragen, damit ich ihn, während ich mit Ilyatjari sprach, noch frisch im Gedächtnis hatte. Ich wollte seine Reaktion auf ein hervorragendes Beispiel für symbiotische Kommunikation kennenlernen. Es geht dabei um einen Traum von Monique, einer Frau, mit der ich an der Universität von Leiden an Untersuchungen zur Trauminterpretation zusammenarbeitete, die von einem Experimentalpsychologen geleitet wurden. Dieser Psychologe präsentierte den Inhalt von Moniques Traum mehreren Analytikern verschiedener geistiger Richtungen in Europa und den Vereinigten Staaten. (Ich kenne die endgültigen Ergebnisse seiner Untersuchungen nicht.) Mich lud er als den Repräsentanten der Jungianer ein. Ich sagte ihm, ich selbst würde nur dann mit einem Traum arbeiten, wenn der Träumer anwesend sei, auch wenn andere bereit wären, sich ausschließlich mit dem Inhalt des Traums zu befassen.

Monique, die Träumerin, die ich nie zuvor gesehen hatte, und ich begegneten uns im Mai 1991 mit der Absicht, an ihrem Traum zu arbeiten. Wir trafen uns in der Universität von Leiden, in meiner Alma mater. Unsere Arbeit an dem Traum dauerte fünfundfünfzig Minuten, und wir sprachen dabei Holländisch.

Ich beschrieb Ilyatjari dies in allen Einzelheiten, da ich ihm eine möglichst klare Vorstellung davon vermitteln wollte, was ich unter symbiotischer Kommunikation verstand; er sollte mich unbedingt verstehen und aus seiner ganz persönlichen kulturellen Perspektive heraus seinen Kommentar dazu abgeben.

An dieser Stelle gebe ich das Protokoll der Tonbandaufnahme wieder, ebenso wie die darauf folgenden Aufzeichnungen meiner Gedanken, die ich zur Auswertung an die Universität von Leiden schickte. Was ich Ilyatjari erzählte, basierte auf diesem Material. Ich erzählte ihm die Geschichte aus dem weit entfernten Holland an einem warmen Augustmorgen (also mitten im australischen Winter) im Center.

Monique und ich unterhielten uns vor Beginn der Arbeit ein paar Minuten lang, und während des Gesprächs erzählte sie mir, daß sie im fünften Monat schwanger sei – was ich natürlich längst bemerkt hatte.

Auf meine Bitte hin erzählte sie mir ihren Traum so weit wie möglich aus der direkten Wahrnehmung der Traumerinnerungen heraus. Ich hatte sie zunächst den schriftlich fixierten Traumtext durchlesen lassen, der allen Analytikern, die an dem Seminar teilnahmen, zugeschickt worden war, und sie dann gebeten, zum Traum selbst zurückzukehren und mir ihre unmittelbaren Wahrnehmungen mitzuteilen. Auf diese Weise war sie in der Lage, mir einen sehr engagierten Bericht des Traums zu geben – sozusagen von innen heraus. Dies bot mir die Möglichkeit, den Traum mit ihr zusammen zu durchleben. (Ich las den Traumtext, den sie für die anderen Analytiker des Seminars vorbereitet hatte, erst ein Jahr später.)

Ich fuhr mit dem Fahrrad allein eine kleine Straße entlang, und in einem bestimmten Augenblick wurde ich von einem Wagen von der Straße abgedrängt. Der Wagen fuhr sehr rasch. Deshalb wurde ich von der Straße abgedrängt und stürzte zu Boden. Und der Wagen hielt genau vor mir an, und jener Wagen wurde von der Polizei verfolgt. Von zwei Polizisten. Und plötzlich befand ich mich auch in dem Wagen, und in dem Wagen waren zwei Schurken, und ich war einer von ihnen, und ich saß hinter dem Lenkrad und fuhr, und links, neben meinen Füßen, liegt eine Pistole auf dem Boden, und auf dem Rücksitz sitzen die Polizisten. Im Wagen ist sehr viel Geld. Ich hatte es vergessen, aber als ich den Text las, erinnerte ich mich daran. Das Geld waren Schecks. Sehr praktisch. Zehn Schecks. Du brauchtest nur zu unterschreiben. Und das Geld war unter dem Ersatzreifen hinter dem Rücksitz versteckt. Es war richtiges Geld, aber du konntest es erst in zwei Monaten einlösen... Nein, du konntest es erst in zwei Monaten *verbrauchen*.

»Hattest du den Traum vor zwei Monaten?« frage ich, um eine erste Verbindung zu dem Traum herzustellen.

Ja. Also wir sitzen im Wagen mit der Polizei auf dem Rücksitz, und die Polizisten wollen die Pistole haben, und ich fuhr, und ich wollte nicht, daß sie sie nehmen, aber ich konnte die Pistole nicht erreichen. So fuhren wir also in dem Auto. In einem bestimmten Augenblick fuhren wir zu mir nach Hause. Es ist ein sehr großes Herrenhaus in einer parkähnlichen Umgebung, die wunderschön gestaltet ist. Ein sehr großes Haus, und wir gehen hinein, und ich war einer jener Schurken und trug einen sehr förmlichen Maßanzug. Mein Vater nannte mich früher immer »kleiner Schurke« – das sollte eine Art Kosename sein. Also erzählte ich meinem Butler, während er nach oben ging, was er alles vorbereiten müsse. Er mußte verschiedene Dinge *machen*. Ich flüsterte ihm etwas zu, und die anderen bemerkten es nicht, und wir nehmen den Fahrstuhl nach oben, und zu irgendeinem Zeitpunkt tue ich so, als hätte ich Schwierigkeiten beim Gehen, und dann sage ich zu meinem Schurken-Partner: Hast du bemerkt, daß ich Schwierigkeiten beim Gehen habe? Und mein Schurken-Partner sagt: Nein, das kann ich nicht feststellen. Ich hatte das getan, um ein bißchen Zeit zu gewinnen, weil ich dem Butler einen Auftrag zugeflüstert hatte, für den er Zeit brauchte. Sie fuhren mit dem Fahrstuhl wieder herunter, und es dauerte eine lange, lange Zeit. Und ich war damit beschäftigt, diese Typen abzulenken, damit sie nicht bemerkten, daß es so lange dauerte. Und als wir ankamen, stiegen wir aus dem Fahrstuhl, und ich stieg zusammen mit meinem Schurken-Partner in einen Heißluftballon mit einem Korb daran, und wir machten es uns dort bequem, und mittlerweile hatte das Personal eine Menge Wind gemacht, und der Ballon erhob sich tatsächlich in die Luft, und es war ein sehr befreiendes Gefühl. Dann schaute ich zu dem Ballon über mir empor, und er war teilweise zerrissen, er war völlig zerfetzt, und das brachte mich zum Lachen. Das war der Spaß daran, und das war der Grund, warum es so gut klappte – weil er in Fetzen gegangen war. Natürlich war das unmöglich, aber es war unheimlich lustig, und es klappte so gut in jenem Ballon und in jenem Korb, und wir flogen wirklich hoch oben in die Lüfte, und man konnte überall glückliche Menschen sehen. Und auch die Polizisten: Sie fuhren davon, also verfolgten sie uns nicht. Sie dachten, daß diese Männer schließlich nur Karikatur-Schurken wären. Und dann sah ich ein kleines Mädchen auf einem Bauernhof für Kinder, wo man mit den Tieren spielen konnte ... und das war alles.

Ich habe eine heftige Reaktion in meinem Magen, als sie den Ballon, der teilweise in Fetzen gerissen ist, erwähnt. Das, was sie auf dieser Ballonfahrt an Angenehmem erlebt hat, steht in starkem Kontrast zu meinem eigenen emotionalen Erleben. Zwar lassen wir uns während der Erzählung beide von der Atmosphäre des Traums gefangennehmen, aber sie hat die positiven, angenehmen Gefühle, während ich selbst erlebe, wie ich in der Tiefe meines Bauches in Fetzen gerissen werde. Bevor sie mir den Traum erzählte, fühlte sich mein Bauch okay an. Ich vermute, daß ich ein Element des Traumes fühle, das wahrzunehmen sie sich weigert.

Wenn ich einen Traum zum ersten Mal höre, bin ich aufgrund der Unbegreiflichkeit des Materials, mit dem der Träumer mich konfrontiert, gewöhnlich total entmutigt. Ich verstehe absolut *nichts* von dem Traum. Dieses Gefühl ist Ausdruck der Frustration des rationalen Verstandes, der zugeben muß, daß er die Dinge nicht enträtseln kann – und deshalb Raum für irrationale Fähigkeiten lassen muß. Mein völliger Mangel an Verständnis vermittelte mir früher gewöhnlich ein Gefühl von schrecklicher Minderwertigkeit und verband sich mit einem festen inneren Programm der Unterlegenheit, das schon seit Generationen in meiner Familie ablief. Aber das ist jetzt, nach Jahrzehnten der Traumarbeit, natürlich ganz anders. Heute habe ich lediglich das Gefühl, hoffnungslos unzulänglich und völlig unfähig zu sein, mit der Aufgabe fertig zu werden, Träume zu verstehen.

Alles, was ich am Ende dieses Traumberichts tatsächlich weiß – oder vermute –, ist, daß in Zusammenhang mit dieser Ballonerfahrung widersprüchliche Gefühle vorhanden sein könnten. Ich nehme an, daß das intensive Gefühl des Zerrissenwerdens, das ich in meinem Bauch spüre, in Zusammenhang steht mit einer unbewußten Verdrängung von seiten Moniques. Dies lenkt meine Strategie in eine bestimmte Richtung.

Bei meiner Traumarbeit gehe ich grundsätzlich davon aus, daß man eine Strategie zum Durcharbeiten eines Traums entwickeln kann. Diese Strategie braucht uns nicht notwendigerweise von Anfang bis Ende durch den Traum zu führen, aber sie kann uns helfen, die »unterirdischen« emotionalen Unterströmungen aufzuspüren, die in dem Traumbericht präsent sind. Was am stärksten verdrängt wird, ist möglicherweise das wichtigste Material, da es nicht mit den Inhalten des habituellen Bewußtseins übereinstimmt. Dieses Material könnte, wenn man es ins Bewußtsein hebt, die Träumerin aus ihrer Sackgasse befreien und ihr neue, ungeahnte Wege weisen.

Beim Verdrängen geht es nicht nur darum, Gefühle aus dem Bewußtsein herauszudrängen, sondern es ist zugleich die unbewußte Abwehr, durch die heikles Material sich gegen das Bewußtsein abschottet. Dieses Element der Verdrängung wird Widerstand genannt. Meine übliche Strategie ist deshalb gewöhnlich die, *in den Traum an einem Punkt mit niedrigem Widerstand einzudringen – dies ist meist ein Bereich des Traums, wo das Traum-Selbst sich wohl fühlt – und mich von dort aus zu einem Punkt hohen Widerstands zu bewegen,* was gewöhnlich als Unbehagen empfunden wird. Wenn wir am Punkt des höchsten Widerstands ansetzten, dann würde das Unbehagen sofort eine undurchdringliche Mauer errichten, um den Träumer vor dem Schmerz zu schützen, der durch eine Konfrontation mit fremden Elementen der Existenz verursacht wird. Das gesamte habituelle psychische System ist darauf ausgerichtet, dem Unbekannten in uns aus dem Weg zu gehen, selbst wenn wir bewußt die Absicht haben, uns mit dem zu konfrontieren, was wir nicht wissen. Eine wirklich unbekannte Wildnis erschreckt das habituelle Selbst. Wir sind die Gefangenen unserer psychischen Gewohnheiten. Deshalb bedarf die Träumerin zunächst eines Gefühls der Sicherheit, bevor sie in fremderes psychisches Territorium vordringen kann. Also *versuche ich* bei jedem Stück Traumarbeit, ob ich nun mit jemandem zum ersten Mal oder nach einer zehnjährigen Analyse arbeite, *mich zunächst in einen sicheren Bereich des Träumens hineinzubewegen.* An einem sicheren Traumort entwickelt die Träumerin weniger Widerstand gegen ihre psychische Umgebung. Wenn wir zu schnell in Bereiche des Widerstands eindringen, dann könnte dies eine Abwehrhaltung des habituellen Selbst gegen etwas hervorrufen, was es als Gefahr ansieht. Deshalb ist es manchmal unklug, den Traum in der chronologischen Reihenfolge durchzuarbeiten, in der er erzählt wird. Wenn die Erzählung an einem Punkt hohen Widerstands beginnt und an einem sicheren Ort endet, dann ist es besser, den Traum rückwärts durchzuarbeiten. Nachdem ich an einem Punkt geringen Widerstands in ihn eingedrungen bin, bewege ich mich langsam in den Bereich des Traumes, wo ich den höchsten Widerstand spüre. Ich kann nicht von Anfang an unterscheiden, ob die Signale, die ich auffange, meinen subjektiven Eindrücken oder dem Traum zuzuschreiben sind. Während ich mir einen Traum anhöre und damit arbeite, betrachte ich Veränderungen in meiner inneren Welt als potentielle Wegweiser. Manchmal führen sie nirgendwo hin, manchmal bin ich auf der richtigen Spur. In der Wildnis des Träumens halte ich nach Spuren Ausschau.

In diesem Fall möchte ich den zerfetzten Ballon ans Ende meiner Arbeit setzen, da Moniques und mein eigenes Erleben des Ballonereignisses polare Gegensätze sind – als spürten wir zwei widersprüchliche Kräfte innerhalb des Träumens. Dies könnte auf ein Paradox hinweisen. Ich habe von C. G. Jung gelernt, daß die Knotenpunkte der Seele die Spannungszentren der emotionalen Widersprüchlichkeiten sind. Die Spannung zwischen den Gegensätzen, so lehrt Jung, ist die Quelle psychischer Energie. Immer wenn ich irgendwo ein Paradox vermute, dann ist Hinschauen das mindeste, was ich tun kann.

Um an einem sicheren Ort zu beginnen, fange ich mit der Arbeit bei dem Punkt an, wo Monique bequem auf dem Rad sitzt und in die Pedale tritt, bevor sie abgedrängt wird.

»Also du fährst mit deinem Fahrrad...«

»Ja, ich bin auf meinem Fahrrad. Allein, auf einer kleinen Straße, einer sehr schönen Straße, ein wenig romantisch... Ich denke, daß ich nach Hause radele... Jener Wagen kommt um die Ecke gefahren. Das ist der Moment, wo ich von der Straße gedrängt werde.«

»Bevor du zu jener Kurve gelangst«, frage ich, »wie fühlst du dich da?« Auf diese Weise stelle ich eine Beziehung zwischen der Träumerin und mir selbst an einem sicheren Ort her.

»Ich bin sehr zufrieden. Ich fühle mich beim Radfahren frei

und leicht«, antwortet sie. Das Gefühl des Wohlbefindens in der Traumwelt ist zugleich ein Gefühl des Wohlbefindens bei mir selbst. Die Atmosphäre zwischen uns fühlt sich entspannt an. Also kann ein paar Minuten später die Polizei in die Arbeit einbezogen werden.

Das kollektive Bild der Polizei ist für alle Menschen verständlich. Bevor ich tief in das Bild hineingehe, muß ich Moniques bewußte Assoziationen in Zusammenhang mit Polizisten kennenlernen. Wenn die Traumarbeit erst einmal eine gewisse Tiefe erreicht hat, dann ist es störend, Fragen nach dem Verständniszusammenhang zu stellen, da diese den Träumer wieder an das Oberflächenbewußtsein zurückführen könnten.

»Es hat vielleicht mit meinen Eltern zu tun«, antwortet sie auf meine Frage nach der Polizei. »Sie nörgeln ständig. Nörgeln an meinem Mann, Karel, herum. Karel sieht wie der andere Schurke aus… Sie sind ständig dabei, Menschen zu *inspizieren*. Nichts ist jemals gut genug. Sie sagen, Karel sei faul. Ganz extrem faul. Das stimmt allerdings zum Teil tatsächlich…«

Jetzt haben wir zwei Aspekte von »Polizei« auf dieser Oberflächenebene: die Eltern, die sich überall einmischen und ständig nörgeln, und Moniques eigene nörgelnde Seite, der Bereich, wo sie dem Urteil ihrer Eltern über Karel zustimmt.

Um die drängelnde, sich einmischende Seite stärker zu spüren, frage ich: »Die Polizei hat dich von der Straße gedrängt?«

»Ja!… Ich falle hin.«

Jetzt ist eine unausgesprochene subliminale Verbindung zwischen der Polizei, den Eltern, dem Drängeln und dem Hinfallen hergestellt. »Die Polizisten, die im hinteren Teil des Wagens sitzen, zwingen mich zu fahren«, erinnert sich Monique.

In meiner Rolle als Traumarbeiter fühle ich, wie sich ein Gefühl der Bedrücktheit über mich senkt, als wir in das Traumauto hineingehen. Diese polizeilich überwachte Luft ist schwer von lastenden Zwängen. Ich warte.

»Ich frage mich, wie ich die Polizei loswerden kann«, überlegt sie laut.

»Wie fühlt es sich an, wenn du es tatsächlich tust?« frage ich, die Handlung weiter vorantreibend.

»Es ist einfach wunderbar. Eine wirkliche Befreiung.«

Ich fühle, wie die Bedrücktheit von mir weicht und mein Atmen leichter wird.

»Erleichterung?« frage ich.

»Ja!«

Mit dem holländischen Wort opluchting, was soviel bedeutet wie »Erleichterung«, aber aus den Bildern von »empor« (op) und »Luft« (lucht) besteht, habe ich eine poetische Metapher eingeführt, die die Atmosphäre des Heißluftballons beschwört. Zunächst taucht das Emporschweben in dem Ballon in der Traumarbeit nur als ein flüchtiger Eindruck auf; später wird er noch stärker intensiviert werden.

Aber ich möchte, daß wir noch einmal die bedrückende Stimmung des Polizeiwagens/polizeilich überwachten Wagens spüren und die Erleichterung bei dem Gedanken, die Polizisten loszuwerden. Wir müssen beide Gefühlsbereiche, die der Anspannung und die der Erleichterung, so lange durchleben, bis wir sie *körperlich* fühlen können als deutlich wahrnehmbare Körperreaktionen. Dies kann durch eine Intensivierung des Drucks erreicht werden. Wir können den Druck intensivieren, indem wir unsere Aufmerksamkeit auf das Bild konzentrieren. Durch Konzentration sammeln wir unsere emotionale Aufmerksamkeit in einem einzigen Punkt. Solche fokussierten Emotionen werden von den entsprechenden Körpergefühlen begleitet.

»Also ist da eine große Anspannung, wenn die Polizisten hinter dir her sind?«

»Ja, eine große Beschränkung meiner Freiheit.«

»Wie fühlt sich das in deinem Körper an?«

Sie sitzt vornübergebeugt da und fühlt die Einengung.

»So wie ich jetzt sitze … wie eine Zwangsjacke.«

Ich lasse das Zwangsjackengefühl – das ich schon zuvor empfunden hatte als einen ersten Eindruck, während ich zusammen mit ihr in dem Polizeiwagen/polizeilich überwachten Wagen saß – ein paar Momente lang durch uns beide hindurchfließen. Nachdem wir uns einige Zeit darauf konzentriert haben, setzt sich der Druck als Körpergefühl in uns fest. Er fühlt sich – körperlich – an, als steckte man in einer Zwangsjacke. Jetzt werde ich korrespondierende Gefühle aus Moniques Tageserinnerungen in die Traumatmosphäre importieren, um das emotionale Signal durch Amplifikation zu verdeutlichen.

»Kennst du dieses Zwangsjackengefühl?« frage ich.

»Ja, so fühle ich mich, wenn ich nicht akzeptiert werde. Ich empfinde das sehr stark bei meinen Eltern. Sie beurteilen mich. Ich bin ein Einzelkind. Sie haben dieses Ideal – gut angepaßt, brav, was werden die Nachbarn denken, hübsch, nett, sich mit ihr zu unterhalten …«

Ich fühle einen sehr heftigen Schmerz wie das Schneiden eines Messers in meinem Bauch. Es fühlt sich an wie eine teilnahmsvolle Reaktion meines eigenen Körpers auf den zunehmenden Druck, den sie spürt, während sie an die schmerzhaft einengenden Bedingungen denkt, unter denen sie aufgewachsen ist. Der ›Import‹ hat das Zwangsjackensignal verstärkt.

»Wie fühlt sich das in deinem Bauch an?« frage ich sie rundheraus, wobei ich riskiere, ihr zu nahe zu treten oder ihr Gefühle zu unterstellen, die sie in Wirklichkeit gar nicht hat. Ich stelle meine Frage direkt, aber in einem Ton, der die Antwort völlig offenläßt. Der Druck in der Traumarbeit wird stärker.

»Bedrückend«, antwortet sie. »Erschreckend. Schmerzhaft.«

Wir sind zur somatischen Essenz des Zwangsjackengefühls vorgedrungen, auf dieselbe Art, wie wir bei der Traumarbeit mit dem Kühlschrank zur Essenz der Kälte vorgedrungen waren. Man würde die Spannung in dem Raum zerschneiden können. In diesem Moment bewirke ich noch einmal eine Druckminderung, indem ich das Wort opluchting, »Erleichterung«, erneut ausspreche – und damit den Augenblick zurückrufe, als die Benutzung ebendieses Wortes Erleichterung bewirkte. Ich sage: »Du bist in einem Wagen, zusammen mit der Polizei. Du hast das Gefühl, in einer Zwangsjacke zu stecken, und du denkst, wie kann ich mir Erleichterung (opluchting) verschaffen?« Dies gewährt uns eine Atempause. Bei der Traumarbeit regulieren wir ständig den Druck, um eine Balance herzustellen zwischen den Erfordernissen der Traumarbeit, tiefer in die empfindlichen Bereiche vorzustoßen, die sich dem Bewußtsein widersetzen, und dem Bedürfnis des Träumers, sich sicher zu fühlen. Wir steigen aus der Tiefe des Bauches heraus wieder an die Oberfläche.

»Ja.« Sie sagt das mit einem tiefen Ausatmen.

»Du versuchst, an den Ort der Erleichterung vorzustoßen.«

Es hat tatsächlich eine Druckminderung stattgefunden, aber wir sollten nicht sämtlichen Druck verlieren und uns völlig entspannen, sonst wird der Kontakt zu den Zwangsjackengefühlen im Bauch unterbrochen. »Kannst du die Polizisten hinter dir fühlen?« frage ich. Mit dieser Frage transportiere ich uns zu einem Brennpunkt hinter ihrem Rücken. Was hinter unserem Rücken geschieht, gibt uns ein Gefühl von Verletzlichkeit; wir nehmen nicht wahr, was wirklich vor sich geht. Es bringt uns aus dem Gleichgewicht.

»Sie sind sehr aufmerksam. Sie möchten die Situation unter Kontrolle halten. Sie haben das Gefühl, daß das schwierig ist.«

Wir sitzen jetzt beide mit geschlossenen Augen da und konzentrieren uns auf die Polizisten im hinteren Teil des Wagens.

An diesem Punkt versuche ich, die Perspektive zu wechseln – einen Transit vom Traum-Selbst zur Traum-Polizei zu vollziehen.

»Fühlen sie sich frustriert?« frage ich.

»Ja, sie sind auch frustriert, weil sie die Situation nicht mehr unter Kontrolle haben.«

»Kannst du versuchen zu spüren, was sie in diesem Augenblick fühlen?«

»Sie sind sehr ängstlich. Weil diese Schurken irgend so eine Pistole haben. Peng!« Sie macht das Geräusch eines Pistolenknalls.

»Wie fühlt sich jene Angst an?«

»Sehr bedrohlich.«

»Wie fühlt sie sich für sie an?«

»Sie ist ein Ausdruck ihrer eigenen Ängste.«

»Sie brauchen das Gefühl der Sicherheit. Wie ist es, mit all diesen Ängsten, Ungewißheiten zu leben?«

»Ganz schön unsicher.« Sie kichert – unsicher. »Es fühlt sich auch wie eine Zwangsjacke an.«

»Also sind sie genau wie du in einer Zwangsjacke?«

»Ja, aber sehr viel schlimmer.« Monique hat sich mit Hilfe ihres Einfühlungsvermögens in einen der Polizisten hineinversetzt. Sie ist in die Atmosphäre der Welt des Polizisten eingetaucht. Jetzt »verwandelt sie sich« langsam in den Polizisten, geht von dem Gefühl der Empathie zur Identifikation über. Auf diese Weise wird die Innenwelt der Polizei direkt empfunden.

»Laß uns damit weitermachen«, schlage ich vor. »*Wie* fühlen sie sich in einer Zwangsjacke? Du bist ein Polizist, und sie sitzen im hinteren Teil des Wagens, und du fährst zusammen mit den Schurken im Auto, und du fühlst dich sehr ängstlich. Sie haben eine Pistole.« Der Schritt von der Empathie zur Identifikation wird dadurch erleichtert, daß ich das Wort *sie* auf mehrdeutige Weise benutze. Das erste und zweite Mal bezieht sich das Wort *sie* auf die Polizisten von außen her gesehen; das dritte *sie* bezieht sich auf die Schurken vom Standpunkt des Polizisten aus gesehen. Diese mehrdeutige Benutzung von Personalpronomen kann beim Übergang von Empathie zur Identifikation sehr effektiv sein.

»Ja.« Sie geht auf meinen Vorschlag ein. »Dann bin ich sehr ängstlich, und man strebt nach Sicherheit, indem man Macht ausübt, weil man selbst ängstlich ist.«

Moniques Benutzung des Pronomens *man* – ein generalisierender Begriff – zeigt, daß sie sich noch nicht vollständig mit dem Polizisten identifiziert hat. Um eine vollständige Identifikation zu erreichen, führe ich uns zu den körperlichen Gefühlen zurück.

Ich frage: »Wo in deinem Körper kannst du diese Ängstlichkeit spüren, die dich dazu zwingt, Macht auszuüben?«

Monique zeigt zum unteren Teil ihres Bauches, dann zu einer Stelle ein wenig höher, wo das Unbehagen zuvor lokalisiert war. »Hier, aber nicht dort«, antwortet sie. Die »Zwangsjacken-Kraftantrieb-Eltern-Emotion« ist jetzt als ein Schmerz tief in ihrem Bauch verankert. Das Gefühl ist mittlerweile deutlich als körperliche Empfindung wahrnehmbar, die wir beide im Bauch spüren – und für den Augenblick ist es uns beiden möglich, es als ein somatisches Bezugspunktgefühl zu nehmen, mit dem wir ihr *Alltags*leben erkunden. Exportieren sowie Importieren sind in der Traumarbeit entscheidende Bewegungen. Wir exportieren das auf seine Essenz reduzierte Zwangsjackengefühl in ihr Alltagsleben, um neue Einsichten zu gewinnen. Diese Einsichten bringen wiederum korrespondierende Gefühle an die Oberfläche, die in die Traumwelt zurückimportiert werden können.

»Kennst du Momente in deinem Leben«, frage ich, »wo du plötzlich zur ›Polizei‹ wirst, Momente, in denen du dich sehr unsicher fühlst und beginnst, Macht auszuüben?«

»Ich war ganz extrem unsicher, aber ich *kann* keine Macht ausüben. Statt dessen gebe ich mich völlig auf. Ich verliere mich.«

»Wie fühlt es sich an, wenn du dich verlierst?« Anscheinend gibt es eine Verbindung zwischen dem Zwangsjackengefühl und dem Verlust an Identität und Macht.

»Sehr unheimlich«, antwortet sie. »Ich war sehr deprimiert und bin von zu Hause weggerannt.« Was sie beschreibt, scheint den Gefühlen ihres deprimierten Ehemannes, Karel, zu ähneln. »Ich war mit meinem ersten Freund zusammen, aber ich wußte nicht, ob er hinter mir oder hinter meiner Mutter her war. Ich war so schrecklich unsicher. Ich lag völlig apathisch auf meinem Bett. Ich konnte überhaupt nichts mehr machen. In einem bestimmten Moment kam ich wieder zu mir, indem ich sehr aufmerksam darauf achtete, ob mir kalt oder warm war. Dann fand ich zu meinen eigenen Gefühlen zurück. Und dann zerbrach die Beziehung. Ich fand meine eigene Identität. Dies alles steht in Zusammenhang mit meiner Ehe mit Karel. Ob ich gehen soll oder nicht.«

Monique hatte schon zuvor ihr Identitätsgefühl mit einer somatischen Erfahrung – »einem warmen oder kalten Gefühl« – in Zusammenhang gebracht, was mich ermutigt, mit meiner körperzentrierten Herangehensweise fortzufahren. Zugleich wird ihr augenblickliches Ehedilemma jetzt in dem breiteren Kontext des Komplexes elterliche Zwangsjacke/Verlust der Identität/Machtlosigkeit gesehen.

»Diese Apathie, von der du redest«, fahre ich fort, » – ähnelt sie der, die dein Mann in letzter Zeit an den Tag gelegt hat?«

»Ja, das tut sie«, bestätigt sie. »Er hat seine Zuversicht gänzlich verloren. Er hat seine Identität verloren. Es fällt ihm schwer, sich mit meiner Schwangerschaft und damit, für eine Familie verantwortlich zu sein, abzufinden.«

In diesem Moment erkennt Monique, daß sie Karels Apathie nicht ertragen kann, weil sie selbst zur Apathie neigt. Hier halten wir inne.

Mittlerweile haben wir die kritische, elterliche Polizeimacht biographisch, somatisch und in der gegenwärtigen ehelichen Spannung erlebt. Es scheint, als hätten wir am Bild der Polizei ein Stück Traumarbeit zu Ende gebracht. Es ist Zeit, zum Traum zurückzukehren, aber wie bei einem Konzert ist zwischen zwei Sätzen eine Pause.

Ich entschließe mich, den Traum in einem anderen Bereich zu betreten, der mit dem Gefühl der Identität in Zusammenhang steht: den Schecks, die noch eine Unterschrift brauchten. Dieses Element des Traums war bis zu dem Augenblick, als sie mir den Traum erzählte, in Vergessenheit geraten. (»Ich hatte es vergessen, aber als ich den Text las, erinnerte ich mich daran.«) Ein solches Vergessen kann auf eine Verdrängung hinweisen, wenn Material aus dem Bewußtsein ausgeklammert wird. Es ist es wert, genauer betrachtet zu werden.

»Das Geld in dem Wagen ist Geld, bei dem du noch eine Unterschrift leisten mußt.«

Monique lachte. »Ja. Es waren Schecks. Gestohlenes Geld.«

»Was ist deine Assoziation zu Unterschrift?«

»Mein Vater hat meine Unterschrift gefälscht.«

»Ja?«

Monique lacht noch einmal. Ich bin völlig verdutzt über dieses biographische Detail, das so unerwartet an die Oberfläche gekommen ist, während wir Moniques Identitätsgefühl auf dem Weg über ihre eigene Unterschrift erkundeten.

»Ich war in Deutschland«, erklärt sie, »und wollte ein Haus kaufen. Ich hatte das Haus bereits gekauft. Mein Vater wollte gegenzeichnen. Später zeigte es sich, daß dies noch nicht einmal nötig gewesen wäre. Im letzten Moment schrieb mein Vater dem

Makler einen Brief, in dem er behauptete, daß ich kein Geld hätte. Er unterschrieb ihn mit meiner Unterschrift. Als ich zwei Wochen später nach Holland zurückkehrte, hörte ich, daß der Handel geplatzt war.«

Ich spüre, wie heftige Wut in mir aufsteigt. Ich fühle mich mißbraucht, vergewaltigt.

»Was fühltest du dabei?«

»Ich fühlte mich ein wenig hintergangen. Das tust du jemandem, den du liebst, nicht an.«

Diese Untertreibung wirkt auf mich wie eine Verleugnung der starken Gefühle, die die eigenmächtige Handlung ihres Vaters in ihr ausgelöst haben muß.

»Hattest du das Gefühl, daß dies etwas Verbrecherisches war?« frage ich, um das Ereignis mit dem Bild Polizei/Verbrecher zusammenzubringen.

»Ja. Natürlich. Ich hätte ihn anzeigen können, aber ich wollte es nicht. Aber ich fühlte mich völlig ausgetrickst. Es war sehr schwierig für mich.«

Ich fühle, wie sich mein Zorn in Traurigkeit verwandelt. Meine Augen füllen sich mit Tränen.

»Da ist Traurigkeit«, bemerke ich.

»Ängstlichkeit.« Sie beginnt zu weinen. »Es ist nicht fair. Erst meine Mutter, die mir meinen Freund wegnimmt, und dann mein Vater. Es tut weh.«

Ich lasse sie die Verletzung spüren. Wir schweigen. Der Schmerz ist sehr heftig.

Ich spüre, daß ich mich nach einer momentanen Erleichterung sehne. »Sollen wir zum Heißluftballon gehen?« frage ich. Wir lachen beide. Die Spannung ist gebrochen. Moniques Gesicht, das von Schmerz verzerrt war, erhellt sich augenblicklich. Vielleicht können wir jetzt, da sie den Verrat ihres Vaters gespürt hat, das Zerplatzen des Ballons fühlen.

»Er wurde in Stücke geschossen«, bemerke ich. »Das Leben wird von Zeit zu Zeit in Stücke geschossen. Du sitzt in einem Ballon, der in Stücke geschossen wurde.« In meinem Eifer, sie in das Gefühl des Zerplatzens hineinzumanövrieren, habe ich unbewußt einen Schuß hinzugefügt, der in dem Traum niemals abgefeuert wurde – einen potentiellen Schuß aus der Pistole, die zu Füßen des fahrenden Schurken auf dem Boden des Polizeiautos liegt.

»Ich fühle mich sehr erleichtert. Er steigt immer höher. Es fühlt sich sehr gut an.« Anstatt Unbehagen zu spüren, steigt sie hinauf und flieht.

»Es fühlt sich wie eine Flucht an«, biete ich ihr an. »Eine Flucht vor der Polizei?«

Jetzt folgt ein noch stärkeres Gefühl der Erleichterung, eine noch weiter gehende Lösung der Spannung. Ich erkenne, daß mein Timing bei dem Versuch, in das Zerplatzen einzudringen, ungeschickt war. Übereifriges Drängeln führt häufig dazu, daß man das Gegenteil dessen erreicht, was beabsichtigt war. Außerdem ist Drängeln nach einem Leben der übermäßigen Kontrolle durch die Eltern ganz und gar nicht das, was Monique braucht. Wir müssen noch einmal zurückgehen und die Spannung wieder neu aufbauen, um zu dem Punkt zu kommen, wo der zerstückelte Ballon sich selbst spüren kann, und zwar durch den Transit von Monique in den zerrissenen Ballon hinein.

»Ich möchte zu dem Punkt zurückkehren, wo du mit dem Butler redest«, beginne ich noch einmal. »Wo findet das statt?« Ich habe das Gefühl, daß wir noch einmal ganz von vorn anfangen müssen. Wir müssen noch einmal ganz von neuem in den Traum eintauchen.

»Als wir das Haus betreten.«

Aufgrund meines schlechten Timings und meiner Ungeduld, in die Gefühle des Zerrissenseins einzudringen, sind wir wieder im Bereich des Oberflächenbewußtseins und müssen erneut in das Bild *hineingehen*. Das Auftauchen eines Traummoments, in den man spontan hineingehen kann, ist ein Glücksfall.

An diesem Punkt diskutieren wir kurz über den Reichtum des Hauses – kein Aspekt ihrer Biographie – und die Erwartungen ihrer Eltern, daß sie Erfolg haben soll – daher ihre Mißbilligung Karels –, gefolgt von einer Erkundung der Möglichkeiten, wie das Bild von Erfolg und Reichtum ihr hilft, ein Gefühl der Unsicherheit zu vermeiden.

»Könntest du etwas über dreiteilige Kostüme sagen?« frage ich.

»Als ich in Deutschland war, zog ich mich sehr elegant an. Ich glaube, dies sollte meine Unsicherheit kaschieren. Wenn ich gut gekleidet bin, dann fühle ich mich angepaßter.« Sie kichert ein wenig verlegen.

Nachdem wir uns etwa fünf Minuten mit diesem Punkt beschäftigt haben, richte ich meine Aufmerksamkeit erneut auf den Traum, um endgültig an den zerfetzten Ballon heranzugehen. Wir haben jetzt fünfundvierzig Minuten lang Traumarbeit geleistet. Ich möchte in weniger als sechzig Minuten damit fertig werden, um in dieser Sitzung – die zum Zweck akademischer Forschung durchgeführt wurde – die zeitlichen Grenzen einzuzuhalten, denen ein Therapeut gewöhnlich unterworfen ist.

»Also sorgt der Butler dafür, daß du dich aus dem Staub machen kannst?«

»Ja, zusammen mit dem Rest des Personals.«

»Ist dies das erste Mal, daß du seine Hilfe in Anspruch nimmst, um zu fliehen?«

»Nein, er hat mir mehr als einmal geholfen, mich aus dem Staub zu machen«, erinnert sie sich, als wäre dieser Traumbutler eine vertraute Gestalt in ihrem Leben. »In diesem Augenblick bin ich froh, aus jener erstickenden Situation herauszukommen.« Ich vermute, ich habe es hier mit einem habituellen Fluchtmechanismus zu tun, der dazu dient, sich von einem Erstickungsgefühl zu befreien.

»Wie sieht der Heißluftballon aus?«

»Es ist ein ziemlich großer Korb. Es ist lustig. Wie ein Urlaub.«

»Erzähl mir etwas über Urlaub.«

Monique lacht. »Ich lasse alles hinter mir.«

Sie klingt, als hätte sie überhaupt keine Sorgen, und lacht noch einmal. Vielleicht kann ich sie durch eine direkte Konfrontation dazu bringen, das Erstickungsgefühl zu empfinden, das sie hinter sich läßt, wenn sie mit dem Ballon davonfliegt.

»Und der Ballon ist in Stücke gerissen worden?« wage ich mich vor.

»Ja, die Hälfte des Ballons. Das ist das Seltsame daran. Er bläht sich im Wind.«

»Und der Wind wird von dem Butler und dem Personal erzeugt? Wie?«

»Ja. Ich bin nicht sicher, wie. Mit großen Maschinen, glaube ich. Alles war gut organisiert und zur rechten Zeit bereit. Es bedurfte vieler Leute, um sie aufzustellen.« Wir lachen beide. In diesem Stadium scheint Lachen darauf hinzuweisen, daß wir an schwieriges Material herankommen, das wir *weglachen* wollen.

»Also bedarf es einer Menge Energie, um davonzufliegen?«

Es scheint eine Menge Energie zu brauchen, um zu fliehen. Der gesamte Fluchtmechanismus ist darauf abgestellt, Monique hinauf- und hinauszubefördern.

»Ja. Aber ich stehe bloß in dem Fahrstuhl, der nach unten fährt.« Sie lacht und macht damit deutlich, daß es sie keine Energie kostet. Sie bewegt sich nicht. Das Personal leistet die ganze Arbeit; sie tut überhaupt nichts; sie ist unschuldig. Es findet eine einfühlende Identifikation mit dem Traum-Selbst statt, eine unbewußte Anstrengung von seiten Moniques, zwischen sich selbst und dem Komplex, der mühselig, mechanisch eine Flucht ermöglicht, einen Abstand herzustellen. Sie ist für diesen Fluchtmechanismus nicht verantwortlich, was darauf hinweisen würde, daß er autonom, automatisch, gewohnheitsmäßig funktioniert.

»In dem Fahrstuhl, der nach unten fährt«, wiederhole ich, um auf eine Bewegung fort von dem Hochfliegen des Ballons hinzuweisen.

»Ja, eine lange Zeit fahren wir immer weiter nach unten.«

»Wie fühlt sich das an?«

»Eine angespannte Situation.«

»Kannst du dich auf den Fahrstuhl konzentrieren, wie er nach unten fährt?«

»Ich empfinde Druck.«

»Wie fühlt sich das an?«

»Erstickend. Ja, dort ist großer Druck. Ich glaube, ich werde krank. Körperlich krank. Kraftlos.«

»Hattest du jemals zyklische Phasen, in denen du sehr deprimiert und danach in Hochstimmung warst?« Ich möchte damit auf den Gegensatz zwischen hinauf und hinunter, Manie und Depression hinweisen.

»Ja, das hab ich oft erlebt. Sehr stark. Ich wurde richtig krank.«

Ich merke, daß ich Schwierigkeiten habe zu atmen. Es fühlt sich an, als wäre die Zwangsjacke jetzt in meiner Lunge. »Wie fühlt sich deine Lunge an?« frage ich, um herauszufinden, ob nur ich dies empfinde oder ob es eine symbiotische Reaktion ist.

»Als würde ich ersticken!« Sie bricht in unkontrollierbares Husten aus.

»Jetzt verstehe ich, warum sie soviel Luft erzeugen müssen«, interpretiere ich ihre Antwort. »Weil der Druck so unerträglich ist. Auf die Weise kannst du wieder atmen, und zugleich saust du in die Höhe.« Ich setze die Vernunft ein, um die Spannung ein klein wenig zu verringern, um ihr aus ihrem Hustenanfall her-auszuhelfen. Was ich zuvor durch Benutzen des Wortes op-luchting (nach oben, Luft, Erleichterung) implizit zu erreichen versuchte, wende ich nun direkt an.

»Von einem bestimmten Augenblick an bewegen wir uns nicht länger nach oben. Zuerst steigen wir auf, und dann treiben wir in seitlicher Richtung weiter. Das ist das Lustige daran.« Die Spannung löst sich.

»Wie hoch bist du?«

»Wie der Baum da«, sagt sie und zeigt nach draußen.

»Noch ein Punkt«, sage ich und lege soviel Nachdruck in meine Stimme, wie ich aufbringen kann, »und dann müssen wir aufhören.« Indem ich dies sage, lasse ich sie wissen, daß sie sich nur für kurze Zeit mit meiner Frage zu befassen braucht – nur jetzt.

»Kannst du fühlen, wie es ist, in Stücke gerissen zu sein?«

»Das kommt mir schrecklich vor.«

»Wie fühlt es sich an?« wiederhole ich und spüre die Inten-sität des Augenblicks. Wir sind in einem Bereich der Realität, wo das Erleben außerordentlich intensiv ist.

»Wie *nichts*.« Sie sitzt mit den Händen im Schoß da, mit einem verzerrten Gesichtsausdruck und dem Gefühl, am Boden zer-stört zu sein.

»Fühlst du dich jemals so, als wärest du nichts?« fahre ich fort.

»Ja. Dann werde ich krank. Nicht wütend oder so.« Sie lacht nervös, damit andeutend, daß sie dieses verwüstete, zerrissene Ödland verlassen möchte. Während sie die ganze Tiefe ihres Kummers spürt, fühlt es sich in meinem Bauch friedlich und ruhig an, zum ersten Mal, seit sie mir den Traum erzählte.

»Laß uns hier aufhören«, schlage ich vor.

»Ja. Ich finde es sehr gut, wie du jemanden durch einen Traum, durch die Erfahrung hindurchführst.« Sie klingt dankbar. Wahrscheinlich sowohl für die Arbeit wie dafür, daß wir jetzt damit aufhören.

Als ich ein Jahr später den übersetzten englischen Text des Traumes erhielt, der den anderen Analytikern zur Interpretation gegeben worden war, war nur von einem halben Ballon die Rede, ohne daß erwähnt wurde, daß er in Fetzen gerissen war. Sie erinnerte sich an diesen Aspekt nur, als sie sich an ihren Traum, während sie ihn mir vortrug, von innen heraus erinnerte. Das war ein Teil des Traums gewesen, den sie bis zu dem Augenblick einfach vergessen hatte. Die Erinnerung daran, daß der Ballon zerfetzt war, war verdrängt worden. Diese Traumarbeit hatte noch ein ganz besonderes Nachspiel. Als wäre dies ein prä-kognitiver Traum gewesen, stand Monique eines Morgens, im achten Monat ihrer Schwangerschaft, noch ein paar Wochen vor dem errechneten Geburtstermin, mit dem Gefühl auf, daß etwas nicht in Ordnung war. Ihr Mann versuchte, sie zu beruhigen; er wollte nicht, daß sie zu dem Heilpraktiker ginge, den sie zusätz-lich zu den Ärzten eine Zeitlang aufgesucht hatte. Aber sie traute ihren Gefühlen genug, um sich gegen ihren Mann durchzu-setzen, und suchte den Heilpraktiker auf. Nachdem sie das Material und die Kommentare gelesen hatte, die ich an den Psychologen der Universität von Leiden gesandt hatte, schrieb Monique mir einen Brief:

> Dieser Heilpraktiker sagt mir, daß meine Intuition richtig ist und daß es wichtig ist, die Wehen so bald wie möglich einzuleiten! Die Gynäkologin und ihre Assistentin machen Ultraschallauf-nahmen etc., finden aber keinen Grund, die Geburt vorzeitig einzuleiten. Dennoch entschließen sie sich am Ende, meiner In-tuition entsprechend zu handeln und die Fruchtblase zu öffnen. Die Nabelschnur zerreißt bei der ersten Wehe. Nachdem ich Ihre Aufzeichnungen gelesen hatte, fühlte ich, daß da eine

starke Verbindung zwischen dem zerrissenen Ballon und der zerrissenen Nabelschnur bestand.

Die Ärzte sagten, wenn sie nicht ihrem eigenen Körpergefühl und ihrem Instinkt gefolgt wäre, dann hätte die Nabelschnur in der Gebärmutter zerreißen können, was den Tod für beide, Mutter und Kind, hätte bedeuten können. Die Nabelschnur war schon vor der Geburt sehr zart gewesen.

»Ist es ihm auch schon passiert, daß er solche Gefühle bei sich selbst erlebt, die eigentlich zu seinen Patienten gehören?« frage ich und sehe Ilyatjari erwartungsvoll an.

Verblüffung bei den Pitjantjatjara. Ilyatjari, der Ngankari, schaut verwirrt drein. Er diskutiert aufgeregt mit Diana, unserer Dolmetscherin. *Sie* wird rot und schaut ratlos drein.

»Dies ist meine Schuld«, sagt sie. »Ich hätte es dir sagen sollen. Aber er befaßt sich nicht mit Frauenangelegenheiten wie Schwangerschaft. Das ist etwas, womit die *weiblichen* Ngankaris sich befassen. Für ihn ist es seltsam, daß *du* dich damit beschäftigst.«

Wir sind alle schrecklich verlegen.

Kapitel 5

Pfade des Träumens

Als ich nach einem weiteren Beispiel für symbiotische Kommunikation suche, fällt mir absolut nichts ein. Ich war so verdutzt über Ilyatjaris Antwort, daß ich nicht weiß, was ich sagen soll. Schließlich komme ich mit irgendeinem lahmen Beispiel, wie ich einmal in meinem Knie ein aggressives Bedürfnis zuzutreten spürte – und in der Folge eine Menge Aggression entdeckte, die in dem Traum versteckt war.

Ilyatjari, seine Frau Nganyinytja und ihre Schwägerin sprechen darüber. Nein, sagen sie, sie können in dem Beispiel mit dem Knie nichts Vertrautes entdecken. Sie wiederholen noch einmal die Regeln ihrer eigenen symbiotischen Grammatik: Zucken in der Nase für einen Fremden, Hüfte für einen Ehegatten, Oberarm für Tante oder Schwester etc. Sie kennen solche Gefühle in den Knien nicht. Dies muß etwas sein, was für mich ganz persönlich gilt. Ich weiß nicht, ob sie mich nicht verstanden haben oder ob sie tatsächlich meine Art der sogenannten symbiotischen Kommunikation nicht wiedererkennen.

Es folgt ein langes Schweigen.

Ich beginne, meine Gedanken neu zu ordnen. Ich möchte mehr über Ilyatjaris Leben als Adler wissen. Ich möchte wissen, ob diese Erfahrung irgendeine Form des luziden Träumens ist wie mein Traum von der Akademie in Leiden. Ich möchte überprüfen, ob er weiß, daß er träumt, während er nachts als Adler herumfliegt. Aber wie soll ich fragen?

Luzides Träumen, das Träumen mit dem Bewußtsein, daß man in einem Traumzustand ist, ist in seiner spontanen Form ein relativ seltenes Phänomen. Nach meiner Erfahrung ist nur eine Minderheit dazu in der Lage, und dann auch nur gelegentlich. Selbst bei jenen Träumern, die ihre Fähigkeit, luzide zu träumen, zu trainieren versuchen, würde ich vermuten, daß bei ihnen von den zwanzig Jahren, die man während seines Lebens träumt, das luzide Träumen nicht mehr als einen Monat einnimmt. Seit meinem Traum von der Akademie in Leiden war ich am luziden Träumen deshalb interessiert, weil es eine Chance bietet, die absolute Realität der Traumumgebung zu erleben.

»Kannst du ihn fragen, ob er weiß, daß sein Körper in seinem Bett liegt, während er wie ein Adler fliegt?«

»Niemand kann dem Ngankari etwas stehlen, während er fort ist. Das ist sehr gefährlich für den Dieb.«

Das klingt wie eine endgültige Aussage. Vielleicht ist seine Trance so tief, daß ein Tabu ihn umgeben muß, um ihn zu beschützen: Während er ein Adler ist, ist er tabu. Ich habe mit eingeborenen Hawaiianern über ihr *kapu*-System gesprochen, das jemanden, der sehr viel Macht *(mana)* hat, für einfache Sterbliche tabu *(kapu)* macht. Er oder sie darf nicht berührt werden; wer es doch tut, läuft Gefahr, augenblicklich zu sterben.

Ich ziehe nicht die Möglichkeit in Erwägung, daß der Ngankari tatsächlich *fort* sein könnte, daß er die Milchstraße hinunterfliegt. Ich kann mir keinen wirklich physischen Adlerflug vorstellen. Ich glaube, daß sein Flug durch die Sterne in einer parallelen Realität stattfindet: jener einer Stadt des Lichts, einer *mundus imaginalis*, einer Welt, die aus einer Substanz besteht, deren eigentliche Natur im wesentlichen unbekannt ist.

Meine flüchtigen Überlegungen zum Thema *mana* und *kapu*

bringen mich einer Antwort nicht näher. Wie kann ich die Eigenart von Ilyatjaris Bewußtsein begreifen, während er durch den Kosmos fliegt? Bleibt er gänzlich innerhalb der Adlerwelt, oder weiß er, daß er in zwei Welten zugleich existiert – einer Welt des Adlers und einer Welt des menschlichen Körpers? Ich suche nach einer anderen Herangehensweise, als Ilyatjari mein Denken unterbricht.

»Nenne mir ein anderes Beispiel«, schlägt er vor, gespannt auf unsere gemeinsame intellektuelle Erkundungsreise.

Ich beschließe, ihnen den Traum der letzten Nacht zu erzählen.

In meinem Traum war ich in meinem Haus in Holland. Ich bin mit meiner Mutter im Wohnzimmer. Dort sind breite Türen. (Ich weiß nicht, wie ich einem Ngankari Schiebetüren beschreiben soll.) Mein Onkel kommt aus dem anderen Zimmer herein und steht in der Türöffnung. Er trägt die Kleidung der zwanziger Jahre, mit Knickerbockern, so wie man sie heute zum Fasching tragen würde. (Ich entschließe mich, ihm einfach das zu erzählen, woran ich mich erinnere, und die Hoffnung fahren zu lassen, daß Ilyatjari alles verstehen wird. Die Dolmetscherin tut mir leid.) Zwischen ihm und meiner Mutter bricht ein Streit aus. Es geht um etwas, was er lustig findet, aber was meine Mutter ärgert. Ich schlage mich auf die Seite meines Onkels und ärgere mich über meine Mutter. Ich entschließe mich, das Zimmer zu verlassen, und will gerade hinausstampfen, als ich meinen Vater an der Eingangstür des Zimmers sehe. Ich weiß, daß er sehr krank war und fast gestorben wäre, aber dann doch noch am Leben blieb, und daß ich ihn seit Monaten nicht gesehen habe. Ich entschließe mich zu bleiben, nehme die

109

Hand meines Vaters und führe ihn hinüber zur Couch. Ich setze mich neben ihn und umarme ihn, erzähle ihm, wie sehr ich ihn liebe.

Während ich dies erzähle, werde ich wieder sehr emotional, so wie im Traum. Nganyinytja sieht mich liebevoll an. Ich schlucke den Kloß in meinem Hals herunter. Mein Vater ist seit vielen Monaten nicht mehr in meinen Träumen aufgetaucht. Ich erkenne, wie sehr er mir gefehlt hat.

Ich reiße mich zusammen. »Also, während ich dies träumte, war ich hier, in Australien. Aber ich wußte nicht, daß ich in Australien war. Ich war sicher, daß ich in Holland war. Kannst du ihn fragen, ob er weiß, daß sein Körper auf der Erde schläft, während er zur Milchstraße fliegt?«

Es dauert eine Weile, bis Diana meine letzte Frage übersetzt hat. Wieder scheint es einige Verwirrung zu geben.

»Er kann nicht so weit reisen«, gibt Diana weiter.

»Was meinst du damit?« rufe ich aus.

»Für ihn geht es beim Träumen um das Reisen. Die Seele reist. Und er kann nicht den ganzen Weg bis Holland reisen. Es ist zu weit für ihn.«

Hier ist ein Mann, der bis zum Zentrum der Milchstraße reist, aber Holland ist zu weit für ihn! Ich habe in der Tat das Gefühl, weit fort von zu Hause zu sein.

»Dein Vater ist tot?« fragt Nganyinytja. Ich nicke. Ilyatjari sagt etwas. Nganyinytja redet zur gleichen Zeit. Diana ist verwirrt.

»Er möchte mehr über deine Frage wissen. Er möchte deine Frage danach, wann er fliegt, verstehen. Sie möchte wissen, ob dein Vater dir fehlt. Sie sagt, daß es in dem Traum darum geht, daß du im Hinblick auf die Beerdigung deines Vaters etwas zu tun versäumt hast. Vielleicht warst du nicht dort, und er kommt, um dich daran zu erinnern, daß du noch immer einen bestimmten Ritus vollziehen mußt.«

Mein Vater starb, als ich im Flugzeug von Moskau nach Holland saß, nachdem man mich über seinen Herzanfall benachrichtigt hatte. Ich erinnere mich daran, daß meine Mutter die Tür öffnete und sagte: »Zu spät. Du kommst zu spät!«

Ich erzähle Nganyinytja von dieser Erinnerung. Sie ist bewegt. Wir reden weiter über meinen Vater. Vielleicht weil ich in dem Traum der vorigen Nacht gegen meine Mutter Partei ergriffen hatte, folge ich jetzt Nganyinytjas Hinweis und frage sie nach den Beerdigungsritualen der Pitjantjatjara, wobei ich Ilyatjari und unsere Erkundungsreise in die Natur des träumenden Bewußtseins für den Augenblick nicht beachte. Er stapft ärgerlich davon. Man hätte die Spannung zwischen den beiden zerschneiden können.

Es gibt dafür nur eine Erklärung:
Die Ehe ist überall dasselbe, wo auch immer du
hingehst!

Wir sind auf die Frage nach Ilyatjaris Adlerbewußtsein nie zurückgekommen. Er beantwortete meine Frage jedoch ein halbes Jahr später, als ich ihm und Nganyinytja schrieb, um sie um Erlaubnis zu bitten, das Material benutzen zu dürfen, das sie mir präsentiert hatten; ich glaube, daß das, was die Ureinwohner den Menschen aus dem Westen mitteilen, als Material betrachtet werden sollte, das urheberrechtlich geschützt ist. Ilyatjari gab mir die Erlaubnis dazu und wies auf einen Fehler hin, den ich gemacht hatte: Ich hatte seinen Flug als einen Adlertraum beschrieben. Nachdem sie ihm den Text vorgelesen hatte, den ich ihm zugesandt hatte, schrieb Diana James, unsere talentierte Dolmetscherin, zurück:

»Nach Meinung der Ngankari kann das Fliegen als ein Adler, der Menschen trägt, um sie zu heilen, nicht als ›Adlertraum‹ bezeichnet werden. Ngankaris meinen nicht, daß sie träumen, wenn sie fliegen, und diese Methode wird auch nicht als *Tjukurpa* – ein Träumen über den Adler – betrachtet.«

Der zweite Teil dieser Korrektur ist unmittelbar verständlich: ein Träumen im Sinne von *Tjukurpa* bezieht sich auf die kreative Aktivität eines Urwesens, das mit den Märchen und Mythen und der Landschaft verbunden ist. Das ursprüngliche Land, so glaubt man, war völlig gestaltlos. Landschaft entstand durch die Traumabenteuer von Wesen wie Ngintaka, der Eidechse, deren Traumzeit-Fußabdrücken wir später folgen werden. Vergleichbar mit den kreativen Leben der träumenden Genies, die die Traumwelten der Nacht erzeugen, stellt Träumen im Sinne von *Tjukurpa* die Leben der kreativen Genies der Raum-Zeit dar, in der wir leben, während wir wach sind.

Ilyatjaris erste Richtigstellung ist subtiler – und beantwortet in der Tat meine Frage. Nein, sein Adlerflug ist kein luzider Traum. Er ist eine Bewegung durch Zeit und Raum, die sich vom gewöhnlichen Träumen unterscheidet. Dies wird bereits aus der Tatsache deutlich, daß der Patient ebenfalls an dem Flug teilnimmt, also machen der Ngankari und der Patient dieselbe Erfahrung. Zwei Menschen, die dieselbe Traumerfahrung teilen – das ist kein Aspekt eines gewöhnlichen Traumerlebens. Ich meinerseits habe unter den vielen Menschen, die mir ihre Träume erzählten, niemals ein völlig identisches gemeinsames Träumen feststellen können. Ähnlichkeiten ja; völlige Identität nein.

Jetzt verstehe ich auch seine seltsame Antwort bezüglich des Stehlens aus dem Lager der Ngankaris, während er auf seinem Flug ist, als ich ihn fragte, ob er weiß, daß er in seinem Lager liegt und träumt, während er als Adler durch die Lüfte fliegt. Nach seiner Meinung ist er, während er ein Adler ist, tatsächlich nicht in seinem Lager. Es gibt ein saumloses Kontinuum zwischen materieller und nicht-materieller Zeit, materiellem und nicht-materiellem Raum. *Zeit und Raum sind wesentlich, Materie zufällig.* Ilyatjari scheint nicht zwischen einer materiellen und nicht-materiellen Präsenz von Raum und Zeit zu unterscheiden.

Wir ziehen uns in unser Lager zurück, bevor Nganyinytja uns auf den Traumpfad *(Tjukurpa)* führt, um der Eidechse (Ngintaka) zu folgen, deren Urahne diese Landschaft schuf. Diana hatte diesen Ausflug mit unseren Buschlehrern bereits vorbereitet, um uns zu helfen, die Natur des Träumens zu begreifen, ebenso wie das Träumen der Natur. Als ich mich hinlege, kommt der Traum vom Weißen Haus und den Nichtflugsauriern noch einmal zu mir zurück. Mein westlicher Verstand möchte den Urvögeln Widerstand entgegensetzen. Irgend etwas macht mich verrückt.

Ich finde ein wenig Trost in der Tatsache, daß ich ein Glied in einer langen Kette von Analytikern bin, die Angst haben, sich durch ursprüngliche Wildnis verrückt machen zu lassen. Ich zitiere im folgenden einen Auszug aus C. G. Jungs Memoiren *Erinnerungen, Träume, Gedanken,* aus dem Kapitel »Kenya und Uganda«, ein Bericht über Jungs Konfrontation mit dem Ursprünglichen im Herzen von Afrika. Es ist das Jahr 1925. Jung ist fünfzig Jahre alt.

Als der erste Sonnenstrahl den Beginn des Tages verkündete, wachte ich auf. Gerade wand sich ein Zug, in eine rote Staubwolke gehüllt, um einen steilen Abhang aus roten Felsen – da stand auf einer Felszacke über uns regungslos eine braunschwarze, schlanke Gestalt auf einen langen Speer gestützt und schaute auf den Zug herunter. Neben ihm ragte ein riesiger Kandelaberkak-tus.

Ich war von diesem Anblick wie verzaubert. Es war ein fremdartiges, nie geschautes Bild und doch zugleich ein intensives »sentiment du déja vu«, ein Gefühl, wie wenn ich diesen Augenblick schon einmal erlebt und schon immer jene Welt, die schon immer durch Zeitferne von mir getrennt war, gekannt hätte. Es war mir, als kehrte ich eben in das Land meiner Jugend zurück und als kenne ich jenen dunklen Mann, der seit fünftausend Jahren auf mich wartete.

Der Gefühlston dieses wunderlichen Erlebnisses begleitete mich auf der ganzen Reise durch das wilde Afrika. Ich kann mich nur einer einzigen anderen Erfahrung des Unbekannten erinnern, und das war, als ich zum ersten Mal zusammen mit meinem früheren Chef, Prof. Eugen Bleuler, eine parapsychologische Erscheinung beobachtet hatte. Zuvor hatte ich mir vorgestellt, daß ich vor Erstaunen vergehen müßte, wenn ich etwas derart Unmögliches sähe. Als es aber geschah, war ich überhaupt nicht erstaunt, sondern fand das Phänomen ganz in Ordnung, wie wenn es selbstverständlich und mir schon längst bekannt gewesen wäre. [Ich fühle mich an Nganyinytjas sachliche Beschreibung der Parapsychologie der Pitjantjatjara erinnert.]

Ich ahnte nicht, welche Saite der Anblick des einsamen dunklen Jägers in mir zum Erklingen brachte. Ich wußte nur, daß seine Welt die meine war seit ungezählten Jahrtausenden.

Etwas traumbefangen kam ich um die Mittagszeit in dem 1800 m hoch gelegenen Nairobi an. (...)

Von Nairobi aus besuchten wir mit einem kleinen Fordwagen die Athi Plains, ein großes Wildreservat. Auf einem niedrigen Hügel dieser weiten Savanne erwartete uns eine Aussicht sondergleichen. Bis an den fernsten Horizont sahen wir rie-

sige Tierherden: Gazellen, Antilopen, Gnus, Zebras, Warzen-
schweine usw. Langsam strömend, grasend, die Köpfe nickend
bewegten sich die Herden – kaum daß man den melancho-
lischen Laut eines Raubvogels vernahm. Es war die Stille des
ewigen Anfangs, die Welt, wie sie immer schon gewesen, im
Zustand des Nichtseins; denn bis vor kurzem war niemand vorhanden, der wußte, daß es »diese Welt« war. Ich entfernte
mich von meinen Begleitern, bis ich sie nicht mehr sah und das
Gefühl hatte, allein zu sein. Da war ich nun der erste Mensch,
der erkannte, daß dies die Welt war und er sie durch sein Wissen in diesem Augenblick erst wirklich erschaffen hatte.

Hier wurde mir die kosmische Bedeutung des Bewußtseins
überwältigend klar. »Quod natura relinquit, ars perficit« (was
die Natur unvollständig läßt, vervollständigt die Kunst), heißt es
in der Alchemie. Der Mensch, ich, gab der Welt in unsichtbarem Schöpferakt erst die Vollendung, das objektive Sein. (…)
Menschliches Bewußtsein erst hat objektives Sein und den Sinn
geschaffen, und dadurch hat der Mensch seine im großen
Seinsprozeß unerläßliche Stellung gefunden. (…) [Ist dies der
im Weißen Haus beheimatete westliche Verstand der Objek-
tivität, der da spricht, einen Hintergrund von ursprünglicher,
archaischer Existenz beobachtend?]

Unser Lagerleben war eine der schönsten Zeiten meines Lebens. Ich genoß den »Gottesfrieden« eines noch urweltlichen
Landes. Nie hatte ich das je so gesehen: »Der Mensch und die
anderen Tiere« (Herodot). Tausende von Meilen zwischen mir
und Europa, der Mutter aller Teufel, die mich hier nicht erreichen konnten – kein Telegramm, kein Telefonanruf, kein Brief,
kein Besuch! Meine befreiten seelischen Kräfte strömten be-
seligt zurück in vorweltliche Weiten. (…)

Im allgemeinen bekannten sich die Leute zu der Überzeugung,
daß der Schöpfer alles gut und schön gemacht habe. Er ist jen-

seits von Gut und Böse. Er ist m'zuri, d. h. schön, und alles, was er gemacht hat, ist m'zuri. Als ich fragte: »Aber die bösen Tiere, die euch das Vieh töten?«, sagten sie: »Der Löwe ist gut und schön.« Und: »Eure scheußlichen Krankheiten?« Sie sagten: »Du liegst in der Sonne, und es ist schön.« Ich war von diesem Optimismus beeindruckt. Aber abends um sechs Uhr hörte diese Philosophie plötzlich auf, wie ich bald entdeckte. Von Sonnenuntergang an herrscht eine andere Welt, die dunkle Welt, die Welt des *ayik*: das ist das Böse, Gefährliche, Angstverursachende. Die optimistische Philosophie hört auf, und es beginnt die Philosophie der Gespensterfurcht und der magischen Bräuche, die gegen das Übel schützen sollen. Mit dem Sonnenaufgang kehrt dann, ohne inneren Widerspruch, der Optimismus wieder. (…)

Meine Träume hatten während der ganzen Reise hartnäckig an ihrer Taktik festgehalten, Afrika zu negieren, indem sie sich ausschließlich mit heimatlichen Szenen illustrierten und damit den Eindruck erweckten, daß sie die Afrikareise nicht eigentlich als etwas Wirkliches, sondern vielmehr als eine symptomatische bzw. symbolische Handlung betrachteten, wenn es gestattet ist, die unbewußten Vorgänge so weit zu personifizieren. Diese Annahme wurde mir allerdings nahegelegt durch die anscheinend absichtsvolle Beiseiteschiebung auch der eindrucksvollsten äußeren Begebnisse. Nur ein einziges Mal während der ganzen Reise hatte ich von einem Neger geträumt. Sein Gesicht kam mir merkwürdig bekannt vor, aber ich mußte lange nachdenken, bis ich herausfinden konnte, wo ich ihm schon einmal begegnet war.

Schließlich fiel es mir ein: es war mein Coiffeur von Chattanooga in Tennessee! Ein amerikanischer Neger. *Im Traum hielt er eine riesige glühende Brennschere gegen meinen Kopf und wollte mein Haar »kinky« machen, das heißt, er wollte mir*

Negerhaare andrehen. Ich fühlte schon die schmerzhafte Hitze
und erwachte mit einem Angstgefühl.

Ich nahm den Traum als eine Warnung des Unbewußten; denn er besagte, daß das Primitive eine Gefahr für mich war. Damals war ich offenbar dem »going black« am nächsten. Ich hatte einen Anfall von »sandfly fever«, der wohl meine psychische Widerstandskraft herabgesetzt hatte. Um einen mir bedrohlichen Neger darzustellen, war eine zwölf Jahre alte Erinnerung an meinen schwarzen Coiffeur mobilisiert worden, um mich ja nicht an die Gegenwart zu erinnern.

Das eigentümliche Verhalten der Träume entspricht übrigens der Erfahrung, die man bereits im Ersten Weltkrieg gemacht hatte: Die Soldaten im Felde träumten viel weniger vom Krieg als von zu Hause. Unter den Militärpsychiatern galt es als Grundsatz, einen Mann aus der Front herauszuziehen, wenn er zuviel von Kriegsszenen träumte, denn dann hatte er gegen die Eindrücke von außen keine psychische Abwehr mehr.

Parallel zu den Ereignissen des anspruchsvollen afrikanischen Milieus wurde in meinen Träumen eine innere Linie mit Erfolg festgehalten und durchgesetzt. Sie handelte von meinen persönlichsten Problemen. Ich konnte aus dieser Tatsache keinen anderen Schluß ziehen, als daß meine europäische Persönlichkeit unter allen Umständen integral erhalten werden sollte. (…) Die Reise schien mir weniger eine Erforschung primitiver Psychologie zu sein (…), als vielmehr die etwas peinliche Frage zum Gegenstand zu haben: was geschieht mit dem Psychologen Jung »in the wilds of Africa«?

Ich möchte Jungs Traum vom Standpunkt des »Coiffeur von Chattanooga in Tennessee« aus betrachten. Er sieht einen weißen Mann mit kurzgeschnittenem, glattem, weißem Haar, einen älteren Mann. Jungs schwarzer Traumwelt-Friseur möchte, daß

Jung solches Haar hat wie er selbst, solch einen Kopf hat wie er selbst – möglicherweise auch so denkt wie er selbst, die Welt so sieht wie er. Der Friseur weiß, daß die unbekannte Welt voller Dämonen, voller erschreckender Kräfte ist, die stärker sind als der Mensch; es ist »die dunkle Welt von *ayik*, des Bösen, der Gefahr, der Furcht« – der Kräfte, die sich willkürlich Zugang zu uns verschaffen, sich manifestieren und uns quälen können, wenn sie Lust dazu haben. Sie leben überall um uns herum – nicht, wie der westliche Mensch es gerne glauben würde, in unserem Schädel. Der weiße Mann hätte den Verstand verloren.

In der Traumarbeit hätten wir uns Jungs Gründe für seine Abwehr gegen den schwarzen Mann angehört. Durch Assoziation würde er sich in eine Art Kriegszustand innerhalb dieser ursprünglichen Welt einfühlen, in eine »psychische Abwehr… gegen die Eindrücke von außen«; dies war eine Wiederholung des Ersten Weltkriegs, der sieben Jahre zuvor zu Ende gegangen war. Wir würden die Gefahr und die Furcht spüren.

Dann würden wir unsere Aufmerksamkeit vielleicht auf den Friseur des Traums richten, ein Double des Afrikaners, der in Beziehung steht zu einem nie geschauten Bild, das aber auf der anderen Seite »ein intensives *»sentiment du déja vu«* hervorruft. Wir würden seine Bewegungen beobachten, wie er in seinem Friseurladen in Tennessee herumläuft, wie die Atmosphäre in diesem Friseurladen ist und wie er sich in dieser Atmosphäre, in seinem Körper, fühlt.

Dann würden wir in den Wunsch hineingehen, dem weißen Mann das Haar zu kräuseln. Wir würden spüren, wie die riesige, glühende Brennschere sich in der Hand anfühlt. Will er den weißen Mann in Gefahr bringen? Was will er? Vielleicht möchte er ihm etwas mitteilen. Irgendein unerhört wichtiges, heißes Thema. Der weiße Mann ist zutiefst erschrocken – die Traumwelt von Chattanooga löst sich auf, und der weiße Mann wacht auf, krank, in Afrika, der Wiege der Menschheit, das darauf wartet, daß er nach mehr als fünftausend Jahren dorthin zurückkehrt.

Eine Begegnung mit dem ursprünglichen Bewußtsein ist erschreckend. Sie droht, den gradlinigen weißen Verstand zu verbrennen.

Es dauert noch eine halbe Stunde, bis wir uns zum Traumpfad aufmachen wollen. Ich schließe die Augen und schlummere ein.

In der anderen Welt werde ich auf einem Traumpfad an einen niedrigeren Ort gebracht. Die Rückenflosse eines Hais folgt meiner Frau. Es ist das vertraute schwarze Dreieck von *Der weiße Hai*, das sich jetzt seinen Weg durch den Sand der kamelfarbenen Wüste bahnt. Sehr unheimlich. Ich könnte schreien.

Ein Wechsel hinüber in eine andere Welt: In einer anderen Welt ist eine meiner Studentinnen sehr ärgerlich über die Veränderungen, die bei meiner Traumarbeit eintreten. Sie ist verärgert, daß ich ihr eine bestimmte Methode der Traumarbeit beigebracht habe und jetzt meine Meinung ändere. Jeder kann bei seiner Arbeit so vorgehen, wie es ihm gefällt, sage ich …

Meine Studentenmentalität ist beunruhigt. Die Meinungen ändern sich.

Kinder spielen. Der blonde, kleine, weiße Junge ist in eine gelbe Wolldecke eingewickelt wie ein Geist in einem mittelalterlichen Schauspiel. Er ist von zehn Pitjantjatjara-Kindern umringt. Sie schieben und drängeln sich gegenseitig hin und her und lachen vor Vergnügen. Dünne Beine und Triefnasen folgen uns, während wir uns für ein paar Minuten vom Lager entfernen, kurz bevor wir losgehen, um die Eidechse zu verfolgen, deren Träumereien dieses sonnenhelle Land von zerklüfteten Bergen ins Leben riefen, das in einem friedlichen Meer von zerklüfteten Felsen und trockenen Bäumen schwimmt.

Bevor die träumenden Vorfahren – wie die Eidechse Ngintaka – kamen, war das Land langweilig und formlos. Die australische Landschaft entstand, weil die früheren Ureinwohner dies träumten. Sie bewegten sich durch die Traumwelt, genannt das Träumen oder *Tjukurpa*, und erlebten Abenteuer, die als Text für diejenigen, die Traumspuren lesen konnten, in die Landschaft geschrieben wurden. Die Landschaft ist wie ein Traumtagebuch, das die Wesen der Traumzeit schrieben, damit es als eine zu Stein gewordene Erinnerung diene. Sie sollte ihren Heldentaten eine ewige Präsenz verleihen.

Als wir dem Pfad der Ngintaka, der Eidechse *(Perentie varanus gigantus)*, folgen, betreten wir eine Welt, die sie hinterließ, damit man sich an sie erinnere. Und es ist die Aufgabe der Aborigines, sich zu erinnern, sonst stirbt das Träumen in der Landschaft aus, etwas, was mit dem westlichen Verstand bereits passiert ist. »Für das westliche Bewußtsein«, sagt Dr. David Tacey, »ist die Landschaft anscheinend öde, leer, unlebendig. Vom westlichen, intellektuellen Standpunkt aus betrachtet ist man nicht sicher, ob es überhaupt eine richtige Aborigines-Landschaft gibt oder ob unser Erleben jener Landschaft völlig konstruiert ist. Alles, was wir, entsprechend unserem intellektuellen Standpunkt, wirklich kennen können, sind unsere eigenen inneren Bilder, die wir auf vermenschlichende Weise auf das Gesicht der Erde projizieren, so daß die Erde unser eigenes Antlitz trägt.« Entsprechend einer der zentralen westlichen Vorstellungen ist alles außerhalb der menschlichen Seele seelenlos.

Für Nganyinytja ist das ganz anders. Sie ist für das Land verantwortlich. Sie ist heute in ihren Sechzigern; bis zu ihrem zwölften Lebensjahr zogen sie und ihre Familie im australischen Busch umher; sie sahen nie einen Europäer und lebten ein Leben, das Ewigkeiten zurückreichte. Ihre Familie mußte dieses Land betreuen, der Landschaft ihr Lied vorsingen, damit diese über ihre Existenz nachdenken konnte.

Die stillen Berge verändern sich nie. Wer in die Landschaft hineingeht, geht in ihre Imagination, ihre Atmosphäre, ihre Geschichte hinein. Wir werden der *Perentie*-Eidechse, Ngintaka, folgen und befinden uns innerhalb der träumenden Imagination von Ngintaka. Wir sind Teil ihres Träumens. Sie ist das träumende »Ich«, das die Geschichte lebt, an der wir auf einer Reise vierzig Kilometer quer durch das Land der Vorfahren, das Nganyinytja jetzt verwaltet, teilnehmen werden.

Es ist eine seltsame Erfahrung, sich im Traum eines anderen Wesens zu befinden, vor allem dem einer Eidechse. Mein westliches Ego protestiert. Es war immer das Zentrum seines eigenen Traumerlebens, und es erlebte das Träumen aus seiner eigenen individuellen Perspektive heraus. Wer möchte ein Anhängsel im Traumerleben einer Eidechse sein? Bin *ich* nicht derjenige gewesen, der als Führer ausersehen war?

Wie der Bug eines Schiffes segelt ein großer roter Findling durch Wellen aus Felsen, die wegzubrechen scheinen wie rostrotes Eis. Wo der Bug auf die umgebenden Felsen auftrifft, werden zwei kleine Höhlen ausgehobelt. Nganyinytja und ihre Schwägerin stimmen ein Lied an und schlagen im Rhythmus des Herzschlags Stöckchen gegeneinander. Ihre Stimmen sind nasal und ähneln der Landschaft: flach, mit gelegentlichen kontrapunktischen Erhebungen.

Diana übersetzt: »Ngintaka ist hier in der Höhle und schlummert ein wenig, als sie die anderen hört, die ihr gefolgt sind. Sie hört, wie sie sich über sie unterhalten.« Anscheinend sind wir mitten in die Geschichte hineingesprungen, so wie es zum Träumen paßt, das sich in der Natur nicht an die Gesetze der Zeit hält. Träumen ist eine Ansammlung von Augenblicken.

Dies ist ein paranoider Moment in der Landschaft, eine Verfolgungsjagd. »Sie reden über mich!« In diesem Moment fühlt Ngintaka sich bedroht.

Es ist die Aufgabe unserer Führer, das Lied zu singen und den Tanz zu tanzen, um das innere Erleben dieses Ortes zu wecken. Sie machen jetzt sozusagen mit Ngintaka Traumarbeit. Sie durchleben noch einmal die Verfolgungsjagd und lassen sich von der Bedeutung dieses besonderen Ortes durchdringen. Ngintaka lebt! Wir befinden uns mitten in ihrem Traum.

Anders als der Taxifahrer in meinem luziden Traum von der Akademie in Leiden scheine ich zu akzeptieren, daß ich im Traum eines anderen Wesens lebe. Wildnis beginnt in mich einzudringen.

Die Vegetation verändert sich. Die Bäume um uns herum werden höher, während der Toyota auf einer unsichtbaren Piste durch die Wildnis rumpelt. Ich hätte Spaß daran, in dieser Gegend den Wagen selbst zu lenken. Zu unserer Linken erblicken wir ein wildes Kamel, das in einem fast ausgetrockneten Salzsee grast. Eine Sandebene mit lehmigen Rinnsalen, in denen Vögel ihr rötlich-purpurfarbenes Gefieder baden, ist alles, was von Ngintakas Spielplatz übriggeblieben ist: hier hinter den Bergen schüttelte sie ihre Verfolger ab, versteckte ihre gestohlene Beute – anscheinend hatte sie einen flachen Schleifstein gestohlen, daher die wilde Verfolgungsjagd: »Folgt dieser Ngintaka!« – und entspannte sich dann an diesem sicheren Ort, suhlte sich im Schlamm und schabte den Salzsee mit ihrem Schwanz aus. Ich kann mir lebhaft vorstellen, wie sich die riesige *Perentie* wie ein Hund im Schnee oder wie ein Schwein im Schlamm wälzte. Das sinnliche Vergnügen, das dieser Ort vermittelt, ist mit den Händen greifbar.

Auf der gegenüberliegenden Seite des »Sees« ist das heufarbene Gras schwarz verbrannt. Ilyatjari hat das vor einem Monat gemacht. Er zündet es vor der Regenzeit an, so daß das Gras wieder frisch und grün nachwachsen kann und die Känguruhs es abfressen können. Diese Öko-Betreuung ist nicht weniger wichtig als das Lied, das uns jetzt an Ngintakas Glücksgefühl erinnert.

Ich kann es fast auf meiner Haut spüren. Das hohe und helle Klappern der Musikstöckchen der Frauen singt das Lied eines schlagenden Herzens. Innerhalb des Traumes von Ngintaka schnurrt der Körper vor Wohlbehagen. Das Kamel scheint sich dessen bewußt zu sein, während es gemächlich die Vegetation abrupft. Dies ist für alle ein ruhiger Ort der Erholung. Mir fällt ein, daß es in den meisten Träumen irgendwo einen Ort gibt, wo man in Sicherheit ist. Wenn ich mit Ngintakas Traum arbeitete, dann wäre dies gewiß die Stelle, wo ich beginnen würde, bevor ich den Käfig des Verfolgungswahns beträte. Die Landschaft wird zu einem Traumseminar.

Aus den Hügeln ragen einzelne Felsen empor. Ein waagerechter Felsen lehnt sich wie ein Anbau gegen ein längliches Dreieck, das auf dem Rücken liegt. Dies sind Ngintakas rostrotes Kinn und ihr Bart. Hier blieb sie stehen und verwandelte sich zu Stein. In der Gegend dieser Hügel war sie auf die Jagd gegangen und hatte ihre Beute gefangen. Jetzt, da sie nach dem Mahl träge herumliegt, säubert sie ihren Bart von kleinen Fleischfasern und denkt: »Oh, was für ein hübsches Ding ich doch bin!«

Wie herrlich, diese Landschaft kann eitel sein! Wir erkennen uns darin wieder, und ich lache. Ich klatsche begeistert den Rhythmus des Pitjantjatjara-Liedes. Eitelkeit ist ein Element der

Wildnis. Sie ist nicht nur für mich, mein sündiges altes Ich, typisch.

»Die Geschichte der Schöpfung ist in dem Land, um die Menschen etwas zu lehren«, erklärt Nganyinytja. Ich verstehe. »Was die Tradition der Lieder betrifft«, fährt sie fort, »so haben verschiedene Leute die Verantwortung für die Lieder in ihrer Umgebung, um sie in dem Land lebendig zu erhalten. Dies hier ist die Tradition der Lieder meiner Familie von Seiten der Pitjantjatjara, von diesem Punkt aus bis dorthin, wo Ngintaka stirbt.« Die Bewegung ihrer Arme ist ausgreifend und elegant, während sie auf die Weite ihres Landes deutet. »Weiter südlich, wo Ngintaka den Schleifstein stahl, ist das Land der Yankunytjatjara. Sie sind dafür verantwortlich, das Land dort mit Liedern lebendig zu erhalten. Und dann werden sie es weitergeben an das nächste Volk und dann an das nächste. Dies hält das Land lebendig.«

Sie meint nicht, daß die verschiedenen Menschen eine Geschichte oder eine Tradition lebendig erhalten. Sie halten das *Land* mit ihren Liedern lebendig. Das Land ist ein lebendes Wesen, das mit Liedern und Tänzen genährt werden muß. Jetzt verstehe ich, warum es gewöhnlich die Träume von Liedern und Tänzen sind, an die sich die Pitjantjatjara erinnern. Jene Träume flößen dem Kosmos immer wieder Leben ein. Man muß sich an sie erinnern und sie weitergeben, damit sie mit den Träumen eines Volkes verschmelzen.

An einer Stelle, wo die Berge ein wenig höher sind, bleibt das Wüstenfahrzeug stehen. Wir werden zu einem langen Rückgrat von seltsamen Grauocker-Findlingen geführt. Diese haben Flecken, die vollkommen rund sind, so als wären sie ihnen von Menschen eingebrannt. Aber das kann nicht sein. Sie sind der Haut der *Perentie*-Eidechse, Ngintaka, verblüffend ähnlich.

»Diese Felsbrocken gibt es nur in diesem kleinen Korridor hier oben«, übersetzt Diana Nganyinytjas Worte. »Hier wird es

Ngintaka übel. Sie tanzt herum, und dann muß sie sich übergeben. Sie erbricht die Samen der Beeren des Mistelzweigs. Sie ist auch für andere Samen verantwortlich. Grassamen. Sie erbricht sie an einer anderen Stelle. Deshalb tragen sie die Bezeichnung ihrer Haut. Dies sind die Samen der Frucht, die sie gegessen hatte.«

Nganyinytja zeigt auf einen großen Stein mit der verblüffenden Zeichnung der Haut der *Perentie* und auf eine Stelle, wo die Flecken eindeutig mit einem anderen Stein weggekratzt worden sind. »Nganyinytjas Vater hat sie als kleines Mädchen hierhergebracht«, erzählt Diana mir, »um ihr zu zeigen, wie man diesen gefleckten Stein mit einem kleinen Felsbrocken zermahlt. Das muß in jedem Frühling gemacht werden, bevor der Regen kommt und eine Menge Beeren des Mistelzweigs bringt.« Ich bin überrascht, daß die Steine, die aussehen wie Eidechsenhaut, Samen sind, und nicht Ngintaka selbst. Es scheint, daß die Samen ein Teil von ihr geworden sind. Alle Samen, die die Menschen zum Aussäen benutzen, waren zuerst im Bauch von Ngintaka. Ihre Träume durchdringen sie. Jeder Same hat in der Ngintaka-Ordnung des Seins seinen Platz.

Die Frauen tanzen den Tanz des Erbrechens. Sie machen kleine Luftsprünge, und während ihre Arme wie Pendel schwingen, öffnen und schließen sie rhythmisch die Finger ihrer offenen Hände, so als säten sie Samen aus. Dies erinnert daran, wie Ngintaka die Samen erbrach. Es ist ein Frauentanz. Meine Frau und meine Tochter finden es lustig, daß der einzige Tanz, den sie im Zentrum Australiens lernen, der Tanz des Erbrechens ist.

Ein langer Stein ein Stück weiter unten ist Ngintakas Schwanz neben etwas, was eindeutig aussieht wie ihr Fußabdruck. Die Erscheinungen in der Landschaft stimmen mit den Geschichten überein. Ich bin nicht überrascht, daß eine Gruppe von Findlingen sich als wilde Zwiebeln nach der Art Ngintakas erweist.

Schließlich sind wir am Höhepunkt unserer Reise angelangt: wir werden in den leeren Bauch von Ngintaka hineingehen. Sie zeigen mir die Höhle in einem findlingsähnlichen Felsengesicht. Wir klettern hinauf und gehen hinein.

Ich bin entsetzt. Dies ist offensichtlich das Maul von Ngintaka. Man kann seine Glottis herunterhängen sehen. Das andere Ende der Grotte ist mit Symbolen bemalt, anhand derer die Geschichte erzählt wird. Die zuletzt gemalten Bilder sind von Nganyinytja und Ilyatjaris Sohn. Es scheint, daß jede Generation die Grotte neu ausmalt.

Der sechsjährige Christopher sammelt kleine Zweige. In dem leeren Bauch von Ngintaka müssen wir ein Feuer entzünden. Das Licht fällt durch eine schornsteinähnliche Öffnung über uns herein, und wir können in Ngintaka Höhlenforschung betreiben. Hier ist der leere Bauch, nach dem Erbrechen, aber vor dem Tod… Ngintaka wird ein Stück weiter unten sterben. Ist dies Hunger, Sehnsucht, Leere? Welchen Todeskampf durchlebt sie? Wir steigen durch ihren Bauch hinauf und können einen Blick auf die eindrucksvolle Wüstenebene unter uns werfen. Der Regen hat die Landschaft ergrünen lassen. Ich atme tief ein und trete aus dem Bauch der Eidechse wieder ins Freie.

Als wir zum Lager zurückkehren, sind wir müde. Diana macht Tee und erzählt von einer Frau, der auf dem Ngintaka-Pfad so übel wurde, daß sie nach Alice Springs zurückkehren mußte. Ich lächle wohlwollend über ein solches Maß an hysterischer Identifikation. Wir gehen früh ins Bett. Ich träume.

Ich bin mit einer Gruppe zusammen, die das Träumen verstehen möchte. Es scheint eine alte Gruppe und eine neue Gruppe zu geben. Ich schließe mich der alten

Gruppe an, und mir wird schrecklich übel. Ich erinnere mich an den Traum des Erbrechens von Ngintaka. Auch an den Tanz des Erbrechens.

Ich wache auf und wühle mich aus meinem Schlafsack heraus. Mir ist furchtbar übel. Mir wird bewußt, daß ich noch immer symbiotisch mit Ngintaka verbunden bin. Oder vielleicht ist mir übel, weil ich mich für die alte Ordnung entschied, anstatt mich der neuen anzuschließen: Ich zog die alte, weiße Ordnung des C. G. Jung im Stuhl des Friseurs der dunklen Stimme der Wildnis vor.

Die Übelkeit verebbt. Ich schaue empor und sehe die Wolken über mir. Ein riesiger Adler mit Flügeln, die so weit gespreizt sind, daß sie den ganzen Himmel bedecken, fliegt über meinen Kopf hinweg. Nachdem ich ihn ein paar Sekunden beobachtet habe, verschwindet er. Nichts am Himmel ähnelt auch nur im entferntesten den Umrissen des Vogels, den ich gerade gesehen habe. Dann zuckt ein Blitz, und es beginnt zu nieseln. Ich stehe auf, um unsere Habseligkeiten abzudecken.

Dies ist unsere letzte Nacht im Busch. Ich schlafe danach nicht wieder ein. Es beginnt zu regnen, und ich nehme Bewegung im Lager der Aborigines wahr. Es scheint, daß sie gerade aufbrechen und in den Wagen steigen. Ich höre, daß sie die Kinder anschreien; dann fahren sie davon. Sie fehlen mir sehr. Ich wollte eigentlich noch mit Ilyatjari reden, ihm sagen, wie ich den Traum verstanden hatte. Daß das Erbrechen im Land lebt und daß die Übelkeit, wenn sie mit dem Ort konfrontiert wird, das Träumen *ist*. Die Übelkeit gehört zum Geist des Ortes.

Gott sei Dank kommen sie zurück. Ich bin sehr erleichtert. Ich gehe zu ihnen, um ihnen von meinem Traum zu erzählen und Ilyatjari mein Buch *Dreaming with an AIDS Patient* zu geben. Sein Sohn Jonathan kann Englisch lesen. Aus irgendeinem

Grunde möchte ich, daß Ilyatjari etwas über das Aids-Träumen erfährt.

Als ich ihm von dem Adler erzähle, sagt er: »Sehr starker Geist.« Er fragt, ob ich den Nacken sehen konnte, da der Ngankari seinen eigenen Kopf behält. Ich sage nein. Er grinst und beginnt, schrecklich zu husten. Er hat ein starkes Emphysem. Ich mag ihn sehr. War dieses Treffen mit dem weißhaarigen Ilyatjari ein Katalysator für ein Wiederauftauchen meines Vaters in den Träumen, die ich im australischen Busch und später hatte?

Als wir gehen, bittet er mich, zurückzukommen und andere Ngankaris mitzubringen, die so ähnlich sind wie ich.

Wir sind zwar Welten voneinander entfernt, aber wir sind trotz allem Kollegen.

Kapitel 6

Traumseminar 1:
Wechsel der Jahreszeiten

(Ein Flashback zum juliheißen Sommer ein paar Wochen vor meinem Augustwinter in Australien. Ein Wechsel der Jahreszeiten in meinem Leben steht mir bevor, genauso wie der Frau, die uns ihren Traum in dem glühendheißen Raum des Omega-Instituts in New York vorträgt. Der folgende Bericht basiert auf einer auf Tonband aufgezeichneten Sitzung.)

Es ist einer der heißesten Tage seit Menschengedenken, und sie haben unser Seminar für Traumarbeiter, Therapeuten und andere Liebhaber der Träume in einen Raum gelegt, der der Sonne voll ausgesetzt ist. Wir haben mit viel zu vielen Teilnehmern, nämlich achtunddreißig Personen, begonnen, aber die Hitze hat sie auf vierundzwanzig, eine leichter zu handhabende Gruppe, zusammengeschmolzen. Wir sterben vor Hitze – eine Frau erklärt, sie habe in der Nacht zuvor von Eis geträumt. Da wir uns Kühlung erhoffen, nehmen wir ihren Traum als unser Arbeitsmaterial.

Ich kenne sie bereits von früher und weiß, daß sie auf dem Wege der Genesung von einer sehr schweren Krankheit ist, die mehrere Jahre ihres Lebens überschattete. Sie hatte mir über die Krankheit, das chronische Müdigkeitssyndrom, geschrieben und berichtet, daß diese in letzter Zeit den harten Griff um ihr Leben zu lockern beginne, so daß sie für eine längere Zeit des Tages aktiv bleiben könne.

Wir hören uns den Traum an; er wird uns in der Zeitform der Gegenwart vorgetragen. Sie wird ihn uns zweimal erzählen, so daß wir das erste Mal nur mit einem halben Ohr zuhören – und mit eineinhalb Ohren unseren eigenen Reaktionen lauschen können.

»Ich gehe die Straße entlang, auf einem Bürgersteig«, beginnt sie. Ich spüre an meinem Rückgrat entlang, vom Steißbein nach oben, ein Erschaudern. Dann habe ich ein Gefühl von Kälte und Übelkeit.

Dort sind große Betonplatten; im Bürgersteig sind Risse. Zu meiner Linken ist ein Park; es ist dort sehr schattig. Es ist ein Park in einer Stadt, so wie der Central Park, aber nicht ganz so städtisch. Es ist ein großer Park. Zu meiner Rechten ist eine Straße. Sie ist irgendwo weiter unten, an einem Flußufer, mit einem hohen Bordstein am Straßenrand. Und es ist Frühlingsanfang oder Ende des Winters. Ich bin mir vor allem des Eises und des Wassers auf der Straße zu meiner Rechten bewußt. Es sind riesige Eisbrocken da, die irgendwie bersten, es sieht fast aus wie ein Fluß, und Wasser, das die Straße hinunterfließt. Es ist schmelzendes Eis. Ich gehe den Bürgersteig entlang, und meine Hündin kommt quer über die Straße auf mich zugerannt. Und ich bin ein bißchen besorgt, aber sie ist sehr vorsichtig. Sie kommt auf mich zugelaufen, und wir steigen in meinen Lieferwagen, der am Ende des Bürgersteigs auf der Straße steht. Die Straße macht eine Biegung, und am Ende des Gehwegs ist eine Gabelung oder so etwas. Und dann steigen wir in mein Auto und fahren davon.

»Und das ist das Ende des Traumes?«

»Ja«, antwortet sie gut gelaunt.

Eine leise Panik überfällt mich, da ich nicht weiß, was zum Teufel ich mit diesem Traum anfangen soll. Ich habe dieses Gefühl jedesmal, wenn ich mit einem Traum arbeite, aber jedesmal werden meine routinierten Abwehrstrategien gegen diese schreckliche Ungewißheit von der Überzeugung ausgetrickst, daß zwar bei anderen Gelegenheiten etwas bei der Traumarbeit herauskam, aber *diesmal* bestimmt nicht. Das Gefühl des Nichtwissens hat eine sehr listige Art, sich durch die Risse meiner Unsicherheit einzuschleichen.

Einen Augenblick lang ärgere ich mich über mich selbst und frage mich, warum ich mich diesen unangenehmen Gefühlen der Unsicherheit aussetze. Warum zum Teufel arbeite ich mit Träumen?! Ich kann nur warten, daß es vorbeigeht, dieses Gefühl, diese anfängliche Panik beim Hineingehen ins Träumen.

Während ich warte, lasse ich meine Körperreaktionen auf den Traum Revue passieren. Zu Anfang empfand ich ein Schaudern, das begleitet wurde von einem Gefühl der Kälte. Und dann wurde mir übel. Ich habe keine Ahnung, was das bedeutet. Ich nehme nur bestimmte Dinge wahr, die in mir vorgehen.

Meine Aufmerksamkeit richtet sich auf dieses Schaudern, weil ich es schon fühlte, bevor sie über das Eis sprach, als habe mein Körper die Atmosphäre des Traumes schon registriert, bevor sie in Worten wiedergegeben wurde. Zu jenem Zeitpunkt muß ich dem Träumen sehr nahe gewesen sein.

Gemessen an der Intensität meiner körperlichen Reaktion muß sehr viel Aufwühlendes an der »Atmosphäre« des Eises gewesen sein. An jenem Punkt sollte ich besser nicht beginnen. Plötzlich hat sich meine panische Angst vor dem Unbekannten irgendwo auf die hinteren Plätze verflüchtigt, während ich mich auf die Expedition in die Wildnis vorbereite. Alle Meßsysteme sind auf Empfang eingestellt.

Es ist nicht nötig, die Traumarbeit an dem Punkt zu beginnen, wo der Traum tatsächlich anfängt. Ich bin stärker an den wilden Tieren und Pflanzen interessiert, die *auf Nebenschauplätzen* der Erzählung existieren. Die Geschichte des Traumes, so wie sie vom wachen Ego erzählt wird, entspringt einem dünnen Streifen des Bewußtseins: eine gravierende Einengung in Anbetracht der Tatsache, daß es nur eine unter anderen Formen des Bewußtseins ist, aus denen die Gesamtheit des Träumens besteht. Es ist, als hörte man nur einen Sender auf einer bestimmten Frequenz, während man zugleich weiß, daß es noch viele andere Sender gibt, die Bewußtsein auf mehreren unterschiedlichen Frequenzen aussenden. Also werde ich diese Traumarbeit nicht mit dem zeitlichen Anfang des Traumes beginnen, obwohl ich beim Eis, dem Zerbrechen des Eises und der eisigen Straße so heftige Gefühle hatte. In diesem Fall möchte ich den Traum von hinten angehen und im Land des Hundes beginnen, bevor ich mich mit dem Eis auseinandersetze. Ich werde mit dem Hund und den Gefühlen in Zusammenhang mit dem Hund, der der Träumerin sehr nahezustehen scheint, beginnen. Hunde sind uns sehr loyale Helfer, wenn es darum geht, Zufluchtsorte zu schützen, und wir könnten, falls wir auf etwas Erschreckendes stoßen, einen Zufluchtsort durchaus gebrauchen. Die Eislandschaft könnte erschreckend sein. Ich würde mir lieber einen Helfer sichern, bevor ich in den emotionalen Gefrierbereich eintauche.

»Wann siehst du den Hund zum erstenmal?« frage ich. »Und wo siehst du ihn? Es ist eine Hündin, nicht wahr?«

»Ja. Als ich sie zuerst sehe, überquert sie die Straße. Sie ist sehr nahe am Rande des Flußufers, aber sie überquert dennoch die Straße. Das ist eigentlich für mich der unheimlichste Moment des Traumes. Der Bereich, wo ich die größte Angst habe. Ich spüre intensive Angst in meiner Brust.«

Ich wende mich der Gruppe zu, die ich ganz genau über jede Fluktuation in meinem inneren Prozeß auf dem laufenden gehalten habe – schließlich ist dies ein Seminar –, und zwar, um sie mit dem inneren Leben der Traumarbeit zu verbinden. »Also scheint meine gesamte Strategie völlig falsch zu sein. Ich glaubte, daß der Bereich des Hundes für den Anfang ein sicherer Ort wäre ... Es spielt keine Rolle.« Lachen. Ich grinse verdutzt. Wie eine Wetterfahne lasse ich mich in jede Richtung wehen.

»Also welches Gefühl spürst du jetzt in deiner Brust, als der Hund auf dich zukommt?«

»Als sie auf mich zuläuft, habe ich schreckliche Angst, daß sie von einem Auto angefahren werden könnte. Die Straße ist sehr stark befahren, und sie fädelt sich durch all die Wagen hindurch. Ich habe Angst um sie.«

Ich bemerke, daß die Träumerin aufgehört hat zu atmen. Ich warte, während sie weiterhin ängstlich den Atem anhält. Ich warte, bis dieses seelisch-körperliche Erleben der Angst sich in ihre Erinnerung eingräbt. Die Beziehung zwischen Furcht und Atem ist in ihrem Brustkorb lokalisiert: Die Intensivierung der Aufmerksamkeit schafft Bewußtheit in ihrem Brustkorb. Das körperliche Erleben des angstvollen Brustkorbs steigt ins Bewußtsein auf.

Als ich spüre, daß sie das ängstliche Gefühl in ihrer Brust absorbiert hat, entspanne ich mich. »Atme immer weiter und bleib bei deinem Traum.« Jetzt fädele ich mich zurück ins Wachleben, werfe eine Leine an die Küsten des Vertrauten in einer zweispurigen Bewegung: Exportieren des Traumlebens ins Wachbewußtsein und Importieren des im Wachleben Vertrauten in das Träumen. »Ist dies eine Angst, die du kennst?«

»Ja. Ich habe sie bloß an diesem Wochenende zum ersten Mal

133

seit langer Zeit hinter mir gelassen. Aber es ist eine Angst, die mir sehr vertraut ist.«

»Ist es ein Gefühl, daß du die Hündin verlieren wirst?«

»Nicht so sehr, daß ich sie verlieren werde, sondern daß sie stirbt. Sie ist zwölf Jahre alt, und sie war die ganzen zwölf Jahre bei mir.«

»Und ist sie für dich eine sehr enge Freundin?«

»Ja, sie ist eine meiner besten Freundinnen.«

Es folgt ein Augenblick des Schweigens, während sie die Nähe von Tod und Verlust spürt. Die Atmosphäre im Raum ist emotional sehr dicht. Wir alle können die Einsamkeit fühlen, die in diesem Bereich das ständig vorherrschende Klima zu sein scheint. Es ist, als wären wir in ein Tal hineingefallen, das sehr feucht ist, ein Tal der Tränen. Es zieht uns tiefer nach unten. Ich fühle den Sog dieser nach unten ziehenden Kraft.

»Laß uns fortfahren«, schlage ich vor, »damit wir tiefer in das Bild hineingehen können. Wir sind in einem emotionalen Abwind. Laß uns mal sehen, was als nächstes geschieht.«

»Sie hat kein bißchen Angst. Sie ist sehr entspannt, ihr Maul ist offen und es sieht aus, als wenn sie lächelt, und sie keucht. Sie paßt den richtigen Moment ab, während sie sich durch diese Autos hindurchfädelt und durch das Wasser läuft. Sie watet bis zum Flußufer hinauf.«

»Ist es dort eisig oder nicht?« frage ich, um nun in das gefrorene Hinterland der Seele einzudringen.

»Es ist eisig auf der Straße, aber weniger eisig, als sie das Flußufer heraufkommt. Es ist noch immer feucht. Es ist naß. Aber das Eis ist auf der Straße. Sie geht irgendwie langsam die Straße hinunter. Sie ist sehr graziös und irgendwie zielstrebig. Aber an ihrer Haltung ist überhaupt nichts Ängstliches. Es scheint ihr Spaß zu machen, dort herumzulaufen, durch das Wasser zu patschen und auf mich zuzulaufen.«

134

»Du sagst, ihr hänge die Zunge aus dem Maul?« Ich möchte die Bewegung des Hundes von innen nachempfinden, wie er die ihn umgebende Realität erlebt. Da der empfindlichste Ort im Zusammenhang mit dem Erleben des Hundes der Brustkorb der Träumerin ist – wo sie Schmerz empfand und den Atem anhielt, als sie den Verlust des Hundes spürte –, bemühe ich mich, durch Atmen einen Transit in den Hund zu erwirken.

»Ihre Schnauze ist offen. Ihre Zunge hängt ihr nicht besonders weit heraus. Sie hat diesen lächelnden, entspannten Gesichtsausdruck. Ihre Zunge hängt nicht weiter heraus als bis zum Ende ihrer Schnauze. Sie hängt nur irgendwie heraus.«

»Kannst du wahrnehmen, wie sie atmet?«

»Sie atmet sehr, sehr regelmäßig. Schneller, als ich atme, aber für sie sehr ruhig und regelmäßig.«

»Kannst du sie atmen fühlen?« Ich bemerke, daß meine Stimme fast zu einem Flüstern wird, noch gut verständlich, aber sehr leise.

»Uh-huh.« Sie nickt und empfindet das Atmen des Hundes.

»Ihre Zunge?«

»Uh-huh«, sagt sie und fühlt sich wie eine Hundezunge.

»Wie fühlt sich das an, ihr Atmen und ihre Zunge?«

»Ziemlich fröhlich und entspannt. Die Zunge liegt ihr lose im Maul. Sie wirkt nicht besonders entschlossen oder zielstrebig.«

»Während sie sich durch den Verkehr hindurchfädelt, was geht da in ihr vor? Versuch mal, ihr Atmen und ihr Maul zu fühlen, während sie sich durch den Verkehr hindurchfädelt.«

»Sie ist in einem Zustand des Fließens. Sie ist unbewußt im Fluß mit ihren eigenen Bewegungen und dem Verkehr, damit sie nicht angefahren wird. Irgendwann einmal ist sie den Vorderrädern eines Wagens sehr nahe, aber sie entwischt gerade noch rechtzeitig, bevor das Fahrzeug sie überrollt.« Das Fließen der Hunde-Freundin wird von allen deutlich empfunden.

135

»Sie hat also keine Angst?«

»Nein. Sie weiß genau, wohin sie geht. Es fühlt sich noch nicht einmal an, als hätte sie sich dafür entschieden. Es geschieht einfach alles zur richtigen Zeit.«

»Wie fühlt es sich an, wenn alles zur richtigen Zeit geschieht?«

»Locker, sehr locker. Sehr graziös. Ich fühle meinen Körper, ich fühle die Innenseite meiner Haut, ich fühle das Gewicht meines Körpers, seine Wärme, seine Temperatur und eine Art Lockerheit.«

»Was fühlst du in deinem Rückgrat?« frage ich, als ich einen Schmerz in meinem Kreuz, einer meiner empfindlichen Körperstellen, spüre. Diesen Schmerz hatte ich kurz zuvor noch nicht gespürt, deshalb frage ich mich, ob unsere Symptome korrespondieren.

»Es ist sehr entspannt. Ich könnte jetzt nicht steif dasitzen, auch wenn ich es wollte. Es gibt eine Stelle an meiner Wirbelsäule, wo jene beiden kleinen Punkte am Rücken sind. Unter meinem Kreuz. Ein klein wenig darüber ist ein steifer Wirbel.«

Ich danke dem Himmel, daß ich an eine Träumerin geraten bin, die ein hochentwickeltes Bewußtsein für ihren Körper hat. Einige Menschen mit einer ernsten körperlichen Krankheit haben diese Sensibilität ausgebildet, um sich durch das gefährliche innere Territorium ihrer Krankheit hindurchzutasten.

»War jener steife Wirbel schon vorher dort?«

»Nein, es fühlt sich an, als wäre er mit der Hündin verbunden.«

»Kannst du dich in jene Stelle hineinfühlen? Was fühlst du dort?«

»Eine alte Wunde.«

»Was für eine alte Wunde?«

»Das Bild, das mir spontan kam, ist eine Erinnerung. Als ich die Hündin fand, war sie verletzt. Jemand hatte ihr ins Bein geschossen.« Sie hält inne. »Ich spüre eine Verbindung zwischen jener Stelle in meinem Rückgrat, der Innenseite meines Oberschenkels, wo ihre Verletzung ist, und meinem rechten Knie, wo ich operiert worden bin. Ich kann die Verbindung zwischen jenen drei Stellen spüren.«

»Kannst du bei der Verbindung zwischen jenen drei Stellen bleiben? Konzentrier dich auf sie. Was fühlst du?« Ich lasse nicht locker, freue mich über ihre Sensibilität. Sie ist eine gute Beobachterin innerer Vorgänge.

»Die Stelle im Rücken fühlt sich wie der Ort an, wo in Verbindung mit den beiden anderen das meiste Gefühl sitzt. Ich fühle einen Energiestrom, aber er hat nicht einfach nur mit Kummer zu tun, und er ist älter. Dieses Gefühl in Zusammenhang mit meinem Hund ist die momentane Manifestation älterer Gefühle. Er war schon immer da, solange ich mich zurückerinnern kann, dieser Schmerz in meinem Rücken. Die Gefühle sind sehr viel älter.«

Ich wende mich der Gruppe zu, um die Situation kurz zu erläutern, eine kleine Pause auszurufen.

»Der Grund, warum ich auf das Rückgrat einging, war, daß ich irgend etwas hier unten fühlte.« Ich zeige auf den unteren Teil meines Rückens. »Deshalb würde ich jetzt mit jener Stelle weitermachen, weil sie etwas ist, was zwischen mir und der Träumerin absolut korrespondiert. Wenn ich ein Symptom in meinem Knie gehabt hätte, dann hätte ich vielleicht mit meinem Knie weitergemacht. Aber da ich in meinem Rücken dasselbe Gefühl habe wie die Träumerin, ein Gefühl, das vorher nicht da war, mache ich mit dem Kreuz weiter.«

Ich wende mich der Träumerin zu. »Du sagst, es ist ein alter Schmerz, der sich dort eingenistet hat?«

»Das könnte sein. Er fühlt sich alt und zugleich neu an. Zukunft, Vergangenheit und Gegenwart.«

»Kannst du dich auf jene Stelle konzentrieren und deine ganze Aufmerksamkeit darauf richten?« schlage ich vor.

Wir können fühlen, wie die Konzentration intensiver wird.

»Jetzt breitet er sich aus und wandert die linke Seite meines Rückgrats hoch. Ich kann eine Verbindung zwischen jener Stelle und einer anderen genau hier in meiner Schulter spüren«, sagt sie und klopft auf ihr Schulterblatt. »Aber in dieser oberen Stelle ist weniger Gefühl.«

Ich fühle, daß Energie zu zirkulieren begonnen hat. Ich wende mich der Gruppe zu.

»Jetzt sind wir einigen der Gefühle durch den Körper gefolgt, und es ist Zeit, zum Traum zurückzukehren.« Und jetzt wieder an die Träumerin gerichtet: »Trottet die Hündin einfach auf dich zu oder rennt sie?«

»Sie trottet einfach nur die Straße entlang, und dann, als sie ans Flußufer kommt, läuft sie ein wenig schneller, weil es ein wenig steil ist und man ein wenig Schwung braucht, um dieses Fluß-ufer hinaufzulaufen. Es ist genau die Menge an Schwung, die nötig ist, um das Ufer hinaufzulaufen, nicht mehr. Sie ist kein bißchen gehetzt. Dann trottet sie gemächlich neben mir her. Ich glaube, ich streichle ihren Kopf; ich bin wirklich froh, sie zu sehen. Ich fühle mich zutiefst dankbar und erleichtert, daß mit ihr alles in Ordnung ist.«

»Weil du in dem Augenblick, als sie vor dem Vorderrad weg-sprang, so große Angst hattest«, erinnere ich sie.

»Ich kann das in meiner Kehle spüren«, erwidert sie. »Es fühlt sich an wie eine Umklammerung. Wenn meine Kehle eine Faust wäre, dann würde sie sich von einer offenen Hand in eine Art Kralle verwandeln. Ich fühle Spannung in dieser Hand. Angst. Die Angst und der Kummer sind miteinander verquickt. Ein Teil der Angst ist, glaube ich, ein Gefühl des Kummers. Sie sind ge-trennt, aber auch miteinander verbunden.«

Sie hält inne. Irgendeine Assoziation lenkt ihre Aufmerksamkeit ab. Ich warte.

»Es ist diese Zwillingsgeschichte. Ich wurde als Zwillingspärchen empfangen, und mein Zwilling erlitt zwei Monate, nachdem meine Mutter schwanger geworden war, eine Fehlgeburt. Es ist, als würde ich mich an dieses Sterben auf einer zellularen Ebene erinnern. Ich spüre wieder jenes Gefühl, ebenso wie die unmittelbaren Gefühle, die mit dem Sterben des Hundes in Zusammenhang stehen.«

Wir sind alle ganz still und spüren den Tod – unseren eigenen und den derer, die wir lieben.

»Könnt ihr fühlen, wie es uns jetzt auf einer tieferen Ebene geht?« frage ich die Gruppe. Sich in das Träumen hinunterzubegeben ist, als würde man durch eine sich immer mehr verdichtende Atmosphäre immer tiefer hinabsteigen. Zunächst sind die Bilder verschwommen und instabil, flüchtig wie Dämpfe. Dann werden sie beständiger, bekommen mehr Substanz. Augenblicklich sind wir in diesen körperlich spürbaren Bereich des Träumens eingedrungen.

Ich wende mich wieder der Träumerin zu. »Kannst du zu dem Augenblick zurückkehren, in dem deine Hand auf dem Kopf des Hundes liegt?«

»Ja, beide Hände. Ich beuge mich irgendwie herunter und umfasse ihr Gesicht mit beiden Händen. Ich liebe sie einfach. Ich bin richtig froh, daß es ihr gutgeht. Ich fürchte mich, so empfinde ich es, sowohl vor ihrem Schmerz als auch vor meinem Verlust. Die Furcht vor ihrem Schmerz, wenn sie körperlich verletzt wird, und vor meinem, sie zu verlieren. Ich fürchte beides.«

»Wie fühlen sich deine Hände an?«

»Sehr sanft. Ich fühle die Wärme ihres Körpers. Ihr Gesicht ist meinen Händen so vertraut. Meine Hände sind sehr entspannt.«

»Kannst du jenes Gefühl entspannter Vertrautheit durch deinen Körper fließen lassen?«

»Das tut es schon, es fließt direkt durch mich hindurch. Das Gefühl in meinem Rücken verändert sich total, und auch das in meinen Beinen. Es fließt direkt durch mich hindurch.«

Die Vertrautheit überträgt sich von ihrem vertrauten Hund auf ihren introspektiven Körper. Jetzt, da sie diese Vertrautheit, Entspannung und Sicherheit in ihren Nerven, in ihrem Körper, spürt, können wir zu dem Element des Traumes übergehen, bei dem die Seele vor Kälte erschaudert. Bevor ich diesen Übergang vollziehe, halte ich kurz inne. An diesem Punkt haben wir mehrere Möglichkeiten: Wir können zu der Erfahrung des Todes des Zwillings zurückkehren, das noch einmal intensiv spüren und die Furcht und den Verlust in jenem Bild durchleben. Ich bin jedoch sicher, daß die Träumerin sich selbst so viele Male mit diesem Bild befaßt hat, daß sie es mittlerweile als schal empfindet. Ich ziehe neues Material vor und entscheide mich dafür, die Aufmerksamkeit direkt auf das Eis zu lenken.

»Wenn du dich zuerst erinnerst – wenn die Erinnerung an den Traum beginnt – wo bist du dann?«

»Dieser Park beeindruckt mich ziemlich stark; es könnte ein Friedhof sein. Der Park zu meiner Linken ist so eine Art Central Park, aber es könnte auch ein Friedhof sein. Ich bin auf diesem Bürgersteig.«

Das Friedhofsmotiv ist natürlich nach all diesen Gefühlen des Todes sehr verlockend, deshalb könnte es eine Ablenkung sein. Mir geht es vielmehr um das Eis. Ich überprüfe diesen Punkt. »Und der Teil, den du siehst, der ein Friedhof sein könnte – ist das der Ort, wo du das Eis siehst?«

»Nein, das Eis ist ein Stück weiter die Straße hinunter, zu meiner Rechten. Der Park ist zu meiner Linken. Wenn es einen Friedhof gibt, dann ist er eher weiter vorn und zu meiner Linken. Er liegt in der Richtung, in die ich gehe, aber ich kann von hier aus die Grabsteine nicht sehen.« Ich bin froh, daß ich es überprüft habe. »Ich sehe einfach nur diesen von Bäumen gesäumten Park. Er ist ein wenig dunkel; nicht richtig dunkel, eher schattig. Die Straße ist voller Eis.«

»Kannst du dich auf das Eis konzentrieren?« ermutige ich sie. »Wie sieht das Eis aus?«

»Große Eisblöcke. Es ist gräulich, bläulich, weißlich. Richtig große Eisblöcke. Richtig große Blöcke aus Eis. Es sieht aus wie ein Fluß. Es gibt da all diese Bilder von Eisblöcken, die schmelzen und sich bewegen. Und das Wasser fließt über sie. Es sieht aus wie ein gefrorener Fluß, der aufbricht, aber es ist symmetrischer. Es *ist* tatsächlich auf der Straße. Seltsame Formen, irgendwie dreieckig. Sie passen zusammen. Sie haben Substanz.«

Das Verschmelzen des Bildes des Fußgängerwegs mit einer ursprünglich vorhandenen Unterströmung deutet darauf hin, daß wir uns auf eine fundamentale Erfahrung zubewegen, irgendwo tief in der Wildnis, wo die individuelle Erfahrung des Fußgängers auf schmelzende Eiszeitalter trifft, die in der Seele eines jeden von uns leben. In der tiefen Wildnis verschmilzt die individuelle Erfahrung mit wilden, vorindividuellen Erfahrungen, die *jedermann* machen könnte. Jung nennt diese präindividuellen, ungezähmten Kräfte *archetypisch* und meint, daß sie in einem *kollektiven Unbewußten* existieren.

»Fühle die Kälte.« Ich bemerke den Befehlston in meiner Stimme. Anscheinend bin ich dabei, den Druck zu verstärken.

»In diesem Augenblick fühle ich mich von Eis umgeben. Ich habe mich zum Rand des Flußufers bewegt. Dort sind große Eisblöcke um mich herum, und ich kann fühlen, wie die Kälte von ihnen ausstrahlt und mich abkühlt. Aber ich kann auch fühlen, wie die Temperatur sich vom Bürgersteig zum Rand dieses Eisblocks hin verändert.«

»Welche Qualität hat die Kälte?«

»Aus dieser Entfernung? Aus dieser Entfernung ist sie kühl. Ich kann fühlen, wie die Kälte meine Haut durchdringt. Es ist eine wirklich konzentrierte Kälte. Sie ist nicht in meinen Knochen, aber sie ist eiskalt. Das Wasser ist weniger unheimlich als das Eis. Das Wasser ist richtig kalt, aber das Eis gibt dir dieses Gefühl, wie wenn du einen Eiswürfel an deine Lippen hältst und er an deiner Lippe klebenbleibt. So ungefähr fühlt sich das Eis an. Uh-oh!« Ihr Ausruf drückt Angst aus.

»Du mußt versuchen, sehr langsam vorzugehen. Nähere dich dem Wasser und dem Eis sehr langsam, sonst werden wir gegen eine dicke Mauer der Angst stoßen.« Sie nickt. »Das Eis ist in Bewegung, sagtest du?« Ich lenke ihre Aufmerksamkeit auf eine distanzierte Betrachtung des Eises, einen Standpunkt, von dem aus Muster erkennbar sind. Das führt sie weg von der direkten, gefrorenen Angst. Eine Atempause.

»Ich habe den Eindruck, daß das Eis sich sehr stark bewegt. Es scheint gerade ein Wechsel der Jahreszeiten stattzufinden.«

»Kannst du jenen Wechsel der Jahreszeiten in deinem Körper fühlen?«

Sie weint leise. »Ich habe Angst.« Ihre Stimme zittert hinter ihren Tränen. »Alles ist in Bewegung. Ich habe Angst, von den Wassermassen, die entstehen, wenn das Eis auseinanderbricht, überflutet zu werden. Dies ist eine neue Jahreszeit, und sie nähert sich mit der Kraft von schmelzendem Eis und von Wasserfluten, die das Eis in einer Bewegung herantragen, die sehr elementar ist.«

Ich stelle mir vor, wie ihr Körper aus dem Winter ihres chronischen Müdigkeitssyndroms herauskommt. Der rigide Status quo ihrer Krankheit, bei der sie sechzehn Stunden pro Tag zu Inaktivität erstarrt, bricht auseinander. Der Fluß des Lebens beginnt erneut zu fließen. Kein Wunder, daß sie Angst hat zu ertrinken, fortgeschwemmt zu werden von der Jahreszeit der Erneuerung.

»Wie fühlt sie sich in deinem Körper an, diese elementare Bewegung des Eises?« Wir sind jetzt in einer ursprünglichen Wildnis, wo die Elemente regieren.

»Ich habe dieses Gefühl, angezogen und zugleich abgestoßen zu werden. Energie steigt in meinem Körper auf und auch die Angst, von jener Energie überwältigt zu werden. Ich fürchte, ich werde nicht wissen, wie ich sie in mir fassen kann, ohne zugleich auseinanderzubrechen. Meine Hündin wird mit dem Auseinanderbrechen des Eises ganz leicht fertig. Sie patscht direkt durch.« Im letzten Satz schwingt ein Unterton der Verwirrung mit. Das spontane Auftauchen des vertrauten Hundes, der mit der neuen Jahreszeit fertig zu werden vermag, könnte hilfreich sein.

»Bleib bei dem Hund. Bleib bei jenem Gefühl deines Hundes, während du die überwältigende Flut herannahen fühlst. Bleib bei dem Hund, dem Gefühl des Hundes.«

Ich wende mich der Gruppe zu, mit einem stolzen rechthaberischen Unterton in der Stimme. »Kleine Pause. Jetzt könnt ihr sehen, daß es gut war, erst einmal ein Gefühl für diesen Hund zu bekommen und erst dann zum Eis überzugehen.« Ich wende mich wieder der Träumerin zu.

»Wie fühlst du dich in diesem Moment?«

»Wie belebend es ist. Ich habe gerade eine Welle körperlicher Belebung gespürt. Ich habe nicht nur das Fließen gespürt, sondern zu gleicher Zeit auch die Kälte des Wassers. Jener kalte Wasserstrom ist belebend. Das ist etwas ganz anderes als die Kälte des Eises. Mein Körper empfindet jene eisige Jahreszeit als sehr vertraut. Ich habe das Gefühl, als hätte ich eine lange Zeit dort verbracht. Irgend etwas am Berühren des Eises macht mir angst. Ich habe Angst, daß meine Haut daran klebenbleiben wird. Daß ich niemals frei sein werde. Das Eis erschreckt mich.«

»Wie fühlt sich die Angst vor dem Eis in deinem Körper an?«

»Ich kann sie in meinem Brustkorb spüren. Nicht so sehr wie ein Gewicht, sondern wie einen Körper, einen kleinen Körper.« Sie ist jetzt sehr emotional und wiederholt den letzten Satz mehrmals. Sie deutet auf ihren Brustkorb. »Genau hier. Es ist, als wäre dieser Körper in meinem Brustkorb steckengeblieben.«

»Wie groß ist dieser kleine Körper?«

»Er hat alle Größen. Von der Größe einer Erbse zu der Größe einer jener russischen Puppen, die du auseinandernehmen kannst, und dann ist da noch eine kleinere Puppe drin.«

»Und kannst du fühlen, wie dieses winzige Wesen in deinem Brustkorb lebt?«

»Es ist mehr die Erinnerung daran, die in meinem Brustkorb zurückgeblieben ist. Ich fühle den Druck davon hier wie etwas, das deinen Arm gepackt hat, und du schüttelst es ab und fühlst noch immer den Druck. Aber die eigentliche Substanz, das Wesen selbst, ist jetzt in meinem Bauch. Ich möchte bei dem Druck in meinem Brustkorb bleiben, wo sich das Wesen anscheinend befand. Wenn ich den Druck fühle, den das Wesen in meinem Brustkorb zurückließ, dann wird ihm das helfen, sich weiter hinabzubewegen. Es ist, als verabschiedete ich mich von diesem kleinen Wesen in meinem Brustkorb. Es ist immer dort gewesen. Es ist beängstigend, daß es nicht mehr länger dort ist. Daß es nach unten gefallen ist. Das fühlt sich neu an. Ich habe Angst. Ich fürchte mich davor, es unten in meinem Bauch zu fühlen. Die eisige Jahreszeit und dieser Körper in meinem Brustkorb gehören zusammen. Ich liebe sie. Sie sind mir so vertraut. Es ist schwer, sie hinter mir zu lassen. Es ist ein Gefühl des Trauerns und des Abschiednehmens. Jetzt kann ich in meinen Bauch hinuntergehen.«

Hier haben wir das unmittelbare Erleben der Schwierigkeit, den Status quo zurückzulassen, wie schmerzhaft dieser Status auch immer sein mag: dieses kleine Selbst-der-eisigen-Jahreszeit, das im Brustkorb der Träumerin lebte, war ihr zumindest vertraut. Es existiert schon *sehr lange* und weckt sogar ein Gefühl von vorgeburtlichen Erinnerungen. Selbst eine langwierige Krankheit oder Neurose, die man hinter sich läßt, muß betrauert werden, da wir ein Selbst zurücklassen, mit dem wir sehr eng verbunden waren. Wieviel Leid es uns auch immer gebracht haben mag, es fehlt uns dennoch, weil wir es so gut kannten.

»Wie fühlt es sich dort unten in deinem Bauch an?«

»Sehr weich. Ein Bett aus Blut, weich und üppig. Wie ein Bett aus Blut und Nahrung. Es ist sehr rot.«

Wir sind in eine Gebärmutter des Frühlings hineingefallen. Ich gebe uns Zeit, die Jahreszeit der Erneuerung, der Wiedergeburt nach einer Phase des Todes zu spüren. Dann bewege ich mich weiter voran zum Kontrast zwischen Winter und Frühling. Die Träumerin befindet sich direkt zwischen diesen beiden Phasen. Der Winter ist nicht mehr, der Frühling noch nicht.

»Bleib bei jenem Gefühl in deinem Körper und kehr zum Gefühl des Eises zurück. Konzentrier dich weiterhin auf deinen Bauch und fühl das Eis auf deiner Haut. In welcher Weise unterscheidet sich das: die eiskalte Berührung und das Gefühl in deinem Bauch?«

»Meine rechte Hand ist auf meinem Bauch, und mit meiner linken Hand kann ich mich richtig auf das Eis lehnen.«

»Kannst du den Unterschied zwischen deiner linken Hand und deiner rechten Hand spüren?«

»Ja, sehr deutlich!« ruft sie erstaunt aus. »Meine rechte Hand ist sehr warm, und meine linke Hand ist sehr kalt. Alle Kälte kommt von der linken Seite, und alle Wärme strömt von der rechten Seite herbei. Jetzt fangen sie an, sich irgendwie zu vermischen. Kannst du das auch fühlen?« Anscheinend hat sie in diesem Augenblick das Gefühl, sehr eng mit mir verbunden zu sein, überzeugt, daß ich dasselbe spüre wie sie. Und seltsamerweise ist es auch so. Ich spüre das Verschmelzen des Warmen mit dem Kalten.

»Uh-huh«, pflichte ich ihr bei.

»Auf diesem Stück Eis ist jetzt ein handförmiger Abdruck. Als die Wärme beginnt, das Eis zu berühren, schmilzt es in der Form meiner Hand.«

»Jetzt bleib dabei und spür nach, wie es sich entwickelt. Wir werden die Arbeit hier beenden, und du wirst von hier aus allein weitermachen.«

»Ja, okay.«

»Atme dort hinein. Atme in den Bereich hinunter, wo die Wärme und die Kälte zu verschmelzen beginnen. Auf die Weise wirst du damit in Verbindung bleiben«, schlage ich vor. Die Traumarbeit hat einen Prozeß in Gang gesetzt. Es ist jetzt die Aufgabe der Träumerin, damit in Kontakt zu bleiben. Jetzt steht ihr das Erleben des schmelzenden Eises vollständig zur Verfügung.

Ich begann mit Traumseminaren in den späten siebziger Jahren, um den Zuschauern auf die direkteste mir bekannte Weise meine Art der Traumarbeit zu demonstrieren. Es ging mir dabei um eine bestimmte didaktische Methode. Womit ich nicht gerechnet hatte, war die tiefe kathartische Wirkung, die die Traumarbeit auch auf die Teilnehmer des Seminars ausübt, die nicht an ihren eigenen Träumen arbeiten. Wie bei der griechischen Tragödie machen wir als Beobachter eine Katharsis durch, während wir das Schicksal des Protagonisten durchleben. Dabei beginnen kollektive Elemente aus der Wildnis des präindividuellen Träumens in uns zu schwingen wie beim Schmelzen des Eises der »Hunde-Träumerin« in diesem Seminar. Nicht nur ihr Körper ist durch die eisige Erstarrung ihres chronischen Müdigkeitssyndroms gefühllos geworden, sie ist durch ihre Angst vor der Veränderung, durch die Angst vor der fundamentalen Unvorhersehbarkeit des Lebens, auch seelisch erstarrt. Solche Ängste zu empfinden ist ein Aspekt des Menschseins. Traumarbeit vermittelt allen Teilnehmern eine sehr eindringliche Erfahrung der Bedingungen, unter denen Menschen leben. Keine Lebensversicherungspolice kann uns vor der ständig drohenden Veränderung schützen.

(Meine Traumserie in Australien veranschaulicht diese Realität. In dieser Serie von Träumen, beginnend mit der ersten Nacht, die ich in Australien schlief, kehren mehrere Themen regelmäßig wieder, zum Beispiel der Schmerz über den Tod meines Vaters. Das Thema der *ständigen Veränderung* war ein weiteres Motiv. Ich träume:

Ich fahre in den australischen Busch. Dort ist eine Gruppe. Es ist bekannt, daß die wichtigsten Erfahrungen im Dunkeln, im Unbekannten gemacht werden. Dann gibt es da noch jemanden, der der Anführer einer anderen Gruppe ist, und er bricht einfach in das Unbekannte, in eine Welt der ständigen Veränderung ein.)

Über die kathartischen Erlebnisse der Seminarteilnehmer hinaus, die sich dadurch ergeben, daß ihre eigenen Tiefen mitzuschwingen begannen, wurde deutlich, daß eine Gruppe bei der Arbeit an einem Traum ein breiteres Spektrum an Perspektiven zur Verfügung hat als ein individueller Traumarbeiter. Fragen, an die ich nicht gedacht hatte, wurden von Teilnehmern des Seminars gestellt, so daß der Arbeit verschiedene zusätzliche Ebenen hinzugefügt wurden. In ähnlicher Weise führte die eingehende Konzentration der Gruppenmitglieder auf einen einzelnen Traum über einen längeren Zeitraum hinweg in Tiefen, die mir bei meiner individuellen Arbeit zuvor nicht zugänglich gewesen waren. Natürlich ist die Ebene an Vertrauen in einer Psychoanalyse unter vier Augen normalerweise erheblich höher als bei der Gruppenarbeit, so daß eine intime Atmosphäre, die man in Gruppen eher nicht findet, hergestellt werden kann. Bei der Psychoanalyse dringt man in Bereiche vor, die durch Gruppenarbeit nicht zugänglich sind. Aber andererseits entdeckte ich, daß Gruppenarbeit, als eine besondere Art, in die Traumwelt hineinzugehen, überraschende Resultate hervorbringt.

Dies führte dazu, daß kleine Traumgruppen gebildet wurden. Diese Gruppen sind für Menschen gedacht, die nicht notwendigerweise an Traumarbeit interessiert sind, die aber die Wahrnehmung ihrer Existenz intensivieren möchten, indem sie tief in ihre Traumwelt eintauchen. Eine ideale *Traumarbeitsgruppe*, die aus vier bis sechs Personen besteht, trifft sich einmal pro Woche für zweieinhalb bis drei Stunden. Die erste halbe Stunde wird darauf verwandt, über allgemeine Themen in Zusammenhang mit Träumen zu reden und über die vorangegangene Sitzung zu diskutieren. Die Teilnehmer bitten den Träumer der vorigen Woche, ihnen Bericht zu erstatten. Der Träumer erzählt, welche Nachwirkungen die Traumarbeit im Laufe der Woche hatte; er berichtet über Stimmungen, Träume und Interaktionen, die an die Traummotive erinnerten. Die »Hunde-Träumerin« beispielsweise hätte der Gruppe erzählen können, ob die Traumarbeit ihre Gefühle in Hinblick auf ihre Krankheit und Genesung beeinflußt hatte. Man hätte sie gefragt, ob sie zu neuen Einsichten gekommen sei. Sehr häufig erzählen Menschen, die in der Gruppe an ihren Träumen gearbeitet haben, daß ihre Stimmung nach der Traumarbeit eine Weile angehalten hat.

Diese erste halbe Stunde der Gruppensitzung wird auch benutzt, um über die Art, wie die Traumarbeit durchgeführt wurde, und über die angewandten Techniken nachzudenken. Danach versucht die Gruppe herauszufinden, welcher Traum am dringendsten danach verlangt, vorgetragen zu werden. Jeder, der einen Traum erzählen möchte, tut dies. Ein Traum wird ausgewählt. (Gewöhnlich sind kurze Träume in Gruppen leichter zu bearbeiten, vor allem, wenn die Gruppe sich gerade neu zusammengefunden hat.) Meist ist es offensichtlich, wer am dringendsten an seinem Traum arbeiten muß, und die Wahl wird spontan getroffen; andere Träumer stellen ihren Traum zurück. Die eigentliche Traumarbeit, die bis zu zwei Stunden dauern kann, steht im Mittelpunkt der Sitzung. Am Ende folgt gewöhnlich eine zwanzigminütige Abschlußphase, die die Gruppe benötigt, um die soeben geleistete Traumarbeit zu verdauen.

Wenn man sich einmal pro Woche trifft, dann kann jedes Gruppenmitglied alle vier bis sechs Wochen einen seiner Träume vortragen und damit arbeiten. Ein solches Intervall mag ziemlich lang erscheinen, es reicht aber völlig aus, und zwar aufgrund der tiefgreifenden Wirkungen, die die Traumarbeit auf die Teilnehmer des Seminars auch dann ausübt, wenn sie am Traum eines anderen Gruppenmitglieds arbeiten. In unserer eher oberflächlichen Gesellschaft wird die intensive Anteilnahme am Leben eines anderen Menschen von den Mitgliedern der Gruppe gewöhnlich als ein seltenes Privileg empfunden.

Eine Traumarbeitsgruppe braucht *Führung*. Diese Führung kann jedoch eine *Funktion* sein, die von den Mitgliedern abwechselnd übernommen wird. Der Leiter der Traumgruppe arbeitet weitgehend wie der Dirigent eines Orchesters; er sorgt dafür, daß die Musik im richtigen Tempo und in der richtigen Atmosphäre gespielt wird.

Der Traum wird zweimal erzählt. Das erste Mal konzentrieren sich die Teilnehmer beim Anhören auf ihr eigenes Erleben. Nach dem ersten Erzählen berichten diejenigen, die Schwankungen ihrer Aufmerksamkeit, Veränderungen in ihrem Körpergefühl und andere Ablenkungen wahrgenommen haben, die auf irgendeine Weise mit dem Traum in Zusammenhang stehen, kurz über ihre Erfahrungen. Diese Reaktionen können als Hilfsmittel für die jetzt zu verrichtende Arbeit genommen werden; sie geben darüber hinaus dem Zuhörer Raum, sich beim zweiten Erzählen auf den Traum zu konzentrieren.

Nach dem zweiten Erzählen des Traums ist es die Aufgabe des Leiters, den Prozeß des Fragens in Gang zu halten und dabei *noch einmal* so tief wie möglich in den Traum einzudringen und der Gruppe zu helfen, Fragen wegzulassen oder zu ignorieren, die interpretativ wirken. Wenn eine Gruppe optimal funktioniert, dann bemerkt der Träumer kaum noch, wer im einzelnen die Fragen stellt: sie scheinen aus einer geschlossenen Einheit zu kommen.

Es gibt jedoch Momente, in denen mehrere Wege sich gleichermaßen anbieten, so daß Gruppenmitglieder möglicherweise in unterschiedliche, widersprüchliche Richtungen steuern, was häufig zu einer häßlichen Kakophonie führt. Die Gruppe schafft es nicht mehr, auf produktive Weise am Ball zu bleiben. Der Träumer hat das Gefühl, nicht mehr von der Gruppe *gehalten* zu werden, so als wäre die Gruppe ein Sieb anstatt ein Gefäß, in das man seine Gefühle hineingießen kann. Zu diesem Zeitpunkt übernimmt der Leiter die Führung, indem er »Pause!« ruft – das Signal für eine kritische Diskussion der Arbeit, die gerade stattfindet. (Jedes Gruppenmitglied, einschließlich des Träumers, kann eine Pause verlangen, aber der Leiter ist unter Umständen verpflichtet, dies zu tun, da es seine *primäre Aufgabe ist, den Träumer zu schützen*.) Danach konzentriert sich die Gruppe auf einen gemeinsam zu verfolgenden Weg.

Wenn eine gewisse Intimität der Atmosphäre es erfordert, daß der Träumer nur von einem einzigen Gruppenmitglied angesprochen wird, übernimmt dies, falls niemand anders es tun

150

möchte, der Leiter. In solchen Momenten unterstützt die Gruppe die Traumarbeit, indem sie still und konzentriert dabeisitzt. Ihre schweigende, aktive Aufmerksamkeit hilft dabei, den Prozeß in Gang zu halten.

Schließlich ist der Leiter, so wie der Dirigent eines Orchesters, verantwortlich für die zeitliche Abfolge der einzelnen Arbeitsschritte, damit die Arbeit zugleich in die Tiefe geht *und* in den gegebenen Zeitrahmen hineinpaßt. Gewöhnlich gilt folgende Regel: *Je langsamer die Arbeit voranschreitet, desto mehr Energie braucht es, fokussiert zu bleiben, und desto tiefer dringt sie ins Unbekannte vor.*

Infolgedessen wird ein großer Teil der Traumarbeit mit *Warten* verbracht. Wenn wir nicht warten, bis Bilder auftauchen, dann beginnen wir meist, der Situation unsere eigenen Wünsche und Erwartungen aufzudrängen. Durch *Verlangsamen* und sorgfältige Berechnung lernen wir, zwischen Ego-Erwartungen und authentischer Imagination zu unterscheiden. Die Frau an der Bar, die dem Mann auf dem Barhocker neben ihr das Foto ihrer Familie zeigte, war sicher, daß er sie ablehnen würde, während er vielmehr eine freundliche Neugier ihr gegenüber empfand. Wenn wir bei der Traumarbeit mit der Frage: »Was glaubst du, was der Mann von dir denkt?« vorschnell in das Bild eingedrungen wären, dann hätte die Träumerin ihn vielleicht als zurückweisend erlebt.

Wenn man durch einen langsamen Prozeß der sorgfältigen Beobachtung, der Empathie und schließlich der Identifikation einen Transit in einen Traum-Anderen hinein zu vollziehen vermag, dann ist es möglich, die Realität jenes Traum-Anderen von innen zu spüren. Dies gibt sowohl dem Traumarbeiter als auch dem Träumer ein starkes Gefühl für die *Authentizität* des Traum-Anderen. Er erscheint nicht als jemand, der vom Träumer *erfunden* wurde, sondern als ein organisches Wesen, das sich dem Träumer *präsentiert.*

151

Eine gute Möglichkeit, die Toleranzschwelle für das Warten zu erhöhen, ist die Konzentration auf die *Atmung*. Ob Sie nun Traumarbeiter oder Träumer oder (bei der Arbeit an Ihrem eigenen Traum) beides zugleich sind – achten Sie darauf, wie Ihr Atem durch Ihren Körper hindurchfließt und wie er sich während der Arbeit ständig verändert. Dadurch bleiben Sie in Kontakt mit Ihrem Körperbewußtsein, und Sie dehnen Ihre Aufmerksamkeit auf Bereiche jenseits der engen Begrenzungen des Kopfes aus. Dies kann auch in Augenblicken der Panik und Angst sehr hilfreich sein. Der Träumer sollte dazu ermutigt werden, bei dem zu bleiben, was er fühlt, und sich zugleich auf seinen atmenden Körper zu konzentrieren. Häufig kann der Vorschlag, einmal bis tief in die Füße hinein zu atmen – was zu einem intensiveren Kontakt zwischen Füßen und Erdboden führt –, eine notwendige, im wahrsten Sinne des Wortes erdende Erfahrung vermitteln, zumal wenn der Träumer das Gefühl hat, daß er zu explodieren droht. Indem er sich auf diese Weise beruhigt, kann er die beängstigenden Emotionen durchleben, ohne dem starken Bedürfnis nachzugeben, sie zu verdrängen.

Sigmund Freud begann seine Traumarbeit – im Kontext der Psychoanalyse – auf der Basis seiner Arbeit als Hypnotiseur, indem er nämlich den Träumer auf einer Couch sozusagen *ruhigstellte*. Er nutzte den Zustand körperlicher Ruhe, um die tiefsten Ebenen der Erinnerung zu erreichen. *Stillzusitzen* ist noch heute ein unschätzbar wertvolles Hilfsmittel bei der Traumarbeit. Mir ist erzählt worden, daß der große Tenor Luciano Pavarotti, wenn er nicht auf einer Opernbühne steht, ein weißes Taschentuch in der Hand hält: Wenn das Taschentuch ganz ruhig herunterhängt, dann weiß er, daß all seine Energie in seine Stimme und nicht in unnötige Körperbewegungen fließt. Neben der Kanalisierung der Energie, die dadurch erreicht wird, daß man Bewegung verhindert, verschafft ein Ruhezustand auch die Möglichkeit, sich auf subtile Impulse zu konzentrieren und ein Bild zu erkunden, bevor die Impulse, die durch das Bild geweckt wurden, zur Aktion zwingen. Indem man Aktion verhindert, steigt die Spannung. Wenn wir, allein oder mit anderen, an unseren Träumen arbeiten, haben wir häufig ein fast ununterdrückbares Bedürfnis, uns zu bewegen, etwas zu tun. Aber wenn wir äußerlich ruhig bleiben, drängen sich in einem solchen Moment *Einsichten* in unser Bewußtsein, und zwar mit sämtlichen dazugehörigen Körpergefühlen.

Auf der anderen Seite können Bewegungen, wenn – oder weil – es die Norm ist, sich nicht zu bewegen, eine signifikante Wirkung haben. Manchmal kann das Durchleben einer *Körperbewegung*, die aus einem Traumbild heraus entsteht, zu subtilen Einsichten führen. Wenn man die Bewegung einer Traumgestalt imitiert, so kann das helfen, ein deutlicher ausgeprägtes Gefühl für ihre Realität zu bekommen. Wenn man sich so im Raum bewegt wie der unsichere Präsident Clinton in dem Traum vom Weißen Haus, dann kann einem das Einblicke in dessen Innenleben verschaffen.

Gewöhnlich ist es hilfreich, wenn die Mitglieder der Traumgruppe einander relativ fremd sind und keine primären Bindungen aneinander haben. Die Menschen haben die Tendenz, sich Fremden gegenüber leichter zu öffnen; hinzu kommt, daß das gelegentliche »Ausagieren« (das heißt, der Träumer legt gegenüber einem Teilnehmer der Traumgruppe ein bestimmtes Verhalten an den Tag, das von der psychischen Energie gesteuert wird, die eigentlich auf eine Person des Traumes zielt) auf diese Weise auf den Zeitraum begrenzt ist, in dem die Gruppe tatsächlich Kontakt hat. Gewöhnlich weise ich Teilnehmer, die in primären Beziehungen zueinander stehen, darauf hin, daß sich Gefühle aus der Traumgruppe in ihrer Beziehung niederschlagen können und daß sie in dieser Hinsicht wachsam sein sollten.

Dies ist jedoch nicht die einzige Gefahr bei der Traumarbeit. *Die größte Gefahr, wenn man nicht unter vier Augen, sondern in einer Gruppe an Träumen arbeitet, liegt darin, Gefühle von Scham und Verlegenheit zu provozieren.*

Wenn jemand einen Traum vorträgt, dann hat er keine Ahnung, wohin die Traumarbeit ihn führen wird. Häufig kommt es spontan zu sehr intimen Geständnissen. Manchmal sind dem Träumer diese Geständnisse so peinlich, daß er hinterher unerträgliche Schamgefühle hat. Bei der Traumarbeit wird durch äußerst intime Erfahrungen eine sehr starke emotionale Hitze erzeugt. Es ist für einen Träumer leichter, über die elementare Essenz eiskalter Furcht zu reden – ein Gefühl, das jeder haben könnte – als beispielsweise über sexuelle Frigidität, was als sehr viel intimer empfunden wird. (Ich beziehe mich hier nicht auf die »Hunde-Träumerin«. Dies ist nur ein beliebiges Beispiel.) Je intimer das Material ist, an dem eine Gruppe arbeitet, desto stärker ist die Fähigkeit der Gruppe gefordert, dieses flüchtige Material zu fassen. Die Alchemisten sagen, *daß die Stärke des Gefäßes proportional zur Spannung in dem Material sein müsse,* da sonst das Gefäß platzen würde. Vor allem in der Anfangsphase der regelmäßigen Traumarbeit entspricht die Stärke der Gruppe *als Gruppe* bisweilen nicht der Hitze, die durch die Arbeit erzeugt wird. Dies kann Situationen heraufbeschwören, die zu tiefen Schamgefühlen beim Träumer führen. Scham ist ein gefährliches, manchmal tödliches Gefühl. Es sollte nicht geweckt werden! Es begleitet die Empfindung, sich bloßgestellt zu fühlen. Wenn man sich allzusehr bloßgestellt fühlt, dann kann dies unerträgliche Schamgefühle hervorrufen.

Um eine solche Reaktion zu vermeiden, *tappen wir bei unserer Arbeit oft im dunkeln.* Wenn ein Gruppenmitglied den Träumer nach einer Assoziation fragt, bei der es den Verdacht hat, daß ein sehr intimes Erleben im Spiel ist, dann bittet es ihn, sich auf diese Assoziation zu konzentrieren, ohne der Gruppe davon zu erzählen. Nachdem der Träumer die Wirkung der Assoziation deutlich gespürt hat – häufig ist dies eine schmerzliche Kindheitserinnerung, die ihm peinlich ist –, läßt die Gruppe den Träumer zu dem Traum zurückkehren, während er die Gefühle durchlebt, die jene Erinnerung mit sich brachte. Auf diese Weise kann die Gefühlsfärbung der Assoziation importiert werden, ohne daß der Träumer möglicherweise destruktive Gefühle von Scham oder Verlegenheit gegenüber der Gruppe empfindet. Um den Träumer zu schützen, sorgt der Leiter dafür, daß die Arbeit in Bereichen, die in der Öffentlichkeit zu unkontrollierbaren Schamgefühlen führen könnten, sozusagen blind verrichtet wird.

Die Mitglieder der Gruppe müssen dem Träumer helfen, ein Gefühl der Würde zu bewahren – selbst in den unwürdigsten Situationen. Wenn eine Gruppe für längere Zeit zusammen war, wird ein solch blindes Arbeiten immer seltener erforderlich sein.

Traumarbeit birgt bestimmte Gefahren. Deshalb einigt man sich gewöhnlich darauf, daß *jeder auf eigenes Risiko* daran teilnimmt.

Meist gibt es zu Beginn der Traumarbeit irgend jemanden, der erklärt, er träume nie. Wenn man genauer nachforscht, wird häufig deutlich, daß der Betreffende in Wirklichkeit Träume hat, daß diese aber nicht seinen Kriterien, was ein Traum sein sollte, entsprechen. Der- oder diejenige meint, daß ein »Traum« etwas ganz Besonderes sei, jedenfalls eine längere Handlung haben sollte. Häufig dringt ein Traum aber nur in Form eines banalen einzelnen Bildes an die Oberfläche der Erinnerung: eine Frau, die neben einer Tür steht, ein Fenster in einer Küche, ein ganz gewöhnlicher Moment am Arbeitsplatz, ein Mann in einem Anzug, ein dunkler Ort, irgendeine Ecke in einem Restaurant, das Überqueren einer Straße bei dichtem Verkehr – Bilder, die als unbedeutend und langweilig empfunden werden.

Gewöhnlich halten wir längere Geschichten für ergiebiger als bloße Bilder. Wir meinen, je epischer ein Traum sei, desto signifikanter müsse er sein. Häufig jedoch finde ich eine Geschichte *weniger* aufschlußreich als ein einzelnes Bild, das, wenn man wirklich in es hineingeht, großartige Früchte tragen kann. Es ist zudem sehr häufig der Fall, daß bei der Arbeit an einem solchen Traumbruchstück andere Träume folgen.

Sie sollten Ihre Träume nicht voreilig aussortieren, bevor Sie sie aufzeichnen. Häufig erscheint ein Traum aufgrund des seelischen Widerstands beim ersten Anschauen trivial, jedoch ergeben diese anscheinend unbedeutenden Träume, nachdem man ein wenig tiefer gegraben hat, eine Menge Material. Und oftmals schreiben Menschen die Träume, die von anderen mißbilligt werden könnten (beispielsweise den Eltern, dem Ehepartner, möglichen Schnüfflern: »Ich habe immer das Gefühl, daß jemand mein Traumbuch liest, wenn ich nicht da bin«), nicht auf. Zusammen mit dem heiligen Augustinus sollten wir jenen höheren Mächten danken, die uns die Verantwortung für unsere Träume abgenommen haben, und solche Träume deshalb erst recht aufschreiben.

Geben Sie sich nie der Illusion hin, daß Sie sich für alle Zeiten an diesen einen Traum erinnern werden und ihn deshalb nicht aufzuschreiben brauchen. Nach fünf Minuten kann diese Erinnerung »für die Ewigkeit« sich schon in Luft aufgelöst haben.

Manchmal jedoch scheint es tatsächlich so zu sein, daß einfach keine Träume vorhanden sind. Zumindest erinnern sich einige Leute an weniger Träume als andere. Traumarbeiter neigen dazu, eine regelrecht chauvinistische Haltung bezüglich des

Träumens einzunehmen; sie lassen durchblicken, daß jemand, der sich nur an wenige Träume erinnert, irgendwie unzulänglich sei, daß etwas an ihm verkehrt wäre. Aber möglicherweise ist gar nichts an ihm verkehrt. Einige Menschen erinnern sich einfach nur an sehr wenige oder gar keine Träume – aus keinem besonderen Grund. Ein vermeintlicher Defekt setzt eine bestimmte Norm voraus. Sich an Träume zu erinnern und sich an Träume nicht zu erinnern ist gleichermaßen normal. Für Menschen, die sich nicht an Träume erinnern, sind Traumgruppen sehr hilfreich: dadurch kann auch der, der seine Träume vergißt, (und in gewisser Weise sind wir das alle: Wir vergessen 99 Prozent davon), am Träumen teilhaben.

Was Methoden betrifft, Träume *festzuhalten und sich an sie zu erinnern*, so werde ich jetzt einfach Übung 5, 6 und 7 des ersten Kapitels aus meinem Buch *Das kleine Traumbuch – Wie wir unsere Träume verstehen können* wiederholen. Es geht dabei um die Verbesserung unserer Fähigkeit, uns zu erinnern.

Den Moment des Aufwachens wahrnehmen

Beginnen Sie mit der Absicht, so bewußt wie möglich aufzuwachen. Versuchen Sie den Übergang zwischen Schlafen und Wachen wirklich wahrzunehmen. Wenn Sie aufwachen, bevor Ihr Wecker klingelt, dann verharren Sie genau in der Position, in der Sie gerade sind, und nehmen Sie wahr, wie der Schlafzustand in einen Wachzustand übergeht. Fühlen Sie, wie Ihr Körper aufwacht. Wo sind die Spannungen? Wie fühlt sich Ihr Kopf an? Ihr Atmen? Und so weiter. Tun Sie das eine Woche lang täglich, und nehmen Sie sich vor, sich *an überhaupt keine Träume zu erinnern*. Wichtig ist nur, den Moment des Aufwachens wahrzunehmen.

Die Vorbereitungen zum Aufzeichnen
Ihrer Träume

Nachdem Sie die vorige Übung eine Woche lang gemacht haben, legen Sie sich einen Notizblock und einen Stift neben Ihr Bett. Sorgen Sie dafür, daß Sie irgendwo in Reichweite ein schwaches Licht anknipsen können; es sollte gerade stark genug sein, daß Sie Ihre Handschrift lesen können. Oder stellen Sie sich ein Tonbandgerät neben Ihr Bett.

Jetzt wiederholen Sie die vorangegangene Übung, während Sie sich zugleich bewußt sind, daß ein Schreibblock oder Tonbandgerät geduldig neben Ihrem Bett wartet. Bemühen Sie sich nicht krampfhaft darum, sich an einen Traum zu erinnern. Wenn Ihnen einer noch präsent ist, dann schreiben oder nehmen Sie ihn auf.

Das Aufschreiben Ihrer Träume

1. Sie wachen mit einem Traumbruchstück auf, das Ihnen noch vage in Erinnerung ist. Bleiben Sie in der Position, die Sie gerade einnehmen, in Ihrem Bett liegen. Stürzen Sie sich nicht sofort auf den Traum, sondern schauen Sie ihn sich einen Moment an. Dann tasten Sie mit geschlossenen Augen nach dem Stift und schreiben Sie genau auf, was Sie von diesem Traumbruchstück im Gedächtnis behalten haben. Danach halten Sie erneut inne. Lassen Sie Ihre Aufmerksamkeit an diesem Bild entlangschweben. Häufig taucht ein anderes Bild desselben Traumes auf. Schreiben Sie es auf. An dieser Stelle können Sie häufig den ganzen Traum heranholen.

2. Sie wachen mitten in der Nacht mit einem kompletten Traum und dem Gefühl auf, daß so viel darinsteckt, daß Sie unmöglich

alles aufschreiben können. In dem Fall zeichnen Sie die herausragendsten Einzelheiten des Traumes auf, mit ein paar beschreibenden Worten als Gedächtnisstütze. Dann schlafen Sie weiter. Wenn Sie am nächsten Morgen keine Ahnung haben, worauf die Stichworte sich beziehen, dann ist die Sache schiefgelaufen. Falls Sie sich doch daran erinnern, bewegen Sie sich durch die Bilder wie durch konkrete Räume hindurch und versuchen Sie, jedes Detail mehr oder weniger lesbar aufzuschreiben. Viele Träume gehen durch Unleserlichkeit der Aufzeichnungen verloren.

3. Sie wachen am Morgen mit einem Traum auf. Sie beginnen, die letzte Szene aufzuschreiben, und Sie schreiben sich dann Ihren Weg zurück zum Anfang. Oder Sie schreiben ihn einfach von Anfang bis Ende auf. Halten Sie sich nicht allzu lange mit der chronologischen Reihenfolge der Ereignisse auf, sonst könnten Ihnen die Details der Bilder verlorengehen. Es ist ideal, die Bilder von *innen heraus* zu beschreiben; in dem Fall brauchen Sie sich nur umzuschauen.

Während Sie unter der Dusche und beim Frühstück sind, verankern Sie den Traum tief in Ihrem Gedächtnis. Wenn Sie Lust haben, dann können Sie ihn jemandem erzählen. Dabei fallen Ihnen häufig Dinge ein, die vorher außerhalb Ihres Erinnerungsbereichs gelegen haben. Durch das Erzählen des Traums findet bereits eine Spiegelung statt, auch ohne irgendeinen Kommentar von seiten der anderen Person. Das Ohr eines anderen Menschen verändert die Perspektive. Sie lernen den Traum auswendig, als wäre er ein Gedicht. Der Traum wird, während Sie darüber nachdenken, Worte produzieren, fast so, als gäbe er verschiedene Düfte von sich. Auf die Weise halten Sie sich den Zugang zu Ihren Träumen den ganzen Tag über offen. Gehen Sie jedesmal, wenn Sie zur Toilette müssen oder wenn Sie allein sind, kurz in den Traum hinein. Erinnern Sie sich an jedes Detail. Und dann wandern Sie am Abend, kurz bevor Sie einschlafen, noch einmal langsam durch Ihren Traum hindurch.

Gute Nacht.

Samstagnacht in den schwülen Wäldern von New York: Wir schlagen Mücken tot und träumen neue Träume.

Kapitel 7

Traumseminar 2:
Ein gräßliches Experiment

An einem Freitagabend, nach der ersten Sitzung des Traumseminars, war er an mich herangetreten. Er ist Psychotherapeut, trägt sein Haar sehr kurz geschnitten und hat ein freundliches, jungenhaftes Gesicht. Fast vierzig, würde ich sagen. Er erzählte mir über seine Arbeit mit der Immunschwäche Aids, und wir hatten sofort einen so guten Kontakt, daß ich ihm anbot, in seine Stadt zu reisen und mit einigen seiner Patienten an ihren Träumen zu arbeiten. Seit den Erfahrungen, über die ich in meinem Buch *Dreaming with an AIDS Patient* berichtete, hat mir eine solche Arbeit immer sehr am Herzen gelegen.

Am Samstagmorgen, während die »Hunde-Träumerin« Tod und Verlust durchlebte, weinte er die ganze Zeit still vor sich hin.

»Als sie das Gesicht des Hundes mit den Händen umfaßte«, erzählte er uns, nachdem die Traumarbeit beendet war, »fühlte ich mich ihr sehr verbunden. Es war, als würde ich meine eigene Arbeit tun.«

»Was ging in dem Augenblick in dir vor?« frage ich ermutigend.

»Mein Partner liegt im Sterben. Dieses Gefühl, daß du jemanden, den du liebst, in nächster Zeit verlieren wirst...« Seine Stimme verebbte.

In dieser verrückten Nacht von Samstag auf Sonntag hat er den bestürzenden Traum, den er uns in unserer (auf Tonband aufgenommenen) Sonntagmorgensitzung erzählt.

Dieser Traum hat mit der *Addams Family* zu tun. Morticia und ihr Mann sitzen in ihrem Golfwagen, der ein komisches, kastenartiges Ding ist. Dort, wo eigentlich Platz für ihre Beine sein sollte, ist keiner. Er ist aus richtig geschmacklosem braunem Formica oder vielleicht furniertem Sperrholz. Er ist sehr eckig, kein bißchen rund. Er bewegt sich ruckartig voran. Sie stehen am Theater oder an einem Bankschalter Schlange, um Tickets zu holen, und ich habe das Gefühl, ich beobachte sie von hinten. Ich bemerke eine Frau, die ihre Verachtung oder ihren Widerwillen sehr gut versteckt.

In der zweiten Szene bin ich auf der Terrasse im Garten einer Frau, mit der ich in der Nacht zuvor geschlafen habe. Zur Linken ist eine leichte Stuckwand. Dahinter ist ihr Haus. An der Wand sind Kreppapier oder Federn befestigt, traumartige Kreationen, geschaffen von dieser lateinamerikanischen oder mediterranen Frau, mit der ich gestern nacht schlief. Sie hat diese Erinnerungszeichen angebracht, weil sie über unser Zusammensein so glücklich war. Einige sehen wie Flügel aus, und ich assoziiere Hundeflügel damit. Die Flügel stecken in einer kleinen Tragetasche. Plötzlich ist die *Addams Family* wieder da und sitzt mit mir auf dieser Terrasse. Ein Esel schnappt sich die Tasche mit den Flügeln darin und beginnt, damit in der Gegend herumzulaufen. Der Esel läuft in der Gegend herum, und ich denke, es gibt keine Möglichkeit, ihn einzuholen. Er kaut auf dem Griff herum. Es ist irgend etwas Faseriges darin, was den Esel dazu bringt zu kotzen. Das ist all dieses Erbrochene, das fast wie Pistolenkugeln wirkt. Wie weiße Brocken einer stark gelatineartigen Substanz oder noch fester. Gestank breitet sich aus. Mir ist schwindlig von dem Gestank. Morticias Tochter hebt einen dieser weißen Brocken auf, und ich denke: »Was für ein seltsames Kind!« Mir wurde schon von dem bloßen Gestank übel. Das geht vorbei.

Im Mittelpunkt der dritten Szene steht der Sohn der *Addams Family*. Er spielt mit zwei Spritzen herum, die er fest umklammert hält. Bei einer ist die Nadel noch dran, bei der anderen ist sie abgebrochen. Ich schaffe es, hinter ihm herzurennen und die Spritze zu schnappen, diejenige, bei der die Nadel abgebrochen ist, und spritze die Flüssigkeit mit Gewalt in seinen Mund. Es ist ein Betäubungsmittel, das ihn bewußtlos macht. Ich nehme die andere Spritze und schaffe es, auch dem Mädchen ein wenig von dem Beruhigungsmittel zu injizieren, was sie ruhiger macht. Das ist das Ende des Traums.

»Kannst du uns ein bißchen über die *Addams Family* erzählen? Wer sind sie?«

Ich bin in der mehr oder weniger glücklichen Lage, niemals *Die Addams Family* im Fernsehen oder im Kino gesehen zu haben, deshalb habe ich nur eine sehr vage Vorstellung davon. Aber selbst wenn es meine Lieblingsfamilie gewesen wäre und ich jede einzelne Folge der Fernsehserie plus den Film gesehen hätte, würde ich nachfragen. Ich gehe immer davon aus, daß ich nicht weiß, was solche populären Figuren *für den Träumer* bedeuten.

»Es ist eine geheimnisvolle Familie. Sie leben in einem Spukhaus. Sie sind eine Art »Borderline-Familie«, in dem Sinne, daß sie an der Grenze zwischen einer normalen Existenz und der

jenseitigen Welt leben. Sie haben alle diese magischen Kräfte ...
Seltsame Geschöpfe leben in ihrem Haus. Dieses Gefühl des
Todes umgibt sie ständig. Morticia ist ein ganz besonders ma-
kabrer Typ.«

»Welcher Aspekt des Todes umgibt sie?« frage ich, während
mein verzweifeltes Gefühl der Desorientiertheit von einer morbiden Neugier verdrängt wird.

»Ich bin nicht sicher, wie ich das beantworten soll. Sie glauben nicht an die Unsterblichkeit oder ein Leben nach dem Tode.
Dennoch gibt es so etwas wie Transzendenz in dieser Familie.
Eine gespenstische Anderweltlichkeit. Es ist nicht wirklich die
Addams Family, die ich aus den TV-Serien meiner Kindheit
kenne. Die hab ich immer sehr gern gesehen. Ich hab mir auch
den Film angeschaut. Aber in dem Traum haben sie keine besondere Verbindung – weder mit dem Fernsehen noch mit dem
Kino. Ich weiß nur, daß es diese Charaktere sind.«

»Kann ich ein Bild ansprechen, das mir kam, als er den Traum
beschrieb?« fragt eine Frau. Ich nicke. Sie wendet sich dem Träumer zu. »Als du darüber redetest, wie sie in dem Golfwagen
saßen und sich Tickets besorgten, hatte ich aus irgendeinem
Grund eine Vision vom Holocaust. Sie war sehr stark.«

»Ich glaube, das ist relevant, dieses Bild vom Holocaust«, bemerke ich. Die Gruppe weiß nicht, daß der Träumer unmittelbar mit dem Problem Aids konfrontiert ist. Ich hatte privat mit
ihm darüber geredet, deshalb weiß ich nicht, was ich in der Öffentlichkeit davon zur Sprache bringen kann. Ich warte.

»Mein Partner hat Aids«, erzählt er uns. »Er liegt im Sterben.
Und ich arbeite den ganzen Tag über mit Aids. Ja, jenes Bild vom
Holocaust steht in enger Beziehung zu meiner Welt.«

Die Stimmung in dem Raum verändert sich spürbar. Die
Dinge sind ernst, belastend geworden. Traumarbeit mit Aids beginnt häufig in einer bleiernen, deprimierten Atmosphäre, mit

dem Gefühl der Monstrosität des Lebens. Wenn die Alchemisten recht haben mit ihrer Behauptung, daß die Essenz des Giftes ein Heilmittel ist, daß jede Krankheit in ihrem Herzen ihre eigene Heilung trägt – wie wir es bei dem Träumer von dem Kühlschrank sahen, dessen Auseinandersetzung mit der Essenz des Eises die Fähigkeit bewirkte, allein zu sein –, dann frage ich mich, was wir in der Essenz der Eselskotze finden werden.

»Sehen wir uns mal den Golfwagen an«, entscheide ich, um den Prozeß in Gang zu setzen. »Wo sind sie? Stehen sie in einer Schlange vor der Bank?«

»Die Szene ist da wirklich ziemlich vage. Ich habe das Gefühl, daß im Vordergrund die Kabinen der Kassierer sind, aber das ist das einzige. Der Rest ist irgendwie räumlich. Irgendein Anfangsteil des Traumes ist verlorengegangen. Ich hatte dieses Gefühl, daß die Karre sich ruckartig voran bewegte. Sie bewegte sich so, wie sie aussah, ohne die Geschmeidigkeit, die man von einem Fahrzeug eigentlich erwartet. So wie man es sich bei einer sehr billigen Bühnenproduktion vorstellen könnte, wo man ein paar Kartons zusammennagelt oder so. Aber der Golfwagen war real. Er war aus diesem geschmacklosen braunen Formica. Er hat vorn irgendeine Ausbuchtung, in die sie ihre Beine schieben können. Erst war da eine kleine Ausbuchtung, aber das genügte nicht. Aber irgendwie sind sie in diesem Ding. Wenn sie Beine hätten, dann würden sie nicht richtig hineinpassen. Deshalb ist es sehr verwirrend.«

»Wieso kann der Wagen sich bewegen? Gibt es irgend jemanden, der ihn schiebt?« fragt ein Teilnehmer.

»Nein. Es kam mir so vor, als ob er einen Motor hätte.«

»Hatte er Räder?« fragt jemand anders.

Der Prozeß in der Traumgruppe lenkt die Fragen.

»Ich hatte das Gefühl, aber ich weiß es nicht genau.«

»Wer fährt?«

»Ich kann mich an seinen Namen nicht erinnern. Morticias Mann.«

»Wo ist der Rest der *Addams Family*?«

»Sie sind nicht da. Es sind nur Morticia und Gomez da. Jetzt erinnere ich mich an seinen Namen.«

Mir scheint, daß Gomez nur irgendwie mitläuft. Morticia scheint die zentrale Figur zu sein. »Ich habe keine Vorstellung, wie Morticia aussieht«, bemerke ich. Mein Greencard-Status als Ausländer rechtfertigt meine kulturelle Naivität.

»Sie ist wirklich sehr dünn. Hager, magersüchtig, langes, schwarzes Haar, ein Kleid, das so eng ist, daß sie nicht gehen kann, weil ihre Beine keinen Platz haben, sich zu bewegen. Es reicht ihr bis an die Knöchel, wenn sie also gehen müßte, dann könnte sie ihre Füße nur jeweils ein paar Zentimeter voreinander setzen. Und da ist wieder dieses Gefühl, daß irgend etwas an ihr unnatürlich ist. Ich habe das Gefühl, daß sie diejenige ist, die die ganze Aufregung hier verursacht. Besonders bei der Frau, von der sie gesehen wird. Morticia ist sehr übertrieben geschminkt. Sie ist schwarz gekleidet, aber irgendwo ist auch ein bißchen Rot. Ich weiß nicht, woher es kommt. Vielleicht trägt Gomez Rot.«

»Trägt sie roten Lippenstift?« möchte eine Frau wissen.

»Ja. Sie sieht sehr hexenhaft aus, mit langen Fingernägeln, die schwarz lackiert sind.«

Kombinationen von Rot und Schwarz in Begleitung von Ungeheuern sind Imitationen der Hölle.

»Sieht sie dich an?« frage ich.

»Nein. Ich habe an diesem Punkt nicht das Gefühl eines Traum-Egos. Ich bin nicht in dem Traum. Ich bin mir einer starken Spannung und Angst bewußt. Ein Gefühl der Enge in meinem Magen. Ich spüre, daß ich einen Widerwillen gegen diese Leute empfinde. Ich habe dieselbe Reaktion wie die Frau, die sie beobachtet. Ich fühle den Traum aus ihrem Inneren heraus.«

»Wie ist dieses Gefühl des Widerwillens?«

»Man könnte sagen, daß es da ist, weil sie eben so aussehen, wie sie aussehen – gräßlich. Aber ich glaube, es gibt noch einen tieferen Aspekt. Er hat mit der Aura des Todes zu tun, die sie umgibt. Sie leben in einem Spukhaus an der Grenze zwischen der Welt der Lebenden und der Welt der Toten.« Er zuckt zusammen. »Ich hatte gerade ein sehr starkes Gefühl, als ich sagte: ›die Welt der Lebenden und der Toten.‹ Da war eine Anspannung in meinem ganzen Körper. Es fällt mir sehr schwer zu atmen – das Gefühl von einem Adrenalinstoß und einer Menge aufgestauter Tränen. Ich könnte jetzt so lange weinen, bis ich völlig erschöpft bin. Dann fühle ich mich eine Zeitlang besser, und dann geht alles wieder von vorne los. Aber nichts verändert sich wirklich. Ich spüre, daß ich genauso zu bin wie immer.«

»Welche Assoziationen hast du in Zusammenhang mit den lebenden Toten?«

»Es gibt da einen Aspekt, der…« Er sucht verlegen nach Worten.

»Sag es einfach, ohne jede Wertung«, ermutige ich ihn.

»Manchmal fühle ich mich so, wenn ich jetzt mit meinem Partner zusammen bin, weil es ihm körperlich so schlecht geht. Er ist schon zum Teil auf der anderen Seite. Vor meinem geistigen Auge entstand schon einmal ein Bild von ihm, wo er schlechter aussah als jetzt. Jenes Bild steigt jetzt plötzlich auf, aus dem Blauen heraus. Es ähnelt sehr einem Bild der Opfer des Holocaust. Ich möchte wegrennen!« ruft er aus. »Ich möchte vor ihm wegrennen. Ich möchte fliehen. Ich habe dieses Gefühl von unglaublich aufgestauter Energie oder Spannung. Ich leide in letzter Zeit unter Verdauungsstörungen. Ich könnte wahrscheinlich etwas dagegen machen, aber ich tue es nicht. Ich weiß, daß die Verdauungsstörungen mit etwas zu tun haben, was mir schwer im Magen liegt. Aber das zu wissen bedeutet nicht, daß es weggeht.«

»Was hindert dich daran, wegzurennen?« insistiere ich.

»Liebe. Ich weiß, daß er mein Seelenpartner ist.«

Er steckt tief in der Ambivalenz der Liebe »in extremis«.

»Kannst du das in deinem Körper fühlen?«

»Im Augenblick ist es ein sehr starker Druck.«

Ich erinnere mich an die Szene, wie der Kopf des Hundes mit beiden Händen umschlossen wird, im Bereich zwischen Zärtlichkeit und Verlust. Gestern hat er an dieser Stelle geweint. Ich halte inne und warte auf den richtigen Moment, um die Arbeit in eine andere Tonart zu transportieren.

»Kannst du beschreiben, wo du mit dem Esel bist?« frage ich nach einem langen Schweigen, um unseren Wechsel zum Punkt des höchsten Widerstandes einzuleiten. Wir transportieren seinen Schmerz in der Liebe in den Bereich des Esels, weil in jenem Bereich des Traumes das Gefühl des Widerwillens am stärksten wird. Bei dieser Bewegung vermindert sich die Spannung. Wir geben dem Bedürfnis des Träumers, vor diesen Gefühlen wegzurennen, ein wenig nach. Manchmal ähnelt Traumarbeit dem Angeln eines großen Fisches: die wesentlichen Gefühle werden herangezogen, und dann wird die Leine wieder locker gelassen, wobei der Angler sich ständig bewußt ist, daß die Verbindung nicht zerreißen darf.

»Wir sind in diesem Bereich auf der Terrasse. Wo die Stuckwand endet, ist ein kleiner Torweg in den Garten. Die Erinnerungsstücke an die Liebesnacht kleben an der Wand. Das ist die Stelle, wo der Esel die Tragetasche schnappte. Die Terrasse vermittelt mir ein idyllisches Gefühl wie Süditalien oder Griechenland. Eine gebogene Stuckwand umgibt sie bis zur Vorderfront. Sie ist ziemlich hoch. Ich kann nicht hinübersehen. Da ist eine kleine Pforte, eine kleine Öffnung, dort oben zur Linken, an der Vorderfront, wo du das Gefühl bekommen kannst, daß da ein kleines Stück Garten ist – Gras, Büsche und vielleicht ein winziges Stück einer weißen Wand, die das Cottage meiner Geliebten war. Die einzige Verbindung zwischen ihr und dieser Terrasse sind diese Erinnerungsstücke.«

»In welcher Hinsicht fühlst du dich dieser Frau nahe?«

»Wir haben einander körperlich geliebt. Es war eine erotische Erfahrung, und das steht im Kontrast zur *Addams Family*. Ich fühle ein warmes Glühen in mir, ein Nachglühen von dem Erlebnis, mit ihr geschlafen zu haben. Ich spüre einen deutlichen Kontrast zwischen diesem Gefühl und dem, das ich zuvor hatte: weglaufen zu wollen. Meine Muskeln sind entspannt. Ich habe ein Gefühl des Wohlbefindens und der Lebendigkeit.«

»Steht das mit den Flügeln in Zusammenhang?« Jetzt bin ich dabei zu interpretieren.

»Ich kann es in meinem ganzen Körper spüren, dieses Gefühl der Lebendigkeit. Es fühlt sich transzendent an. Und – ja, wenn ich mir die Flügel anschaue, dann ist es ganz besonders intensiv.«

»Was passiert mit dir, wenn du die Flügel anschaust?«

»Ich habe das Gefühl, fliegen zu können. Als würden die Frau und ich zusammen fliegen.«

»Wo in deinem Körper spürst du das?«

»Ich habe ein Gefühl der Leichtigkeit. Mein Atem geht leichter. Es ist ein Gefühl des überschwenglichen Glücks, das man empfindet, wenn man miteinander schläft. Ich hatte sehr zärtliche Gefühle für die Flügel. Sie waren Geschenke meiner Geliebten, also haben sie für mich eine sehr symbolische Bedeutung. Ob es nun Federn sind oder ganz dünnes, weiches Papier – sie sind so zart.«

»Die Flügel der Liebe«, sagt ein Mann leise.

»Ja«, stimmt der Träumer ihm dankbar zu; er fühlt sich anscheinend völlig verstanden. Für einen kurzen Moment geben wir uns dem Gefühl des Fließens hin.

Dann scheinen wir zu sinken. Die Veränderung des emotionalen Fundaments fühlt sich so an, wie wenn ein plötzlicher Temperatursturz die Badenden ins Haus treibt, damit sie sich warme Sachen holen. Wir warten.

»Ich habe gerade ein Gefühl großer Traurigkeit«, beginnt er. »Ich habe immer empfunden, daß mein Partner und ich die beste Beziehung hatten, die ich jemals kennengelernt habe, und das macht mich traurig. Man könnte sich einfach keine gesündere, bessere oder leichtere Beziehung vorstellen, was nicht heißt, daß es nicht gelegentlich auch Probleme gab.« Die begeisterte Beschreibung seiner Beziehung wird durch seine tiefe Traurigkeit über den bevorstehenden Verlust bestätigt. »Der Esel scheint in diesem Moment auf mich zuzukommen«, sagt er plötzlich, sich spontan wieder dem Traum zuwendend.

»Wie sehen seine Augen aus?« frage ich sofort, wobei ich hoffe, daß dieses spontane Auftauchen des Esels die Identität des Tieres klären wird.

»Ich habe das Gefühl, daß sie sanft sind«, antwortet er und kneift seine geschlossenen Augen fest zusammen. »Obwohl er sich meine Tragetasche geschnappt hat, habe ich ihm gegenüber kein Gefühl der Feindseligkeit.«

»Kannst du den Esel riechen?« frage ich, wohl wissend, daß Gerüche ein Hinweis auf starke emotionale Unterströmungen sind.

»Ja. Es ist dieser warme, schwere Tiergeruch, sehr lebendig. Der Geruch kommt mir sehr lebendig vor, sehr organisch.«

»Was für ein Gefühl gibt dir jener lebendige, organische Geruch?«

»Übersprudelnd und störrisch. Ich fühle mich sehr gut, wenn ich in jenem Geruch drin bin.« Sein Rückgrat strafft sich vor Vitalität. »In den letzten fünf Minuten hatte ich die Vorstellung, daß der Esel mir sehr nahe ist, so daß ich die Hand ausstrecken und ihn berühren kann.«

»Tatsächlich?« frage ich ein wenig erschrocken. Ich fürchte, daß das Ego sich aus der Realität des Traumes hinausbewegen könnte, hinein in die Welt des Scheins, wo Disney-Esel als Haustiere herumhüpfen.

»Ich würde es gerne, aber...« Er zögert.

»Ist es dein Esel?« möchte ich wissen, um seine wirkliche Beziehung zu dem Tier festzustellen.

»Nein, ich habe überhaupt keine Beziehung zu diesem Tier, außer daß es hier ist.« Seine Stimme signalisiert eine gewisse Distanz zwischen ihm und dem Esel. Gut, daß ich gefragt habe.

Ich kehre zu der eigentlichen Traumlandschaft zurück. »Wie fühlst du dich im Hinblick auf den Esel, der diese Tasche im Maul hält?«

»Es ist fast so, als würde der Esel sagen: ›Also – nimmst du sie nun oder nicht? Ich stehe hier und halte diese Tasche im Maul.‹«

»Kannst du den Esel wieder riechen?« frage ich. Ich möchte versuchen, erneut einen Hauch der Traumrealität einzufangen.

»Ja. Diesmal ist der Geruch irgendwie bittersüß. Es ist offensichtlich nicht derselbe Geruch, aber er erinnert mich an den Geruch meines Partners. Er ist beruhigend. Er hat irgendwie die Qualität des Essentiellen. Er ist jene Verbindung zum Leben.«

»Eine sehr störrische Verbindung zum Leben. Sie gibt nicht auf«, schlage ich vor und arbeite für alle deutlich erkennbar jene Esel-Metapher heraus, die jetzt sichtbar geworden ist.

»Für mich ist das ein Teil der Schwierigkeiten in meinem Verhältnis zu Aids – daß ich, von außen gesehen, zu dem Punkt gelange, wo es sehr schwierig ist, die Krankheiten anderer Menschen zu ertragen. Ich wünschte, sie würden einfach sterben. Ich weiß nicht, wie das bei meinem Partner sein wird« – er versucht, seinen Todeswunsch rasch wieder rückgängig zu machen –, »obwohl wir eine absolut wunderbare Beziehung hatten und ein Zauber über ihr lag und ich das Gefühl habe, daß über seinem Sterben ein ebensolcher Segen liegen wird wie über dem Rest unserer Beziehung. Aber ich habe andere Aidskranke gekannt, die langsam dahinsiechten. Es ist sehr schmerzlich, das mit ansehen zu müssen. Die Lebenskraft bleibt und bleibt und bleibt. Wenn ich an meine Situation denke, dann ist es sehr schwierig, unter diesen Bedingungen zu leben. Es herrscht ein solches Ungleichgewicht zwischen seiner Lebenskraft und meiner. Er ist mir so wichtig, daß ich meine eigene Kraft zurückhalte.«

Wir alle versuchten, dieses Gefühl der Liebe, die mit sich selbst in Konflikt ist, nachzuempfinden.

»Bedeuten die Flügel dir oder ihm irgend etwas?« fragt eine Frau.

»Es geht nicht so sehr darum, was sie mir bedeuten, es geht darum, was sie repräsentieren. Es ist wie bei dem Geruch des Esels. Es ist dieselbe Verbindung zum Leben.«

»Erinnerungen an ein Leben, das dir sehr viel bedeutete«, umschreibe ich seine Aussage.

»Ja, das ist ein Aspekt davon«, stimmt er mir zu.

»Plötzlich wird dem Esel übel.« Ich wende mich unerwartet wieder der Geschichte zu.

»Weil er an dem Griff gekaut hat.« Er geht auf meinen Vorschlag ein. »Und ich habe dieses vage Gefühl, daß ich wußte, daß es geschehen würde. Mein Traum-Selbst wußte es. ›Tja, er hat die Tasche, und er wird darauf herumkauen und dann wird er kotzen.‹ Ich hatte schon geahnt, was kommen würde. Dann spuckte er dieses sehr seltsame, fast glühende, sehr konsistente und gelatineartige Material aus. Es ist nicht wie Wackelpudding. Es hat eine sehr fest umrissene Form. Es ist nicht ganz gummiartig. Es ist irgendwie leuchtend, schimmernd.«

Er spuckt seine Sätze im Stakkato aus. Ich bleibe noch einen Augenblick beim Handlungsstrang, nicht ganz sicher, an welcher Stelle ich wieder in die Wildnis hineingehe, wie ich wieder in die Wildnis zurückgelangen soll, die den schmalen Pfad des Handlungsstrangs umgibt.

»Fühlt der Esel sich erleichtert, als endlich alles raus ist?« fragt jemand.

»Das müßte ich mir jetzt ausdenken. Ich weiß es nicht.«

»Pause!« rufe ich und wende mich der Gruppe zu. »Wißt ihr was, wir gehen gerade zu schnell vor. Bei diesem Tempo ist es unmöglich, seine Gefühle deutlich zu spüren. Ich möchte nicht, daß der Träumer anfängt, Dinge zu erfinden. Ich möchte, daß er bei dem bleibt, was tatsächlich vorhanden ist. Deshalb müssen wir uns mit den Gefühlen des Träumers befassen, bevor wir uns in den Esel einfühlen und nachempfinden können, was er erlebt.« Ich wende mich wieder dem Träumer zu.

»Wenn du sagst, daß der Esel kotzen wird, nachdem er an dem Griff herumgekaut hat, weil du weißt, daß Chemikalien darin sind, die der Esel nicht verdauen kann – hast du dann ihm gegenüber Rachegefühle?«

»Ja, genau!«

»Und wie fühlt sich das an?«

»Selbstgefällig. Irgendwie hat es etwas Rechthaberisches.«

»Ist auch Grausamkeit dabei?«

»Vielleicht ein bißchen. Es ist ein bißchen wie: ›Okay, mach du nur so weiter. Du hast es offenbar nicht anders gelernt. Na gut. Du wirst die Quittung dafür schon kriegen.‹ Ich habe das Gefühl, daß das der Grund ist, warum ich nicht versuche, hinter ihm herzurennen. Er stolziert mit *meiner* Tasche herum. Mit der Tasche, die meine Geliebte mir schenken wollte.«

»Weil du weißt, daß er die Quittung dafür schon kriegen wird?« bemerke ich mit sadistischem Vergnügen.

»Ja«, stimmt er mir zu.

»Kennst du dieses Gefühl, dieses ein klein wenig rachsüchtige Gefühl? Sie fühlt sich irgendwie anrüchig an, diese Befriedigung, daß er die Quittung schon kriegen wird.« In diesem finsteren Teil der Wildnis bewege ich mich sehr vorsichtig.

»Die Assoziation, die ich habe, ist nicht so stark wie das Gefühl in dem Traum … aber mein Partner hat kein Gefühl für seine Grenzen und bringt sich in Situationen, in denen er zuviel Energie verbraucht. Ich weiß, daß er sich eines Tages schrecklich überfordern wird. Aber das kann er nicht erkennen. Und dann wird er krank, und es geht ihm schlechter, und ich bezahle den Preis dafür.«

»Er beißt mehr ab, als er kauen kann«, murmelt eine Teilnehmerin.

»Er hüpft durch die Gegend, während du das Gefühl hast, daß er sich überfordert«, bemerkt eine andere.

»Ja. Und da ist dann dieses Gefühl von: ›Tja, jetzt mußt du eben die Suppe auslöffeln, die du dir eingebrockt hast.‹ Wenn er krank ist, dann ist da dieses vage Gefühl von: ›Siehst du, ich hatte recht, ich hab's dir ja gesagt‹, weil es nicht guttut. Er erträgt seine Krankheit mit unglaublicher Tapferkeit.« Er hält inne. Offensichtlich bewundert er seinen Geliebten. »Aber eine seiner Schwächen, die eine meiner Stärken ist, besteht darin, daß ich ein besseres Gefühl dafür habe als er selbst, wie er mit seinen Kräften haushalten sollte.«

Er wirkt zerstreut; ihm scheinen die Worte auszugehen. Ich muß wissen, was passiert. »Was fühlst du jetzt?«

»Ich bin gerade zum Esel zurückgekehrt. Hab versucht, in den Esel hineinzugehen, der durch die Gegend hüpft. *Lebendigkeit* ist ein zu starkes Wort. Es ist so, als würde er ein bißchen angeben. ›Schau mich doch an, wie ich mit dieser schweren Tasche herumlaufe, ha ha …‹ Da ist dieses Spielerische dabei, ein liebevolles Necken. Es ist fast, als wäre dies das natürliche Verhalten eines Esels. Er macht es so, weil er das Wesen ist, das er ist.«

»Kannst du fühlen, was diese Wesenhaftigkeit ist?«

»Es ist ein Sich-selbst-treu-sein.«

»Kannst du seine Eselhaftigkeit spüren?«

»Ja.«

»Wie fühlt sie sich an, diese Eselhaftigkeit?« Ich bin dabei, den Druck kontinuierlich zu verstärken. Wir bewegen uns in die Essenz dieses Tieres, und ich möchte das Eselsgefühl des Lebens zu seiner größtmöglichen Kraft verdichten.

»Als wollte er wiehern.«

»Und es gefällt ihm, die Tasche aufzufressen.«

»Hm.«

»Mag er den Geschmack der Tasche?«

»Ich habe das Gefühl, daß er das haben will, was darin ist, und daß es seine Flügel sind.«

»Er will die Flügel, aber er kann sie nicht bekommen?«

»Ja.«

»Und statt dessen wird ihm übel davon. Wie fühlt sich die Übelkeit an?« Ich bemerke, daß ich die Geschwindigkeit langsam steigere; anscheinend will ich tief in ein körperliches Gefühl hineingehen.

»Ich möchte nicht sagen wie eine verbotene Frucht, aber dieses Zeug ist nicht für seinen Magen geschaffen. Es ist kein Eselsfutter. Er kann es nicht länger bei sich behalten, und er spuckt es aus wie ein Projektil. Es kommt mit Gewalt heraus, und es verursacht einen Gestank, der ziemlich scheußlich ist.«

Wir alle empfinden Ekel. »Wie fühlst du dich zuerst, wenn du das riechst?« frage ich.

»Es ist ziemlich scheußlich. Mir wird schwindlig davon.«

»Wie fühlt sich dein Körper an?«

»Irgendwie schwindlig. Es dauert nicht sehr lange.«

Er beruhigt sich. Der erste Hauch des ekelerregenden Gestanks ist verweht. »Es scheint, daß der Esel mit dem Herumhüpfen aufgehört hat«, bemerke ich, um die Ruhe anzusprechen.

»Richtig. Er trabt jetzt ziemlich gemächlich durch die Gegend. Es ist das kleine Mädchen, das jetzt wie ein Wirbelwind herbeistürzt. Alle Bewegung ist jetzt bei ihm.« Die Aufmerksamkeit wendet sich diesem Neuankömmling zu.

»Was ist mit dem kleinen Mädchen?«

»Dieses Gefühl des Gräßlichen kommt hoch. Die Kleine stürzt sich auf den größten Brocken, und ich vermute, daß sie ihn für irgendein gräßliches Experiment haben will. An diesem Punkt gibt es eine Menge Bewegung. Die Dinge beschleunigen sich ganz schnell. Sie hebt den Brocken hoch, und dann nehme ich den verrückten Jungen wahr, der durch die Gegend läuft.«

Ein weiterer Wechsel von relativer Ruhe zu plötzlichem Chaos vermittelt mir das Gefühl, daß wir uns dem Zentrum eines emotionalen Sturms nähern.

»Kannst du in jenes Gefühl des Gräßlichen hineingehen, das aus dem Erbrochenen etwas machen will?«

»Es ist nicht leicht, weil es widerlich ist. Es ist unnatürlich. Es ist wider die Natur.«

»Wie empfindest du das Gefühl des Unnatürlichen in deinem Körper?«

»Eine Menge Spannung. Ich zittere von Kopf bis Fuß.«

»Es ist etwas gräßlich Unnatürliches daran«, stelle ich fest.

»Ich fühle neunzig Prozent Widerwillen und dieses winzige bißchen zerstörerischer Macht. Es geht darum, die Kräfte des Lebens zu beherrschen, die Kräfte des Universums für dieses makabre Experiment zu beherrschen. Diese Macht zerstört alles. Das ist die Kraft, die alles antreibt.« Jene winzigen zehn Prozent fühlen sich an wie eine Beschreibung des kleinen Mädchens.

Zunächst ist die *Faszination durch das Zerstörerische* hinter der Abneigung gegen die Desintegration, die Auflösung, versteckt. Dann lugt sie hinter dieser Abneigung hervor und zeigt die machtvolle Attraktivität ihres abstoßenden Gesichts.

»Kannst du die zerstörerische Macht spüren, die die Kräfte des Universums beherrschen will?« Ich frage, um mich dem Wunsch des kleinen Mädchens zu nähern, mit der Verwesung zu experimentieren.

»Wie Krallen, die sich meinen Rücken und Nacken entlangtasten. Es fühlt sich sehr quälend an!« Wir können fühlen, wie sich das Unbehagen rasch ins Unerträgliche steigert. Das Gefühl muß heraus. Es kann nicht länger zurückgehalten werden.

»Kannst du die Qual in deinem Körper spüren?« Ich versetze dem Prozeß einen letzten Stoß, lasse den Träumer diese abstoßende Kraft der Zerstörung sadistischerweise deutlich spüren.

Ein gurgelnder, verzerrter Laut dringt aus seiner Kehle. Sein Körper zuckt vor krampfhafter Anspannung.

»Laß es einfach kommen.« Ich ermutige den Schmerz, an die Oberfläche zu kommen.

Er keucht, als würde er sich gleich erbrechen. »Es ist so schwer, bei dem Gefühl zu bleiben«, stöhnt er. Seine Stimme klingt wie ein Flehen, daß ich aufhören möge, ihn zu quälen.

An diesem Punkt biete ich meine gesamte Fähigkeit zur Grausamkeit auf. Hier aufzuhören würde den Prozeß zerstören, der das unzugängliche, aufgestaute Gefühl befreien könnte. Schwache sadomasochistische Erinnerungen an eine homosexuelle Folterkammer in schwarzem Leder drängen sich mir auf, als ich ihn mit intimer Grausamkeit auffordere, das Gefühl zuzulassen. Ich nehme diese Assoziationen bei mir selbst wahr und fahre fort: »Kannst du wieder zurückgehen zu dem gräßlichen Experiment? Fühl es einfach.« Der Druck ist jetzt unerträglich stark. Er windet sich vor Schmerz. »Bleib einfach dabei. Kannst du sagen, wie es ist, ein Teil des gräßlichen Experiments zu sein?«

»Es ist Folter!« keucht er. »Es ist, als würde man von Klauen ausgewrungen.«

»Und es ist genau dieses Gefühl, das du betäuben willst.« Ich führe die letzte Szene des Traums ein, wo er die hyperaktiven, gräßlichen Kinder sediert.

»Ich möchte eigentlich daran teilhaben!« ruft er aus. »Es ist eine so unglaubliche Energie. Wenn sie nur fließen könnte ... es wäre leichter. Wenn die Energie fließen könnte, dann wäre es leichter, aber sie ist wie in einer Flasche verschlossen.«

»Wo steckt sie?«

»In meinem Hals. Sie hält meinen Oberkörper fest umklammert. Ich habe ein Gefühl von Druck, nicht nur dort, sondern in meinem ganzen Sein.«

»Spür einfach noch einmal nach, wie es ist, ein Teil des gräßlichen Experiments zu sein.« Ich muß weiterhin drängen. »Fühl es einfach. Laß die Gefühle einfach kommen, laß sie einfach kommen.«

Das Weitergehen bis zum Bersten der Flasche in diesem letzten »Satz« der Traumarbeit ist ruckartig – es erreicht nahezu ein Crescendo und ebbt dann wieder ab – wie das Voranruckeln des seltsamen, morbiden Fahrzeugs der gräßlichen Familie, wie das trockene Würgen vor dem eigentlichen Erbrechen. Bewegungen und Impulse bauen sich in Träumen auf diese Weise auf: die ruckartige Bewegung des Golfwagens wird zu den Spasmen des kotzenden Esels, um dann schließlich in diesem Moment der Traumarbeit zu den qualvollen Wehen zu werden, die vielleicht die Heilung gebären. Die Traumarbeit hatte bestimmte Tendenzen in dem Traum intensiviert, bis sie sich schließlich voll entfalteten und ununterdrückbar wurden. Jetzt plötzlich stößt er einen markerschütternden Schrei aus, der scheinbar eine Ewigkeit lang anhält.

Er hyperventiliert und schreit dann noch einmal. »Es ist wie Elektroschocks, wie Elektroschocks!« Wir haben den Punkt erreicht, wo die vernichtende Präsenz des Todes die Intensität einer Hinrichtung hat.

Erst ganz allmählich, nach einer Weile, wird sein Atmen langsamer.

Als ich ihn ein halbes Jahr später frage, woran er sich in Zusammenhang mit unserer Traumarbeit erinnert, antwortet er mir: »Es war wie das Aufbrechen eines Eises, dieses Erlebnis. Zuvor konnte es nicht frei herausfließen, aber seither weine ich ungefähr zweimal im Monat. Nicht so, wie ich zuvor immer geweint habe, sondern das ist ein wirklich tiefes Weinen. Das ist ein sehr befreiendes Gefühl. Zuvor konnte ich das Entsetzen nicht spüren, und das lähmte mich. Dadurch geriet ich unter ständigen Druck.«

Die Alchemisten hatten recht: Im Herzen des Giftes liegt das Heilmittel. Als wir uns unseren Weg durch das Zentrum der gräßlichen Exekution bahnten, die sich Aids nennt, brach das Eis auf, und neues Leben entstand. Wie der »Kühlschrank-Träumer«, der sich mit der Essenz des Eises konfrontierte, hat dieser Träumer des Gräßlichen das Entsetzen und den Reiz der zerstörerischen Macht des Todes auf ihre Essenz zusammengeschmolzen, bis sie sich in reine Vitalität verwandelte. Dies entspricht einem Gesetz, das schon die alten Griechen entdeckt hatten. Sie nannten es *enantiodromia*. Es besagt, daß jede Kraft, wenn sie ihre volle Intensität erreicht hat, sich in ihr Gegenteil verwandelt. Die alten Chinesen entdeckten unabhängig davon dieselbe Dynamik und nannten sie das Gesetz von Yin und Yang.

Wenn wir auf die Traumarbeit zurückblicken, dann fallen ein

paar Dinge auf, die regelmäßig wiederkehren: das Gefühl des Gräßlichen, das für die Arbeit essentiell ist, zeigt sich zunächst in der Verkleidung von Morticia. In Verbindung mit ihr können wir uns Skelette vorstellen, die auf einem Grab tanzen, den *danse macabre* aus den Tagen der mittelalterlichen Seuchen. Es ist deshalb nicht überraschend, daß ihre Tochter das gräßliche Experiment durchführt. Ohne ihren experimentierenden Eifer in dem Traum hätte die Traumarbeit nicht geleistet werden können. Es bedarf einer fast grausamen Lust am Gräßlichen, einer morbiden Neugier, mit diesem schauerlichen Material umzugehen. Und wenn man sich nicht wirklich mit ihm konfrontiert, dann bleibt die faulige, eitrige Quelle des Schmerzes wie in einer Flasche fest verschlossen, nährt sich von sich selbst, wird zu einem Parasiten und raubt ihrem Wirt die Energie. Der gesunde Menschenverstand möchte, daß wir positiv denken, er möchte uns nahelegen, daß das alles doch nicht so schlimm ist, uns Strategien anbieten, damit fertig zu werden. Wenn diese Strategien die unmittelbaren emotionalen Symptome auch vorübergehend lindern können, so können sie dennoch langfristig auf die Seele eine zerstörerische Wirkung haben – und auch auf den Körper, wie sich an den ständigen Verdauungsstörungen des Träumers zeigt. Aber unser Gespür für das Makabre weist uns darauf hin, daß es nicht nur gräßlich ist – es ist viel schlimmer! Die Realität ist so entsetzlich, daß sie unerträglich ist. Es bedarf eines mitfühlenden Zeugen von rückhaltloser Klarsicht für die schreckliche Realität des Lebens, wie es in dem Bereich zwischen Leben und Sterben gelebt wird, damit der Prozeß, daß das Gift in der Flasche so lange unter Druck gesetzt wird, bis es sich in ein Heilmittel verwandelt, zugelassen werden kann.

Manchmal werden wir dafür belohnt, und nachdem das Gift verdaut wurde, ist der Geist befreit.

In Traumseminaren lehre ich bestimmte Fertigkeiten. Wir können diese Atempause nach einer schicksalhaften Begegnung mit dem Gräßlichen und der Macht der Zerstörung nutzen, um über einige Techniken nachzudenken, die bei der Traumarbeit angewandt werden. Werfen wir einen Blick auf die *praktische Traumarbeitstechnologie*.

Stellen Sie sich vor, Sie wären an einem angenehmen Ort, wo Sie auf eine schöne Landschaft blicken können, und hörten mir in meiner Rolle als Lehrer zu, während ich also sozusagen meinen Dozentenhut aufhabe. (Einer der letzten Träume meines australischen Zyklus besagt, daß das Leben eine Geschichte von vielen verschiedenen Hüten sei.) Es wird Sie in die Lage versetzen, Ihren Tagträumen nachzuhängen…

Wie die Alchemisten des Mittelalters, die, anders als die modernen Chemiker, an einem Material arbeiteten, das sie rein rational nicht verstanden, befaßt sich ein Traumarbeiter bei seiner Arbeit am Traummaterial mit dem Unbekannten. Alchemisten arbeiteten mit Phantasie und Hingabe an ihrem Material, um eine Transformation des ihnen vorliegenden Stoffes zu erleichtern. Ein Traumarbeiter befaßt sich in vergleichbarer Weise mit Traummaterial.

Alchemisten nannten das *Einwirken auf* die Materie *operatio*. Es gehörte zu den alchemistischen Operationen, ein Feuer zu entzünden, mit den richtigen Materialien zu beginnen, sie in die passenden Gefäße zu füllen und diese Materialien in luftdicht verschlossenen Gefäßen zu erhitzen und zu mischen, so daß sich neue Legierungen ergaben.

Bei der Traumarbeit ist die *Amplifikation* eine solche Operation. Amplifikation bringt ein Bild durch *ähnliche* Bilder und Geschichten aus unserem kollektiven Bewußtsein zum Schwingen: durch Märchen, Mythen, anthropologische Berichte, Fernsehprogramme, Filme, Literatur, Cartoons, Dichtung, Klatsch, Kunst, Nachrichten und Religion. Dieses Mitschwingen amplifiziert sozusagen das Signal, das in dem Bild enthalten ist, so daß es für den bewußten Verstand erkennbar wird. Amplifikation pumpt so lange Bedeutung in ein Bild, bis es spontan verständlich wird.

Meine Beschreibungen des reisenden Merkur in Verbindung mit dem Traum von der Akademie in Leiden sind Amplifikationen, die mich zu der Einsicht führten, daß dieser Traum eine Initiation war, die mich von einem nostalgischen Jugendlichen in einen einsamen Mann verwandelte, der überwältigt war von der Gewißheit, daß wir uns in vielen Realitäten zugleich bewegen.

In dem Traum von dem ängstlichen Präsidenten in seinem Weißen Haus, in dem die Nichtflugsaurier sich aus dem Abgrund dahinter erhoben, können wir das Element »weiß« mit Märchen über die Unschuld amplifizieren, oder mit politischer Propaganda über weiße Vorherrschaft oder mit der Albedo in der Alchemie, die sich nach der schwarzen Nacht der Seele auf die Morgendämmerung einer neuen Bewußtheit bezieht, oder mit dem heroischen weißen Ritter, wie man ihn sich romantischerweise vorstellt (beispielsweise als den Cowboy mit dem weißen Hut, den guten Polizisten, Indiana Jones). In all diesen Bildern schwingen viele Bedeutungen mit. Sie umgeben uns wie Radiowellen, ob wir nun auf »Empfang« geschaltet haben oder nicht. Indem wir diese Geschichten unseres kollektiven Träumens auf ein »persönliches« Traumbild lenken, beginnt das Bild mitzuschwingen: plötzlich nehme ich die Ängstlichkeit des präsidierenden »überlegenen« weißen Verstandes wahr, der berauscht ist von wissenschaftlichen Überzeugungen und im nächsten Moment seine Unschuld durch das Heraufdämmern eines neuen, archaischen Tages verlieren wird.

Interpretation ist eine weitere Vorgehensweise im alchemistischen Sinne der *operatio*. Bei der Interpretation ist das *Timing* alles. Gewöhnlich ist es am besten, eine Interpretation nicht unter dem Aspekt von »richtig« oder »falsch« zu betrachten, sondern als gutes oder schlechtes Timing. Interpretation findet gewöhnlich in späteren Phasen der Traumarbeit statt. *Vorzeitige Interpretation* ist ein Verteidigungsmechanismus des mauernden, habituellen Selbst gegen die Unbegreiflichkeit der träumenden Wildnis. Da Interpretation uns vom Träumen zur Bedeutung führt, tendiert sie dazu, uns vom eigentlichen Pfad der träumenden Realität abzubringen.

Interpretation hat gewöhnlich eine austrocknende, adstringierende Wirkung, ähnlich wie die Alraunwurzel, die eine blutende Wunde zusammenzieht – und sie kann in der Tat auch eingesetzt werden, um den Fluß »emotionalen Blutens« einzudämmen. Mir fällt ein Beispiel für den zeitlich gut gewählten Einsatz dieser austrocknenden Wirkung aus einem meiner Seminare ein: Nachdem die Träumerin eine lange Zeit in verzweifelter Verwirrung verbracht hatte, flüsterte eine Frau ihr zu, daß diese Konfusion mit einer Kindheitssituation in Verbindung stehen könne, von der die Träumerin zuvor erzählt hatte. Die Interpretation wurde auf sehr beiläufige Weise angeboten. (Eine fast nicht wahrnehmbare Beiläufigkeit ist das Kennzeichen einer subtilen Interpretation, welche die Mauern der »Stadt des Selbst« umgeht – manchmal schafft man dies auch durch ein einfaches Wortspiel.) Plötzlich wurde die Träumerin sich bewußt, wie ihre kritische Mutter – sowohl als eine historische (exteriore) als auch eine introjizierte (interiore) Präsenz – ihr immer das Gefühl der Inkompetenz vermittelt hatte. Sie war auf die Quelle ihres augenblicklichen Zustandes der Verwirrung gestoßen. Die interpretative Verbindung, die durch die Traumarbeiterin hergestellt wurde, verwandelte den vagen Verwirrungszustand der Träumerin schlagartig in einen der Erkenntnis – in die Klarheit eines Tages, an dem man weit in die Ferne sehen kann.

Wäre die Interpretation zu früh angeboten worden, dann wäre die Träumerin der Wunde in ihrer Seele nicht ausreichend nahe gekommen, wäre nicht genügend durchdrungen gewesen von dem Schmerz, den diese ihr ständig verursachte, so daß die Interpretation ihre transformierende Wirkung nicht hätte entfalten können. Der Schmerz völliger Verwirrung mußte zunächst in seiner ganzen Intensität empfunden werden, damit der daraus resultierende Zustand der konzentrierten Klarheit zutage treten konnte. Und je konzentrierter eine Erkenntnis ist, desto stärker ist ihre therapeutische Wirkung auf das psychologische System. Diese therapeutische Wirkung ist ein wichtiges Produkt der Traumarbeit – die moderne westliche Traumarbeit wurde schließlich in den Behandlungszimmern von Ärzten geboren. Dagegen wäre eine vorzeitige Interpretation wahrscheinlich das Ergebnis einer Unfähigkeit der Traumarbeiterin gewesen, die klägliche Verwirrung dieser Träumerin auszuhalten, diese sich im Kreise drehende Atmosphäre grauen Nebels und dumpfer Geräusche. Jede Erfahrung braucht Zeit, um zur vollen Reife zu gelangen. Es ist die Aufgabe und die Chance einer Traumgruppe oder eines Traumarbeiters – oder eines beobachtenden Aspekts des Selbst –, den Träumer in einer unbequemen Position festzuhalten: nämlich darauf zu warten, daß Gefühle zur vollen Reife gelangen, während zugleich genügend Sicherheit vermittelt wird, um den Träumer zu befähigen, das Unbehagen auszuhalten.

Strukturanalyse betrachtet die Logik, mit der ein Bild konstruiert ist, auf dieselbe Weise, wie ein Ingenieur die Konstruktion einer Brücke betrachtet oder ein Künstler eine künstlerische Komposition. In dem Traum vom Weißen Haus ist der archaische Abgrund von geistergeflügelten Nichtflugsauriern der Hintergrund für ein Treffen der Minister der weißen Mentalität. Es ist eine Vordergrund-Hintergrund-Komposition: weiß im Vordergrund, dunkel im Hintergrund. Die Nichtflugsaurier können vom Standpunkt des weißen Kabinetts aus betrachtet werden, während die weißen Männer vom Standpunkt des emporsteigenden archaischen Geistes betrachtet werden können. Weiß im Kontrast zu Schwarz/Rot; Vordergrund versus Hintergrund: jede Analyse des Bildes, die nicht diese kompositorischen Aspekte in Betracht zieht, übersieht dessen inhärente Logik.

Übliche *strukturelle Elemente* von Träumen sind *Kontrast, Paradox* und plötzliche *Wechsel* oder *Veränderungen*. Im Traum vom Weißen Haus gibt es einen deutlichen Kontrast zwischen den Vögeln und dem Kabinett, dem Weißen Haus und dem Abgrund, der Autorität und der Ängstlichkeit des Präsidenten. Ein Wechsel oder eine Veränderung findet in dem Moment statt, als plötzlich der Abgrund auftaucht. Jedes dieser strukturellen Elemente kann als Angelpunkt benutzt werden, an dem die Traumarbeit ansetzen kann. Die Arbeit kann sich auf den inneren Konflikt in der Seele des Präsidenten richten, wobei die Technik des Vollziehens eines »Transits« angewandt wird. Wir können uns in die Vögel einfühlen und danach in das Kabinett und den Kontrast spüren. Wir können den symbolischen Import des Weißen Hauses empfinden und den Kontrast zum Gefühl des Abgrunds spüren. Oder wir können unsere Aufmerksamkeit auf die Plötzlichkeit, das Gefühl der archaischen Eruption, richten, mit der die Vögel auftauchen.

Strukturanalyse ist für die Traumarbeit vor allem im Hinblick auf die *Gangart* wichtig. Unter Gangart verstehe ich die Aufteilung der zur Verfügung stehenden Traumarbeitszeit auf verschiedene Elemente des Traums. Je kürzer die Zeit, die für die Traumarbeit verfügbar ist, desto schneller muß die Gangart der Arbeit sein. Das Motto der Alchemie lautet: Eile mit Weile! Es ist die Langsamkeit der Arbeit, durch die wir in die Tiefen hineingeführt werden. Eine schnellere Gangart bedeutet nicht, daß man mit hoher Geschwindigkeit durch die Traumbilder rast. Das wäre nur Traumarbeit wie mit einer Art Fernbedienung, ein Tappen von einem Kanal zum anderen, in sicherer Entfernung von der eigentlichen emotionalen Kraft. Eine schnelle Gangart basiert auf der Auswahl *einiger weniger* wesentlicher Elemente des Traumes. Wenn die Gangart schnell ist, dann muß die Traumarbeit innerhalb der verfügbaren Zeit strukturiert werden, entsprechend der strukturellen *Angelpunkte* in dem Traum. Auf der anderen Seite ist Traumarbeit praktisch endlos. Die längste Zeit, die ich jemals (in einer Gruppe) an einem einzigen Traum gearbeitet habe, waren acht Stunden, wobei ich uns allesamt bis zur Erschöpfung forderte, den Traum selbst aber nicht voll ausschöpfte. So leidet alle Traumarbeit in der Tat unter zeitlichen Beschränkungen. Der Traumarbeiter sollte die Gangart des Traumes in der Weise festlegen, daß dann, wenn Punkte des höchsten Widerstandes erreicht werden, noch genügend Zeit übrig ist. Lange Träume erfordern gewöhnlich eine schnelle Gangart.

Um ein adäquates Festlegen der Gangart zu erleichtern, entscheidet der Traumarbeiter nach dem zweiten Erzählen des Traumes über eine *Strategie* im Hinblick auf die Bewegung durch den Traum: wo man anfangen, welche Punkte man berühren und wo man enden soll. Diese Strategie wird dann bei der erstbesten Gelegenheit *fallengelassen*; das Entwickeln einer Strategie dient primär dazu, dem Traumarbeiter die Menge des Materials in Relation zur Länge des Traumes und der verfügbaren Zeit bewußt zu machen.

Die Angelpunkte, an denen ich bei der Entscheidung über die Gangart am häufigsten ansetze, sind Kontrast und Paradox. Widersprüchliche Gefühle sind wertvoll für die Erweiterung unserer Fähigkeit, widersprüchliches psychologisches Material zu fassen, ohne dadurch gesprengt zu werden. *Ein bewußtes Erleben des Paradox* weitet die Seele. Ein solches Paradox findet man beispielsweise, indem man die Gefühle, die verkörpert werden durch das kühne Konzept des Weißen Hauses im Zentrum der westlichen Macht, kontrastiert mit der Erfahrung, ein bodenloser Abgrund zu sein, der Zugang zu einer Welt gewährt, die sich fundamental von der Moderne unterscheidet. Ich kann die Kraft des Weißen Hauses in meinem angespannten rechten Arm und in meiner Faust spüren – die Stimmung des Weißen Hauses umgibt mich von allen Seiten –, während die linke Seite meines Körpers gleichzeitig die hintergründige Ausstrahlung des offenen Abgrundes wahrnimmt, so daß ich mich fühle wie eine Tasche, offen für die Unendlichkeit, mit einem Zucken der Angst im Herzen. Indem ich versuche, beide Teile meines Körpers gleichzeitig zu spüren, die rechte und die ängstliche, schmerzende linke Seite, nehme ich eine zentrale Trennungslinie wahr, die wie ein Riß im Zentrum meines Körpers entlangläuft. Nach Art des Weißen Hauses stolziere ich rechts mit knarrenden Schuhen umher, während meine linke Seite barfuß geht. Meine rechte Seite fühlt sich heroisch wie die weißen Marmorstatuen, die als Denkmäler die westlichen Hauptstädte bevölkern; meine linke Seite fühlt sich wie ein Kind, das einen Fluß hinuntertreibt, der durch einen dunklen Dschungel strömt. Der Gegensatz schafft Spannung. Ich versuche, diese Spannung eine Weile auszuhalten, selbst nachdem sie unerträglich geworden ist. Meine rechte Seite betrachtet dies als Seelengymnastik – ein Trainieren der Seelenmuskeln in der Art, wie ein Übungsgerät die Brustmuskeln trainiert und den Brustkorb erweitert. Das Selbst meiner linken Seite fühlt, daß Elemente meiner Persönlichkeit auf ihre Essenz zusammengeschmolzen werden. Einen Augenblick lang existiert ein wesentlicheres Selbst, das an einer Welt des Konflikts teilnimmt, ohne irgend etwas zu unterdrücken, was an der einen oder anderen Seite der Trennungslinie liegt. Ich bin rechts, links … und die Trennungslinie. Ich bin paradox. Ich bin wirklich ich selbst.

Mit dem Phänomen *Kontrast* zu arbeiten ist seiner Natur nach impressionistisch. Es geht darum, das breite Spektrum der Erfahrungen zu empfinden, die ein Traum anzubieten hat, ähnlich wie die reiche Vielfalt an Farben, die man in einem impressionistischen Gemälde sieht – wobei jede Farbe sie selbst ist und zugleich derjenigen, mit der sie kontrastiert, eine andere Schattierung gibt, während alle in ihrer Gesamtheit zur Wirkung des Gemäldes beitragen. Ich fühle den ängstlichen Clinton, die aufsteigenden Vögel, die willensstarken Mitglieder des Kabinetts, den Tisch zwischen ihnen, die Dunkelheit des Abgrunds. Ich erspüre mir meinen Weg durch jedes dieser Elemente, so wie es körperlich bei mir präsent ist. Dies ähnelt der Arbeit an einem Paradox, die ich oben beschrieb; bei der Arbeit mit dem Kontrast mische ich jedoch ständig die Farbschattierungen, ohne zwei auszuwählen, die extrem gegensätzlich sind.

Diese impressionistische Arbeit am Kontrast wird häufig stark verkürzt, weil das Arbeiten an einem Paradox emotional ziemlich spektakulär ist. Einen Einblick darin, wie verführerisch das Arbeiten an einem Paradox sein kann, gewann ich in einem meiner Träume, während ich in Australien war.

Einige neue Personen im Traumseminar diskutieren die Methode. Sie sagen, daß es genauso interessant ist zu sehen, was die Dinge dazu bringt, sich zu verändern. Der Co-Leiter meiner Tokioter Traumgruppe lacht und sagt: »Wir gehen von der Annahme aus, daß es möglich ist zu fühlen, was die andere Person fühlt. Aber das ist bloß eine Annahme, weil wir es vielleicht doch nicht können.« Ich höre sehr aufmerksam zu und sage: »Das ist eine gute

Idee, zu sehen, was die Dinge dazu bringt, sich zu verändern«, weil ich selbst unzufrieden bin, daß wir immer bei diesem Paradox landen. Es ist immer dasselbe – und wir einigen uns, der Frage, wie die Dinge sich verändern, auf den Grund zu gehen. Ich sage, das ist eine gute Idee, weil das Jungianische Problem darin besteht, daß du immer beim Paradox landest. Es wird langweilig.

In diesem Traum möchte ich mich, in meiner Rolle eines Lehrers der Traumarbeit, offensichtlich nicht der Herausforderung stellen, der Frage nachzugehen, ob die Identifikationstechnik, die ich entwickelt habe – das Einwirken eines Transits – tatsächlich praktikabel ist. Aber ich akzeptiere die Einstellung, daß eine routinemäßige Bewegung hin zum Paradox schließlich zu dem Gefühl führt: »Also – was gibt's sonst noch Neues?« Was wirklich ausschlaggebend zu sein scheint, ist ein aufmerksames Wahrnehmen des Gefühls, daß eine Veränderung stattfindet.

Wie ich schon in den vorangegangenen Kapiteln erwähnte, macht die Wahrnehmung von *Körperempfindungen und Stimmungsveränderungen* beim Zuhören uns für eine mögliche symbiotische Kommunikation empfänglich. So wie ich es Ilyatjari in dem Beispiel des Ballontraums beschrieb, können diese an sich selbst wahrgenommenen atmosphärischen Veränderungen als Indikatoren für Widerstände gesehen werden. (Häufig passiert es in Traumarbeitsgruppen und Seminaren, daß die Teilnehmer, die ganz in der Nähe des Träumers sitzen, die intensivsten physischen und emotionalen Erlebnisse haben. Es scheint, daß *körperliche Nähe* symbiotische Kommunikation verbessert.)

Das Gefühl des Abgelenktseins beim Zuhören, vor allem ein Gefühl der Langeweile, kann ebenfalls auf *Widerstände* hinweisen. Widerstand wird durch das – bewußte oder unbewußte – Gefühl des Widerwillens signalisiert. In der Traumarbeit gilt folgendes: *Wo immer wir das Gefühl haben, abgedrängt zu werden, beginnen wir, gegen den Strom zu schwimmen.* Um meine Wahrnehmung von Widerständen zu verbessern, registriere ich bewußt jeden Augenblick, in dem ich den Kontakt zum Traum verliere. Es kann passieren, daß ich nicht mehr zuhören kann, weil ich müde werde, meine Gedanken abzuschweifen beginnen oder weil mir andere Gedanken in den Sinn kommen; möglicherweise langweile ich mich, möchte den Raum verlassen, vielleicht sogar nie wieder etwas mit dem Träumer zu tun haben und so weiter. Solche Ablenkungen können auf Stellen verweisen, wo ich Widerwillen gegen das Material empfinde, und dieser Widerwille kann auf eine Strahlung hinweisen, die von einer Schutzmauer um eine schmerzende Wunde herum ausgeht. Traumarbeit basiert darauf – und dies erinnert an Merkurs Doppelherrschaft über das Gift *und* über das Heilmittel –, daß das Heilmittel gegen den Schmerz aus den Wunden gemacht ist, die ihn verursachen. Diese Bewegung gegen den Strom des psychischen Widerstandes erinnert ebenfalls an die Alchemisten, die ihre Arbeit als *contra naturam* betrachteten, als eine Bewegung gegen die natürliche Ordnung des Seins. Sie widersetzt sich sozusagen dem natürlichen Fluß der Dinge.

Jung nannte die Interaktion zwischen dem Tagesbewußtsein und der träumenden Imagination *aktive Imagination*. Es war eine der Techniken, die die Alchemisten bei der Arbeit an ihrem Material am häufigsten benutzten. Es handelt sich dabei um einen Dialog zwischen der Realität des Träumens und dem forschenden bewußten Geist.

Anders als das luzide Träumen – wie in dem Traum von der Akademie in Leiden, in dem ich weiß, daß ich träume – findet aktive Imagination im Wachzustand statt; sie geschieht auf der wachen Seite des Schwellenbewußtseins. Die Erfahrung der

190

Realität der Traumumgebung ist im Fall der aktiven Imagination erheblich weniger absolut als bei der Luzidität. Jedoch kann der Zustand der aktiven Imagination in jedem wachen Moment erreicht werden, und zwar, mit einiger Übung, mehr oder weniger willkürlich.

Ich unterscheide zwischen zwei Formen der aktiven Imagination: *gebundener* aktiver Imagination und *freier* aktiver Imagination.

Gebundene aktive Imagination wird im Dienste des Zurückholens eines Traumes benutzt. Sie versucht, sich so nahe wie möglich an den Konturen des Traumes, *so, wie er erinnert wird,* entlangzubewegen. Unsere Traumarbeit an der Szene mit der Frau in der Bar, die dem Mann ein Foto zeigt, ist ein Beispiel dafür. Auf ähnliche Weise ist das Experiment in Kapitel drei, das zur Identifikation mit einer anderen Traumperson bzw. dem Vollziehen eines Transits führt, eine Form der gebundenen aktiven Imagination.

Freie aktive Imagination ist das, was Jung »das Weiterträumen des Traumes« nannte. Freie aktive Imagination beginnt mit einem authentischen Bild (gewöhnlich ziehe ich es vor, mit einem Traumbild zu beginnen, um nicht von einer Erfindung des Ego auszugehen) und läßt die authentische Aktion sich von dort aus entwickeln, während das wache Selbst sich ständig der Realität der Bilder bewußt bleibt, die es beobachtet. Jung sagt, wenn jemand bei der aktiven Imagination einen Löwen auf der Bahnhofstraße (der Haupteinkaufsstraße in Zürich) sieht und nicht mit gesteigerter Wachsamkeit oder einem Gefühl der Angst reagiert, dann sei er nicht wirklich in der aktiven Imagination, weil die Szene für ihn nicht real ist. (Aus dem Grunde erscheint es mir immer abwegig, zu erwarten, daß ein solcher Löwe mit einem sprechen würde. Ein Löwe ist ein Löwe, wo immer du ihn auch triffst, sei es im Dschungel von Afrika oder auf der Bahnhofstraße deiner Träume. Wenn der Löwe sprechen möchte, so ist das seine Angelegenheit. Aber wenn du ihn zum Sprechen *bringst,* dann bist du wahrscheinlich dabei, etwas zu erfinden.) Ein anderes Kennzeichen echter Imagination, sei sie nun frei oder gebunden, ist das Eintreten von ganz und gar unerwarteten Ereignissen. Wenn die Imagination sich in einer voraussagbaren Weise entwickelt, dann bist du wahrscheinlich dabei, ein Drehbuch zu schreiben.

Um sicherzustellen, daß wir uns nicht zu weit vom Träumen entfernen, bewegen wir uns in regelmäßigen Abständen von der freien Imagination zur Traumerinnerung zurück. »Laßt uns zum Traum zurückkehren« ist ein Satz, den man bei der Traumarbeit häufig hört – vor allem wenn das Gefühl aufkommt, daß der Träumer anfängt, Dinge zu erfinden.

Einer der Wege, festzustellen, ob ein Bild authentisch oder erfunden ist, ist das *Ausloten der Tiefe.* In dem Ballontraum, den ich Ilyatjari beschrieb, habe ich ein Beispiel für das Ausloten der Tiefe gegeben.

Ich stelle mir Traumarbeit wie Sporttauchen vor. Während du tiefer in das Träumen hineingehst, wird der Druck stärker. Dies wird erlebt als eine gesteigerte Konzentration und eine schwächer werdende Wahrnehmung der Ereignisse, die außerhalb der Traumarbeit stattfinden. Während man in einer Stadt an Träumen arbeitet, werden die Polizeisirenen, die ständig durch den Abend heulen, immer leiser. Du merkst nicht mehr, daß der Stuhl, auf dem du sitzt, unbequem ist. Die Zeit öffnet sich in eine andere Dimension hinein. Wenn du aus einer tiefen Traumarbeit wieder auftauchst, dann ist es überraschend, wie viel (oder wie wenig) Zeit vergangen ist: Tiefenzeit ist häufig ganz anders als Oberflächenzeit.

Während die Atmosphäre dichter wird, wird das Erleben des Bildes physisch deutlicher spürbar. Das Gefühl der Flüchtigkeit des Bildes nimmt ab. Zu gleicher Zeit verwandelt sich das Gefühl, daß man ein Bild *an*schaut, in die Erfahrung, *in* dem Bild zu sein. Das Bild umgibt einen allmählich von allen Seiten, so wie die physische Realität es tut.

Hier hat man ein unmittelbares Erleben von Jungs wichtigster Entdeckung, die er die *Realität der Seele* nannte. Man erkennt mit Jung, daß die Seele nicht in einem ist, sondern daß man in der Seele ist. Seele ist eine Landschaft, die einen von allen Seiten umgibt. Auf der Ebene der träumenden Realität ist die Seele eine Landschaft. Jung und Ilyatjari wären darüber einer Meinung. In ihrer tiefsten Tiefe ist die Seele allgegenwärtig.

Wenn man sich mitten in der Welt jenes Bildes befindet, dann ist man bei der Traumarbeit in die Tiefe gegangen. An diesem Punkt sind die Bilder stabiler. Sie flattern nicht herum wie zufällige Tagträume, sondern behalten für einen bestimmten Zeitraum ihre Form. Wenn dies zu geschehen beginnt, dann befindet man sich gewöhnlich in einem Zustand tiefer Konzentration, mit einem deutlichen Gefühl der Orientierung. Das umgebende Bild ist sehr dicht geworden, und das Erleben dieser Realität, in der man ist, wird häufig von physischen Empfindungen, körperlichen Reaktionen auf eine deutlich wahrnehmbare Atmosphäre begleitet.

Es ist wichtig, sich während der Traumarbeit der Fluktuation der Tiefe bewußt zu sein, weil dies ein guter Indikator für Widerstände ist. Wenn Widerstände zunehmen, werden wir häufig wieder an die Oberfläche gedrängt. In Traumgruppen, in denen die Menschen mit geschlossenen Augen arbeiten, kann man häufig wahrnehmen, daß mehrere Teilnehmer ihre Augen zur gleichen Zeit öffnen: Sie wurden durch eine Quelle des Widerstandes simultan an die Oberfläche gestoßen. (Um wieder in die Tiefe einzutauchen – wann und falls wir es möchten –, ist es nützlich, mit detaillierten Traumerinnerungen zu arbeiten.

Dies führt uns in die gebundene aktive Imagination und zurück in die Tiefe.)

Wegen dieses Aspekts der Traumarbeit, daß nämlich die Arbeit auf verschiedenen Ebenen stattfindet, sollten Fragen, die wir dem Träumer stellen, mit der Ebene korrespondieren, auf der die Arbeit augenblicklich stattfindet. Bei der Arbeit an dem Ballontraum wäre es nicht hilfreich, die Träumerin nach ihren Assoziationen in Zusammenhang mit Polizisten in einem Augenblick zu fragen, in dem sie körperlich das Gefühl hat, in einer Zwangsjacke zu stecken. Das Gefühl der Zwangsjacke findet auf einer tiefen Ebene statt – wie die begleitenden Körpergefühle in der Brust sowohl der Träumerin als auch des Traumarbeiters zeigen – und eine Frage nach ihren alltäglichen Erfahrungen mit Polizisten würde die Träumerin wieder an die Oberfläche führen, heraus aus ihrem Körper und hinein in ihren Verstand. Eine solche Frage nenne ich *Kontext*frage. Ich frage gewöhnlich nach dem Kontext, bevor ich wirklich damit beginne, an dem Traum zu arbeiten, bevor wir in das Material hineingehen und uns zu dem Punkt bewegen, wo wir von dem Bild umgeben sind. So kann ich die Reaktionen auf meine Fragen nach dem Kontext in die Traumarbeit einführen, ohne an Tiefe zu verlieren.

Häufig frage ich an einem Punkt, wo ein Bild sehr deutlich wahrgenommen wird und die Traumatmosphäre den Träumer tief durchdrungen hat: »Erinnert dich das an etwas? Gab es eine Zeit in deinem Leben, wo du eine ähnliche Erfahrung gemacht hast?« Dies ist die Aufforderung, *Assoziationen* zu nennen, und sie erscheint oberflächlich ähnlich, ist aber tatsächlich sehr verschieden von der Aufforderung, Informationen zum Kontext zu geben. Es macht einen großen Unterschied, ob eine Frage sich auf die Oberfläche bezieht, so wie es bei kontextuellen Fragen der Fall ist, oder auf einen Tiefenbereich, wo die ganze Person

194

mit der tatsächlichen Realität des Traumes verbunden ist. Die Frage nach Assoziationen führt über einen Export der Stimmungen und Gefühle, die in der Traumarbeit vorhanden sind, zur Biographie des Träumers und stellt Verbindungen her zwischen dem, was in dem Traum empfunden wird, und Erinnerungen aus der Vergangenheit – und sie führt über einen Import der Gefühle, die mit diesen Erinnerungen verbunden sind, zurück in die Traumarbeit. Die Träumerin, die in einem Seminar durch die Interpretation einer Traumarbeiterin von ihrem Gefühl der dumpfen Desorientiertheit zu einem akuten Gefühl der Klarheit geführt wurde, erinnerte sich, wie ihre kritische Mutter ihr immer das Gefühl gegeben hatte, inkompetent zu sein. Assoziationen in Zusammenhang mit der Mutter und dem Selbsthaß, den sie in der Träumerin hervorgerufen hatte, kamen an die Oberfläche. Assoziationen führen häufig zu einem *Flashback* von Erinnerungen, die als Körpergefühle in dem Träumer weitergelebt haben, sozusagen eingefroren im körperlichen Gedächtnis. Ein Schmerz in der Brust, der empfunden wird, wenn man in einem Traum einem unbekannten Mann auf einem Parkplatz begegnet, bringt plötzlich jene Nacht vor vielen Jahren zurück, als man als Kind jenem schrecklichen Babysitter ausgesetzt war. Aus dem Schmerz in der verengten Brust heraus fließen Tränen, als würde das Symptom in reines Gefühl zerfließen, und die Träumerin atmet frei und leicht. Es ist, als hätte sie seit jener schicksalhaften Nacht vor langer Zeit ständig den Atem angehalten.

Es gibt zwei andere Arten von Fragen, zwischen denen ich unterscheide: *Klärungs*fragen und *Intensifikations*fragen. Eine Klärungsfrage führt zu einer weiteren Beschreibung des Traums, um ein deutlicheres Gefühl für das Bild zu bekommen, mit dem wir es zu tun haben. Diese Fragen werden gewöhnlich zu Beginn des Traumarbeitsprozesses gestellt.

Wenn man sich allzulange mit Klärungsfragen beschäftigt, dann wird das Gefühl, an der Oberfläche des Bildes haftengeblieben zu sein, entschieden unangenehm. An diesem Punkt ist es wichtig, zur Intensifikation überzugehen. Intensifikationsfragen dienen dazu, den Träumer in einem Bild festzuhalten, damit der Druck ansteigen kann und das Bild Zeit hat, tief in das Bewußtsein des Träumers einzudringen. Solche Fragen werden häufig mehrmals wiederholt, und die Kunst der Traumarbeit besteht darin, dieselbe Frage auf viele unterschiedliche Arten zu stellen, so daß jede Frage sich demselben Ereignis aus einer leicht unterschiedlichen Perspektive nähert. (»Wie bewegt sich der Betreffende? Wie ist die Bewegung im Rückgrat? Ist der Schritt federnd? Was geschieht mit dem Hals? Bleibt die Geschwindigkeit der Bewegung dieselbe? Wie ist der Rhythmus der Bewegung?«

Als Finale meines kleinen Ostinatos zum Thema Technik der Traumarbeit trägt uns mein Gebrauch des Wortes *Flashback* zum Film. Ich liebe Filme.

Da Träume gewöhnlich sehr visuell sind, ist es sinnvoll, auf das Vokabular für cinematographische Werkzeuge und Prozeduren zurückzugreifen, beispielsweise *Objektive, Schwenks, Zeitlupe, Standbild und Vorlauf.*

Wir können damit beginnen, uns unsere Traumumgebung mit Hilfe eines Schwenks mit einem Weitwinkelobjektiv anzuschauen, uns dann orientieren und langsam ein Element heranholen, das einer größeren Scharfeinstellung bedarf. Indem man die Scharfeinstellung intensiviert, wird mehr Druck aufs Detail ausgeübt, und es beginnt, sich zu zeigen.

Eine Frau wird von einem Hund gebissen, und ihre Wunde eitert.

Zunächst konzentrieren wir uns auf die gesamte Attacke und benutzen dabei ein Weitwinkelobjektiv. Wir fühlen uns in die Atmosphäre des gesamten Ereignisses ein. Dann holen wir die Wunde in ihrem Oberschenkel heran. Sie eitert. Die Frau hat das Gefühl, von einer Krankheit befallen zu sein. Unter Benutzung einer Makrolinse sorgen wir dafür, daß die Wunde den gesamten Bereich des Bewußtseins einnimmt. Plötzlich herrscht überall das blanke Entsetzen. Jetzt nehmen wir durch lang anhaltendes Fokussieren ein Standbild dieses Erlebens auf. Dieses Entsetzen über den Angriff verwandelt sich in das Gefühl, beschmutzt worden zu sein. Die Frau erinnert sich an eine Vergewaltigung und an einen Verlust der Unschuld. Dann plötzlich fühlt sie sich inmitten des Chaos sehr nüchtern. Beim Standbild verwandeln sich die Gefühle.

Ein Mann geht die Treppe hinunter in ein Zimmer, in dem er nie zuvor gewesen ist.

Im Zeitlupentempo konzentrieren wir uns auf die Bewegung des Fußes von der obersten Treppenstufe zu der darunterliegenden. Plötzlich erkennt der Mann: Wenn er diesen Schritt macht, dann werden die Dinge sich für immer verändern. Im Zeitlupentempo durchleben wir das Zögern, die Hoffnungen und Befürchtungen bei der Entscheidung, das Unbekannte zu erkunden.

Wir alle haben irgendwo weiter unten im Haus Zimmer, die wir nie besucht haben. Die Tatsache, daß sie uns unbekannt sind, ist für uns erschreckend und faszinierend zugleich.

Kapitel 8

Der Spur
des eigenen Träumens folgen

Träume sind Teil des Träumens, und Träumen ist ein Strom, der beständig Welten schafft. Es gibt viele Träume, und einer folgt auf den anderen. Eine der jüngsten Untersuchungen im Bereich der Traumforschung zeigt, daß wir nicht nur während der REM-Schlafphase (Rapid Eye Movement-Schlafphase, in denen die Augen sich hinter geschlossenen Augenlidern rasch bewegen) träumen, so wie man früher meinte – das wären zwei Stunden Träumen in einer Acht-Stunden-Nacht –, sondern auch in anderen Schlafzuständen (die man zuvor für traumlos gehalten hatte).

Professor Marino Bosinelli, ein international anerkannter Traumforscher vom Schlaflaboratorium der Universität von Bologna, schrieb mir:

»Da die Nicht-REM-Phase die Stadien 1, 2, 3 und 4 umfaßt, beziehen sich die folgenden Daten sowohl auf den Beginn des Schlafes (die absteigenden Phasen 1 und 2) als auch auf den Langsamwellenschlaf (Phasen 3 und 4). Was den Beginn des

---

*) M. Bosinelli, P. Cicogna und S. Molinari: »The Tonic-phasic Model and the Feeling of Self-participation in Different Stags of Sleep.« *Italian Journal of Psychology*, 1:35-65 (1974). Ebenfalls M. Bosinelli: »Recent Research Trends in Sleep-onset Mentation«, in S. Ellman und J. Antrobus (Hrsg.): *The Mind in Sleep*, 2. Aufl., New York: Wiley, 1991, S. 137-142.

Schlafes betrifft, so schwankt die prozentuale Menge an Traumerinnerung zwischen 65 und 70.*) Beim Aufwachen aus dem Langsamwellenschlaf schwankt der Anteil an Traumerinnerungen zwischen 64 Prozent und 77 Prozent.«**)

Wenn ich Professor Bosinellis Daten richtig verstehe, so bedeutet das, daß wir von acht Stunden Schlaf ungefähr sechs Stunden mit Träumen verbringen (zwei Stunden des REM-Schlafes plus vier der sechs Stunden des Nicht-REM-Schlafes). Das wäre also eine Gesamtsumme von zwanzig Jahren, die während eines achtzigjährigen Lebens im Zustand des Träumens verbracht werden.

Deshalb ist es wesentlich, sich Träume nicht nur als Einzelphänomene anzuschauen, sondern auch unter dem Aspekt von Traumserien. Unter diesem Aspekt betrachten wir Träume als in einem Gesamtzusammenhang und in Beziehung zueinander stehend. Wie die Fäden von Traumpfaden (oder Liedzeilen), die kreuz und quer durch das Australien der Aborigines verlaufen, sich ständig überschneiden und dann wieder auseinanderstreben und an denen entlang die Vorfahren in der Traumzeit herumtanzten und diese Welt zusammenträumten, erzählt die Traumwelt Geschichten, die untereinander verbundenen Linien folgen. Individuelle Träume sind wie individuelle Schauplätze, die man entlang den Liedzeilen des eigenen Träumens besucht. Parallelen zu den Bildern meines Denkens bei einem Volk zu entdecken, dem wir fünfzigtausend Jahre lang nicht begegnet waren, das von uns getrennt wurde, als das Eiszeitalter endete, war, gelinde gesagt, bewegend.

Traummomente verbinden sich beim Träumen mit anderen

**) C. Cavallero, P. Cicogna, V. Natale, M. Occhionero und A. Zito. »Slow Wave Sleep Dreaming«, *Sleep*, 15 (6): 562-566 (1992). Auch M. Bosinelli: »Mind and Consciousness During Sleep.« Symposium on »The Function of Sleep«, *Behavioral Brain Research*, 1995.

Traummomenten entlang thematischer Straßen und Wege. Dies nenne ich die *Infrastruktur* des Träumens.

C. G. Jung war mit seinem Eranos-Vortrag von 1935 der erste Traumforscher, der jemals an einem chronologischen Bericht über eine Gruppe von Träumen *als Serie* arbeitete, um unbewußte Prozesse zu verstehen. Dieser Vortrag wurde später in seinem Buch *Psychologie und Alchemie* veröffentlicht, eine seiner zentralen Abhandlungen über die verlorengegangene Kunst und ihre sehr engen Beziehungen zum Träumen. Die Träume, die er seiner Arbeit zugrunde legte, waren die eines der größten wissenschaftlichen Genies unseres Jahrhunderts, des Physikers und Nobelpreisgewinners Wolfgang Pauli (von seinen Kollegen wurde er »Das Gewissen der Wissenschaft« genannt), der Traumarbeit mit einem C. G. Jung nahestehenden Kollegen gemacht hatte. So entstand die Arbeit an Traumserien sozusagen aus der Nacht der Wissenschaft heraus.

Der schwierigste Teil der Traumarbeit ist, allein an seinen Träumen zu arbeiten. Ohne äußere Hilfe von einer Traumgruppe oder einer Einzelperson ist es nicht immer einfach, sich selbst daran zu hindern, durch Widerstände vom richtigen Weg abzukommen.

Also besteht die beste Methode, um sich zunächst einmal seinen Weg durch die Traumwelt zu suchen, darin, mit einer Traumserie zu beginnen. Eine Traumserie besteht zu dem Zeitpunkt, wo wir auf Berichte von erinnerten Traumereignissen zurückgreifen, aus einer chronologisch geordneten Gruppe von schalen Träumen – aber diesmal erweist sich die Schalheit der älteren Träume als ein Vorteil. Es ist, als hätte man uns um Lichtjahre von den Ereignissen entfernt und wir würden sie uns nun über riesige Ozeane des Vergessens hinweg anschauen. Dies ermöglicht es uns, aus der Ferne bestimmte Konstellationen zu erkennen, zusammenhängende Gebilde von ähnlichen Formen, die in den verschiedenen Traumberichten immer wieder auftauchen. Auf diese Weise entdecken wir Pfade, die uns durch die Traumwelten führen, in denen wir gelebt haben. Die weit entfernte Landschaft der Sterne wird zu einer Landschaft, die wir kartographisch darstellen können.

Um zu veranschaulichen, wie man mit einer Traumserie arbeitet, habe ich sieben Wochen meines eigenen Träumens ausgewählt, beginnend mit dem Tag, an dem ich in Australien ankam, bis zu dem Zeitpunkt drei Wochen nach meiner Rückkehr in mein Heimatland. Auf den letzten Traum dieser Serie folgte eine spontane Lücke in meiner sich über mehrere Monate erstreckenden Traumerinnerung. Meine Reise nach Australien war Teil eines Wechsels der Jahreszeiten in meinem Leben; diese Traumserie wirft ein Licht auf diesen Wechsel meiner Welten. Traumserien während wichtiger Lebensabschnitte, in denen Neues entsteht, sind sehr gut geeignet, um eine tiefgreifende Erkundung ihrer Infrastruktur vorzunehmen.

Ich werde rot, wenn ich an all die Einblicke in meine Seele denke, die ich den Lesern jetzt unwillkürlich gewähren werde. Andere vermögen in unseren Träumen immer mehr zu sehen als wir selbst. Wenn es sich hier um einen meiner Patienten handelte, würde ich mich innerlich nicht frei fühlen, solche Massen an intimem emotionalem Material öffentlich darzustellen.

Ich fühle mich durch die Tatsache gestärkt und ermutigt, daß diese Träume sich nicht wesentlich von den mehr als zwanzigtausend anderen unterscheiden, die ich während der vergangenen dreiundzwanzig Jahre an vielen verschiedenen Orten des Erdballs anschauen und in die ich eindringen durfte. Aber ich hätte den vorigen Satz nicht zu schreiben brauchen, wenn ich in diesem Augenblick nicht äußerst verlegen wäre. Ich bitte also um Ihre Nachsicht.

Methode

Lassen Sie es mich von Anfang an betonen: *Bei der Arbeit an Ihrer eigenen Traumserie geht es um den Prozeß, nicht um das Ergebnis.* Welches Produkt Sie am Ende in Händen halten, ist irrelevant im Vergleich zu der Veränderung, die Sie durchmachen, wenn Sie sich ernstlich in diese Arbeit hineinbegeben.

Diese dreiundfünfzig Eintragungen, die im Laufe von sieben Wochen gemacht wurden, ergeben einen detaillierten Bericht über Traumereignisse während dieser Zeitspanne, die eine vitale Lebenserfahrung einschließt: meine Reise in das Zentrum der Welt am anderen Ende der Erde, wo mir die Wirkungen des Todes meines Vaters deutlich bewußt wurden.

Im Anhang am Ende dieses Buches habe ich einundfünfzig der Aufzeichnungen über insgesamt dreiundfünfzig Träume wiedergegeben, die ich in meinem Traumtagebuch festgehalten habe. Dreiundfünfzig ist eine Anzahl an Träumen, die in der Traumarbeit fast nicht mehr zu bewältigen ist. Ich schlage deshalb vor, daß Sie selbst mit weniger als zwanzig beginnen.

Ich möchte Ihnen zudem nahelegen, daß Sie, was diese Schilderung einer Traumserie betrifft, zunächst einmal hier weiterlesen und sich dann dem Anhang mit den eigentlichen Traumtagebucheintragungen zuwenden. Bei einer so großen Anzahl an Träumen ist derartig viel Material vorhanden, daß es Verwirrung stiften kann, wenn Sie sofort versuchen, meine Schritte durch das eigentliche Träumen hindurch im einzelnen zu verfolgen. Es ist besser, zunächst einmal meine unten beschriebene Vorgehensweise nachzuvollziehen und sich dann das Material des Traumtagebuchs anzuschauen, auf dem meine Beispiele basieren – und dann, vielleicht, zu den hier beschriebenen Beispielen zurückzukehren, um schließlich zu einem umfassenden Verständnis jedes einzelnen Schrittes zu gelangen.

Schritt 1:
Eine Traumtagebuch-Ziehharmonika erstellen

Schreiben Sie Ihre Träume mit der Schreibmaschine auf oder drucken Sie sie auf dem Computerdrucker aus. Wie Sie aus meinem Traummaterial ersehen können, notiere ich mir meine Träume in ziemlich knappen Sätzen. Der Text reicht gerade aus, mich zu befähigen, wieder Zugang zu meinen Träumen zu finden, während sie noch frisch sind.

Legen Sie diese Blätter mit der beschrifteten Seite nach unten nebeneinander auf den Boden, wobei Sie jedes Blatt jeweils längsseitig direkt neben das nächste legen. Achten Sie darauf, daß Sie alle getippten oder ausgedruckten Traumtagebucheintragungen, die Sie verarbeiten wollen, in chronologischer Reihenfolge vorliegen haben. Machen Sie daraus ein Ziehharmonikaähnliches Gebilde, indem Sie die Seiten mit Tesafilm zusammenkleben und das Ganze am Tesafilmstreifen entlang falten. Die so entstandene Ziehharmonika enthält die Reste einer Wildnis des Träumens. Aus der Entfernung sieht das aus wie eine waagerechte Schriftrolle mit vertikalen Unterteilungen.

Schritt 2:
Eine Landkarte und Infrastruktur erstellen

Nehmen Sie einen Bleistift und ein Lineal und beginnen Sie, alle Bilder zu verbinden, bei denen Ihnen eine Ähnlichkeit auffällt. Durch die daraus resultierende Infrastruktur entsteht eine Landkarte. Um dies zu erreichen, lesen Sie sich den gesamten Text langsam durch und machen Sie sich mit den Bildern vertraut. Beim zweiten und späteren Lesen suchen Sie nach Verbindungen. Einige Leute finden es hilfreich, verschiedenfarbige Stifte zu benutzen, um damit auf verschiedene thematische Zwischenverbindungen hinzuweisen. (Ich bin selbst ein schlichter Bleistift-Typ. Meine Infrastrukturen sehen ziemlich unordentlich aus, obwohl ich ein Lineal benutze – ein *langes* Lineal.)

Dies ist eine sehr mühselige Arbeit. Erwarten Sie Widerstände. Zunächst erscheint das Material vielleicht undurchdringlich, entmutigend und völlig unhandlich. Es ist einfach zuviel, um es zu bewältigen. Sie haben den Eindruck, als hätten Sie sich da ohnehin auf etwas ziemlich Albernes eingelassen. Es kommt Ihnen möglicherweise lächerlich vor, dem Sinnlosen soviel Aufmerksamkeit zu widmen. All dies sind Hinweise, denen Sie nachgehen müssen. Es sind Eruptionen Ihrer Angst vor dem Unbekannten, und sie weisen auf ihre Art darauf hin, daß Sie in den Bereich des Nichtwissens eindringen.

Hier ein Beispiel dafür, wie man eine Infrastruktur erstellt: Eine Freundin meines Alters spricht über Scheidung, während sie an einem langen Tisch sitzt (1). Im nächsten Traum (2) sehe ich einen langen Tisch, der zu einer Hochzeit hinführt. Ich ziehe eine Verbindungslinie zwischen den beiden »langen Tischen« und halte schriftlich fest, daß Scheidung und Hochzeit sich an den entgegengesetzten Enden der Ehe befinden. Lange Tische tauchen bei der Hochzeitsfeier meiner besten Freunde wieder auf (39). Jetzt habe ich eine Spur gefunden und schreibe auf, daß es überall im Material Bezüge zu Hochzeiten gibt. *Ehe* muß ein zentrales Traumthema sein.

Schritt 3: Gruppen identifizieren

Nachdem Sie einige Zeit damit verbracht haben, in dem Material eine Infrastruktur aufzuspüren, fangen Sie an, nach Gruppen Ausschau zu halten: thematische Verbindungen, die sich durch das Material hindurchfädeln, und zwar auf den Traumpfaden, die Sie beim Aufbau Ihrer Infrastruktur identifiziert haben. Ich habe mein Material über dreizehn Traumgruppen hinweg verfolgt.

Diese Gruppen dienen als Behälter für das Material, Aufbewahrungsbehälter sozusagen.

Beispiel: Themagruppe A: Ehe, Depression und Einsamkeit. Eine Frau meines Alters spricht über Scheidung, während sie an einem langen Tisch sitzt (1). Ich entdecke einen langen Tisch, der zu einer Hochzeit hinführt (2). Lange Tische bei der Hochzeit meiner besten Freunde (39). Während ich sie bitte, mich zu heiraten, tanzt das Paar aus dem neunzehnten Jahrhundert einen Walzer (35). Lange Tische bei einer Konferenz (17). Ich fühle mich bei einer Konferenz ineffektiv (3). Ich fühle mich enttäuscht, weil die Leute nicht gekommen sind, um sich bei der Konferenz meinen Vortrag anzuhören (17). Ich fühle mich allgemein ineffektiv, weil ich nichts schreibe, während andere großen Beifall bekommen (3). Meine Frau ist grau und alt (1). Ich sehe erschöpft aus (3); ich bin gelangweilt und einsam (1). Ich habe kein Benzin mehr (32).

Schritt 4: Nachsinnen

Nachdem Sie eine Infrastruktur erstellt und Gruppen identifiziert haben, sinnen Sie über das innere Leben einer der Gruppen nach (wiederholen Sie diesen und die folgenden Schritte bei jeder Gruppe).

Beispiel: Das Leben in einem Zustand der Depression; mir geht die Energie aus. Wenn Hochzeiten Riten der Erneuerung sind, dann brauche ich dringend eine. Der Status quo des Verheiratetseins fühlt sich blaß und grau, langweilig und unbefriedigend an. Ich kann nicht zu meinen eigenen Ideen finden. Ich fühle mich impotent und sehr unkreativ, während andere überschäumend produktiv sind. Es gibt Probleme mit der Ehe. Sie ist ausgetrocknet. Zugleich finden neue Hochzeiten statt. Ist dies eine

Zeit des Todes und der Erneuerung innerhalb der Ehe oder nur des Todes? Wird es nur auf Impotenz hinauslaufen oder auf eine unbewußte Regression zu den Wurzeln des Seins, um neues Potential zu finden? Es ist die Rede von Scheidung, und in der romantischen Kleidung des neunzehnten Jahrhunderts bitte ich sie, mich zu heiraten. Was wird daraus werden? Ich bin besorgt.

Schritt 5: Erinnerung an Vergangenes

Nehmen Sie einige der Traumbilder, so, wie es Ihnen gerade einfällt, und beginnen Sie, sich alte Erinnerungen ins Gedächtnis zurückzurufen. Ich wähle dafür Traum (35) aus.

Wir sind auf einem Raumschiff wie in dem Film *2001: Eine Odyssee im Weltraum*. Wir werden zu der ersten Zwischenstation, auf den Mond, gebracht. Dort nimmt mich eine der Frauen beiseite und führt mich herum. Es ist ein dunkler Ort. Wahrscheinlich ist es Nacht. Sie sagt: »Oh, komm, ich zeig dir den Ort, wo alles begann.« Sie nimmt mich bei der Hand und führt mich hinüber zu einer Höhle. Wir betreten die Höhle … Die Transformation findet sofort statt. Wir tanzen Walzer. Und wir sind eindeutig im neunzehnten Jahrhundert. Wir haben eine Reise in die Vergangenheit gemacht. Sie trägt die Kleidung des späten neunzehnten Jahrhunderts, und ich trage einen Frack. Der Raum ist groß. Alle um uns herum tanzen Walzer. Ich sage auf deutsch: »Ich möchte dich heiraten.« Und sie antwortet auf deutsch: »Ja, ich möchte dich auch heiraten …«

Meine Eltern lernten sich in Köln in der Tanzstunde kennen, als er siebzehn und sie fünfzehn war. Er war Holländer, sie Deutsche. Sie hatte lange, dunkle Zöpfe, die er ihr liebevoll über ihre

Brust drapierte, wenn sie beim Tanzen des Wiener Walzers Preise gewannen. Das war es, was man mir über den Ursprung der Beziehung meiner Eltern erzählte, die mit dem Tod meines Vaters zweiundsechzig Jahre später endete. Der Traumwalzer erinnert mich an jene Ereignisse, die am Ende dazu führten, daß ich auf die Welt kam. Die Erfahrung ist seltsam und in ihrer Assoziation inzestuös. Oedipus, dein Vater ist tot: Mutter ist frei.

Schritt 6:
Schreiben Sie zu den in einer Gruppe zusammen-gefaßten Traumbildern einen Text, und zwar entsprechend ihrer chronologischen Reihenfolge

Beispiel: Gruppe B: Studenten Einer meiner Studenten ist sehr verärgert über die Veränderungen in meiner Arbeitsweise (16). Wir sitzen auf einer Veranda und reden miteinander. Wir sind alle junge Studenten (2). Wir durchbrechen die Wand, und alles ist wieder in Bewegung; vgl. eine der Theorien eines der frühen australischen Gouverneure, der behauptet hatte, daß das akademische Leben in ständiger Revolution, ständiger Bewegung ist (22). Es gibt Studenten, die mir zu Hilfe kommen, als ich sexueller Vergehen beschuldigt werde (25). Ich bin in einem großen Zimmer mit vielen Bildern, ein richtiges Studentenzimmer aus meinen Unitagen (26). Ich halte auf einer C. G. Jung-Konferenz einen Vortrag über die Pitjantjatjara; die Experten sind sehr verärgert, daß ich darüber rede. Dieses Thema sollte auf den Bereich der Experten beschränkt werden. Ein junger Mann, ein ernsthafter Student dieser Dinge, sagt: »Wir haben all diese Untersuchungen gemacht, und jetzt… halten Sie es auf, indem Sie hinterherhinken.« (27) Studenten brechen in die Bibliothek ein, um sich Bier zu holen; ein Erdbeben folgt (32). Neue Studenten in einem Traumseminar diskutieren meine Methode und möchten erkennen, was es ist, das die Dinge dazu bringt, sich zu verändern (34). Der junge Mann, zu dem ich mich hingezogen fühle, ähnelt einem vornehmen Studenten, zu dem ich in meiner Studentenzeit aufschaute. Er fragt, wie groß mein ... ist. (Ich kann das Wort in meinem Traumtagebuch nicht entziffern. [sic!]) (48)

Der Anblick von Studenten beschwört die Tage herauf, als der Geist die Freiheit hatte zu spielen; Tage der Bibliothek und des Biers! Tage, die mich erschütterten wie ein Erdbeben, und zwar durch körperliche Krankheit, aus familiären Zwängen hinaus in das offene Meer, die erdrückenden Mauern meines familiären Hintergrundes durchbrechend. Von einem Jurastudenten wurde ich zu einem Studenten der Psychoanalyse, nicht freiwillig, sondern notwendigerweise.

Wir sitzen auf der Veranda und reden im Akademikerjargon über Themen, die uns interessieren. Alles ist wichtig, und nichts spielt eine Rolle. Doch, einige Gewißheiten spielen eine Rolle. Sie sollen nicht ins Wanken geraten; wenn sie es doch tun, dann ist der Preis dafür verdammt hoch. Sie geraten ins Wanken. Eine Welt bricht zusammen. Stecke ich mitten in einer Reprise der großen Wandlungen, die sich in meinen Studententagen vollzogen?

Mein Student protestiert gegen die Veränderungen; eine konservative Stimme wird hörbar. Ein junger Mann, der Untersuchungen in Bereichen vorgenommen hat, in denen meine neuen Ideen als unausgegoren betrachtet werden, protestiert, daß ich den gesamten Wissenschaftsbereich schädigen werde. Sie werden mich als den Narren ansehen, der ich in Wirklichkeit bin. Ich zittere.

Alles, was ich über Gouverneur Macquarie aus New South Wales weiß, ist, daß eine Universität nach ihm benannt wurde, in der Nähe der Stelle, wo ich mein Traumseminar in Sydney abgehalten habe. Ich habe keine Vorstellung, welche Theorien er vertritt, ganz zu schweigen von seiner Einstellung zu der These, daß Lernen immer flexibel bleiben muß, in einem ständigen Zustand der Revolution. Mein australischer Gouverneur erklärt, daß Veränderung niemals aufhöre und Aufruhr der natürliche Zustand des Denkens sei. Und er behauptet, daß wirklich sinnvolles Lernen in diesem Zustand ständigen Aufruhrs stattfindet.

Ein großer Klassiker des Orients ist *Das Buch der Wandlungen*. Meine Traumarbeitsstudenten, allesamt Neulinge in dieser Kunst, fragen sich, wie durch Träume eine Veränderung stattfindet. Was in einem Moment wirklich existierte, verschwindet und wird durch eine Welt ersetzt, die gleichermaßen real und völlig anders ist. In der Traumwelt schafft das Überschäumende der Existenz Raum für sich selbst. Zuviel Leben sprießt aus der Tiefe empor, als daß es mit einer einzigen Realität zufrieden sein könnte. Immer wieder steigen neue Seifenblasen an die Oberfläche. Der Verstand des Anfängers bei meiner Traumarbeit möchte beobachten, wie das Buch der Wandlungen in unseren Träumen geschrieben wird. Das Lehren im Rahmen einer höheren Ordnung schätzt Unbeständigkeit. Der Genius der beständigen Veränderung ist derjenige, dessen Liedzeile ich – wie Nganyinytja mit ihren Ngintaka-Spuren – betreue: ich bewahre seine Frische, indem ich meine Träume von den Liedern und Tänzen der Veränderung mit der Kultur im Ganzen teile, wodurch ich dann selbst verändert werde. In meiner Kultur trägt der Gott der Veränderungen den Namen Merkur.

Wenn Robbie in Schwierigkeiten ist, wenn er fälschlich sexueller Vergehen angeklagt wird, dann kommen Studenten ihm zu Hilfe. Ich fühle mich durch diese Vergangenheit, durch diese Studententage der Jugend, der Unschuld und des Glaubens an andere, gestützt und getragen, während der gegenwärtige Alptraum sexueller Unterstellungen wie ein Damoklesschwert über allen Therapeuten hängt. Diese Studenten-Umgebung – mein wirkliches Studentenzimmer aus alten Zeiten – ist voller Bilder, die Wunder schaffen zu einem Zeitpunkt, wo die Gedanken frisch sind. Aber als die Autoritäten mich anklagen, spukt mir tatsächlich Sex im Kopf herum. Kämpfe ich gegen eine Stimme sexueller Moralität an, und steht das in Beziehung zu meinen Gefühlen der Impotenz?

Der Wunsch nach Veränderung taucht, neben anderen Manifestationen, im sexuellen Bereich auf. Ich fürchte mich davor, wie ich mich zu den frühen Zwanzigern meines Lebens hingezogen fühle, und zwar in der Maske dieses reizvollen und vornehmen jungen Mannes. Die Furcht vor meinen homosexuellen Impulsen fällt zeitlich zusammen mit der Frage meines Studentenfreundes nach der Größe meines Sowieso. Homosexuelle Sehnsüchte und Rivalitäten vermischen sich: Laßt uns mal sehen, welcher größer ist. Diese Erkenntnisse hätten mich während meiner wirklichen Studententage unendlich erschreckt!

Schritt 7:
Schreiben Sie das Material, das Sie durch Schritt 6 gewinnen, in verschiedene literarische Genres um

Schreiben Sie sich selbst einen Brief mit der Geschichte, die die Elemente der Gruppe enthält. Von diesen Elementen ausgehend stellen Sie sich selbst Fragen. Einigen Gruppen ist vielleicht besser mit einem Reisebericht gedient, anderen mit einem Gedicht – oder irgendeinem anderen Genre, das zu der Stimmung paßt.

Beispiel: Gruppe B: Studenten Übersetzung eines heimlich aufgezeichneten Gesprächs zwischen alten holländischen Kumpeln, die nach mehreren Runden Bier in Erinnerungen an ihre Studentenzeit schwelgen.

Kumpel 1: Ich weiß noch, wie wir früher immer auf der Veranda saßen und quatschten. Damals waren wir frei. Du konntest alles denken, was du wolltest. Alles war dringend, und nichts war wirklich wichtig. Wenn du in Schwierigkeiten warst, fälschlich angeklagt, dann kamen andere Studenten dir zu Hilfe. Ihr habt euch gegenseitig immer unterstützt. Damals war der Sex umsonst, wißt ihr noch?

K2: Ich mochte mein Zimmer unheimlich gern. Ich hatte immer viele Bilder an den Wänden, viele Szenen, die eine Stimmung von Frische und Wunder hervorriefen.

K1: Du brauchst noch ein Bier. Holt diesem Typen noch ein Bier.

K3: Ich hab mich immer schrecklich aufgeregt, wenn die Leute ihre Arbeitsweise änderten. Als du dich plötzlich nicht mehr darauf verlassen konntest, daß das, was du zu Anfang des Jahres aufgeschrieben hattest, am Ende des Jahres noch gültig war.

K4: Du bist so konservativ! Das war doch das Lustige daran. Alles verändert sich ständig. Das ist es, was du auf dem College lernen mußt: flexibel zu sein, weil alles sich ständig verändert.

K5: Du klingst wie jener alte australische Gouverneur. Er sagte, daß das akademische Leben in einem ständigen Zustand der Revolution sein sollte. Wenn sich der Geist nicht ständig wandeln kann, dann bist du tot! Jedenfalls ist es das, was sie in jener anderen Welt dort unten denken. Erinnert ihr euch an die Tage der Revolution, als wir Universitätsgebäude besetzten und wußten, daß die Welt uns zu Füßen lag? Ich fand die sechziger Jahre toll. Heute ist es immer nur Arbeit, Arbeit, Arbeit! Oder arbeitslos sein.

K3: (fragt K5) Hab ich dich nicht aus dem Badezimmer rennen sehen? Warum bist du gerannt?

K2: Ich weiß! Ich hörte, wie dieser Typ, dieser Student, ihn fragte, wie groß sein ... ist. Er muß es mit der Angst zu tun bekommen haben. Seht mal, er wird rot. Das hab ich über dich nicht gewußt!

K6 *(Aus schwer verständlichem Text rekonstruiert)* Erdbeben. Alles wackelte. Aus der Familie ausgebrochen. Alles geht in Stücke.

K1: Du hast genug getrunken. Gebt ihm nichts mehr, er muß noch fahren.

Wenn Sie zu einem Abschnitt kommen, der Sie an eine Geschichte erinnert, die Sie einmal gehört haben, dann weben Sie diese in Ihren Text ein. Das ist es, was ich zuvor als »Amplifikation« beschrieben habe. Das wird Bedeutung an die Oberfläche bringen, weil die einzelnen Traumbilder sich von einer Oberfläche der Ähnlichkeit abheben werden. Sie können auch eine kontrastierende Geschichte einweben. In Gruppe L, unter der Überschrift »Der lange Treck nach Hause«, habe ich eine kontrastierende Geschichte über Platos Höhle eingewoben, und eine ähnliche Geschichte: Proteus' Prophezeiung.

Wenn Sie die Arbeit mit einem dieser Schritte beendet haben, dann lassen Sie die Sache ruhen. Nehmen Sie sich Zeit, um über Ihre emotionalen Reaktionen auf die Arbeit, die bisher geleistet wurde, nachzudenken.

Nachdem Sie die Sache eine Zeitlang haben ruhen lassen, kommen Sie darauf zurück. Diesmal versuchen Sie, Erzählungen zusammenzufassen: nehmen Sie Ihre schriftlichen Aufzeichnungen über die Gruppen zur Hand und heben Sie jene Elemente hervor, die Ihnen am wichtigsten sind. Tauschen Sie verschiedene Gruppen aus und schauen Sie nach, ob eine andere Anordnung oder andere Nebeneinanderstellungen des Materials neue Einsichten zutage fördern.

Zeigen Sie jemand anderem Ihre Arbeit. In meinem Fall habe ich sie meiner Frau gezeigt. Das beflügelte mich in meiner Arbeit enorm!

Lesen Sie sich alles noch einmal durch, so oft und so langsam, wie Sie wollen – oder verkraften können. Dies ist *Ihr* Träumen; dies sind *Ihre* Traumpfade; dies ist *Ihre* Landschaft.

Schließlich lassen Sie es ruhen. Sie haben alle Arbeit, die nötig war, getan; jetzt geben Sie ihr Zeit, ihre Wirkung auf Sie zu entfalten.

Die Arbeit an Traumserien, die hier dargestellt wurde, war die Frucht von mehr als zwei Monaten eines intensiven geistigen Prozesses. Gewöhnlich arbeitete ich einmal eine halbe Stunde hieran und eine halbe Stunde daran, und dann plötzlich war ich von der Sache gepackt und arbeitete mehrere Stunden lang hintereinander. Einmal war ich durch meinen Terminkalender gezwungen, eine kurze Reise zu machen. Als ich zurückkehrte, sah ich alle möglichen Dinge, die mir vorher nicht aufgefallen waren. Nach einer solchen Phase der unbewußten Verarbeitung – wie in der Zeit, in der ich verreist war – kehren Sie zu Ihrer Ziehharmonika-Schriftrolle zurück und schauen Sie sich die Verbindungslinien, die Sie gezeichnet haben, genau an. Sie werden neue Verbindungen erkennen, und alte Verbindungen werden einen neuen Sinn ergeben.

Es folgt die Aufzeichnung weiterer Gruppen sowie die Wiedergabe der Texte, die auf den Elementen jeder Gruppe aufbauen.

Gruppe C: Liebliche Frauen Ganz allein zu Hause langweile ich mich und sehe mir einen erotischen Film an (1). Ich fühle mich sexuell erregt durch eine junge Frau, eine Generation jünger als ich. Wir müssen *aufhören* (4). Eine junge Frau an der Springhouse-Haltestelle (wo ich meine erste Praxis hatte) verkauft mir Süßigkeiten, nachdem ich den kranken alten Mann verlassen habe (15). Junge Frauen legen ihre Kleidung ab, aber sie sind *fertig*, bevor ich den Orgasmus erreiche (29). Im Haus meiner Kindheit ruft mich meine große Jugendliebe in ihr Zimmer; sie ist so schön wie damals, als sie zwanzig war (38).

Brief an mich selbst

Lieber Robbie,
Deine Ehe fühlt sich schal an, und Du möchtest ihr entfliehen. Aber jedesmal, wenn Du es versuchst, wirst Du daran gehindert. Du sehnst Dich nach der Frische der Jugend, und Du fühlst Dich in der Ehe gefangen wie ein Geist in der Flasche. Die Ausgänge sind blockiert. Wird die Ehe sich wandeln wie das Material in der hermetisch verschlossenen Flasche der Alchemisten, wo die Verwesung ein wesentlicher Teil des Prozesses ist, oder wird dies ein unwiderrufliches Absterben sein? Du mußt in diesem Komposthaufen der Ehe bleiben, und doch ruft laut und hell die süße Liebe der Jugend mit der Stimme einer Leidenschaft, die niemals verblaßt. Was wirst Du tun, wenn Du in die Jahre kommst?

Gruppe D: Mysteriöse Kommunikation Überall auf der Welt wird es Kabelfernsehen geben (5). Eine Frau vom Typ der bösen Stiefmutter und ihre Tochter, beide leuchtendrot gekleidet, sind erschreckende Gespenster: ein Mysterium erschreckender Frauen (5). Ein Geist steht neben einer leuchtendroten Tür, die in eine andere Welt führt (6). Die prähistorischen Vögel, die aus dem Abgrund emporflattern, haben leuchtendrote Flügel (11). Ein Kommunikationssystem, das einem universellen Zugang gewährt, wurde entwickelt (11). In der neuen Welt gibt es überall Kommunikation mittels elegant femininer Teilchen (11). Ich muß einen Vortrag über die Eleusinischen Mysterien, die Mysterien der Frauen, halten (17).

Brief an mich selbst

Lieber Robbie,
von einem Ort tief unter der Erde, einem Ort, den Du nicht kennst, flattern prähistorische Vögel mit leuchtendroten Flügeln empor, während eine gespenstische Frau in leuchtendroter Kleidung Dich erschreckt. Du möchtest weg von ihr, weil Du so schreckliche Angst hast. Aber Du bist gezwungen, mit dem erschreckenden Mysterium der Frau in Kontakt zu kommen. Du dachtest, Du wüßtest, was es mit femininer Sensibilität auf sich hat. Tja, das hast Du falsch verstanden. Du hast ganze Tage mit Frauen verbracht, Dir ihre tiefsten Geheimnisse angehört, und dennoch weißt Du noch immer nichts. Warum ängstigen Frauen Dich? Ist das der Grund, warum Du die Ehe als so schal empfindest? Das Mysterium der Frau muß neu erkundet werden. Was Du Deiner Ansicht nach über die Frau wußtest, ist jetzt zu einem Hindernis geworden. Eine neue Form der Kommunikation mit ihr ist angesagt. Anscheinend hat sich mit dem Tod Deines Vaters nicht nur Deine Männlichkeit verändert! Deine Weiblichkeit (was immer das auch sein mag) tat es ebenfalls. Wie sieht diese neue feminine Kommunikation aus? Hat sie mit symbiotischer Kommunikation zu tun? Diese neue Verbundenheit könnte Dein Gefühl der Impotenz heilen, das müde Gefühl, einsam, nicht in Kontakt zu sein, kein Benzin mehr zu haben.

Gruppe E: Mutter Die Königin ist auf einer Hochzeit (2). Meine »Stiefmutter« wird zu einem erschreckenden Gespenst (5). Die Mutter unten erzieht ihre Kinder mit Verprügeln und Einschüchterung; die Kinder müssen sich übergeben; sie ist viel zu grob (10). Meine Mutter schilt meinen lebenslustigen Onkel aus. Sie hat das Gefühl, sie müsse sämtliche Verantwortung tragen (13). Ich begegne zufällig einer Frau, die aussieht und agiert wie eine depressive Patientin, die ich in Therapie hatte und die mich wie keine andere herunterzog und ständig in mich verliebt und zugleich stinkwütend auf mich war. Schließlich verwandelt sie sich in meine Mutter, die sich fies und beleidigend verhält, mich der übermäßigen Eitelkeit bezichtigt, mir vorwirft, es auf den Nobelpreis abgesehen zu haben, während es in Wirklichkeit um ihre eigene Eitelkeit ging (18). Die Mutter einer Frau stirbt an einem Herzanfall (33). Bei der Hochzeit bringe ich mich vor der Mutter des Bräutigams in eine peinliche Lage (39). Mami, meine Mutter, findet es völlig korrekt, daß Annies Freundin so wütend auf mich ist; das ist verdient (47). Papi, mein Vater, scheint über seine Krankheit hinwegzukommen, und Mami möchte unbedingt wieder reisen. Sie will nach Paris (50).

Brief an meine erste Analytikerin

Liebe Aniela Jaffé,
erinnern Sie sich, daß ich Ihnen damals, als Sie mich in Therapie nahmen, sehr wenig bezahlte, weil ich ein armer Student war – oder es zumindest so aussah? Als deutlich wurde, daß ich weniger arm war als erwartet, haben Sie Ihr winziges Honorar ein kleines bißchen erhöht. Erinnern Sie sich daran, daß Sie sich in meiner Phantasie plötzlich in die dunkle Mutter verwandelten, die mich zurückweist? Nun, ich hatte diese Träume, und es geht darin um diese Mutter.

In ihnen wirkt sie überlastet, deprimiert, deprimierend, rechthaberisch und dringend urlaubsbedürftig. Außerdem erschreckt mich das Gespenst einer Mutter, eine Ehe-Mutter beschämt mich, und eine Mutter stirbt, wie mein Vater, an einem Herzanfall.

Ist dies meine Depressions-Mutter, die tödliche, diejenige von unten, die ihre Kinder quält, bis sie krank sind und sich übergeben müssen? Die Zurückweisende, die nicht zu Dornröschens Taufe eingeladen wurde; die Frau, die, zusammen mit ihren Töchtern, an Aschenputtel herumnörgelt. Sie, liebe Aniela Jaffé, wußten, wie sehr diese dunkle Mutter mich ängstigte und wie sehr ich sie fortwünschte. Diesmal hat sie gezeigt, wo sie herkommt: ich begegne zufällig einer meiner Patientinnen aus dem psychiatrischen Krankenhaus – seit Jahren wegen psychotischer Depression hospitalisiert –, die sich nach und nach in eine Frau verwandelt, deren ständige Gereiztheit der meiner wirklichen Mutter ähnelt. Jedenfalls bleibt die Essenz der Person, der ich zufällig begegne, die meiner extrem deprimierten Patientin. Meine Kinder nannten sie »die Psychohexe aus der Hölle« wegen ihrer ständigen verzweifelten Anrufe aus dem Krankenhaus und ihrer suizidalen Botschaften. Ihr Schrei nach meiner Aufmerksamkeit saugte den letzten Tropfen Energie aus mir heraus, und trotzdem konnte ich mich nicht von ihr lösen. Sie verachtete mich und bestrafte mich jedesmal, wenn ich mich nicht völlig auf sie konzentrierte. Sie ging ständig bis an meine äußersten Grenzen, so daß ich sie ständig zurückwies, was sie sogar noch stärker in Wut versetzte. Dies ist die Frau, vor der ich mich ängstige, die Frau, die verschlingt und an einer kräfteverzehrenden Depression und inneren Leere leidet. Diejenige, die nichts zu geben hat, sondern ständig nur nimmt. Die böse Hexe aus dem Märchen. Aber meine wirkliche Mutter war eine warmherzige, unterstützende, gute Frau, die ich wirklich liebe, was Sie niemals bezweifelt haben. Also begann meine Analyse eigentlich in dem Augenblick, als Sie selbst die Verschlingende, Zurückweisende wurden. Das war der Moment, als wir meine Depression entdeckten, die die Familie meiner Mutter seit Generationen überschattet hatte, bereit, den letzten Tropfen Energie aus mir herauszusaugen. Tja, und jetzt bin ich wieder am selben Punkt gelandet. Und diesmal ist es meine Frau Deanne, die alles abbekommt.

Was meine Mutter an mir am meisten kritisiert und verachtet, ist mein Wunsch nach einem Nobelpreis. Ich halte ihr entgegen, daß dies ihr eigener Wunsch war, was sie zum Schweigen bringt, weil es stimmt. Sie braucht mich, damit sie Anerkennung bekommt, meine Eitelkeit ist sie selbst. Dieses Bedürfnis nach Anerkennung, für das ich mich, als ich dieses Jahr nach Australien fuhr, in meinem Tagebuch selbst kritisierte, wird genährt von dieser erschreckenden Eitelkeit der Gespenst-Mutter, ebenso wie von meinem Vater, der Liebe und Aufmerksamkeit braucht und der, so wie ich, der kleine Bruder eines großen Bruders ist.

Ich wollte Sie das nur wissen lassen.

Gruppe F: Krankheit, Angst und Sterben Papi war sehr krank, er wäre fast gestorben, aber dann ist er es doch nicht (13). Eine Freundin von Annie ist nicht im geringsten an mir interessiert (9). Eine Freundin von Annie ist noch immer wütend auf mich, weil ich Annie verließ, als sie im Sterben lag (47). Nachdem ich bei den schleimigen Insekten Geburtshilfe geleistet habe, muß ich ins Krankenhaus und mit meinem Onkel, der starb, ein Zimmer teilen (9). Eine Mutter, die unten wohnt, zieht ihre Kinder mit Verprügeln und Einschüchterung groß; sie übergeben sich (10). Vor die Wahl zwischen dem Alten und dem

Neuen gestellt, schließe ich mich dem Alten an, und mir wird schrecklich übel (14). Der alte Ethan ist sehr krank; ich verlasse ihn (15). Ich sehe einen Mann in einem Rollstuhl; eine romantische Frau tanzt mit mir aus der Tür hinaus, so daß ich ihn nie kennenlerne (15). Ich fürchte mich vor dem Zimmer hinter diesem Zimmer. Die schwarze Rückenflosse eines Hais folgt meiner Frau auf einer tieferen Ebene des Traumpfades durch den australischen Busch; sie durchschneidet dabei die Oberfläche der roten Erde, als wäre sie ein Ozean. Sehr unheimlich (16). Ich erinnere mich daran, daß ich auf der Beerdigung eines meiner Kollegen war, der John hieß, so wie mein Bruder. Er war an Aids gestorben (tatsächlich war der *Bruder* dieses John an Aids gestorben). Ich nahm die Hälfte seiner Asche mit in den australischen Busch (19). Da ist schwarze Erde, schwarzer Sand, und ich spüre einen Schmerz in der Brust (21). Es gibt ein Erdbeben, und alles bricht zusammen (32). Eine Frau stirbt an einem Herzanfall (33). Die Stufen brechen zusammen und fallen zu Boden (36). In der staubigen Scheune wird man für alles nur sehr wenig Zeit haben (37). Das phantastische Gebäude verschwindet, völlig verfallen, aus dieser Welt (39). Papi war sehr krank gewesen, wurde aber wieder gesund. Ich erinnere mich, daß ich bei seiner Beerdigung war und daß der Vater in meinen Armen sowohl tot als auch gegenwärtig war (50).

Geständnis

Als Papi, mein Vater, seinen Herzanfall hatte, war ich in Moskau und wohnte im Atelier eines Freundes, eines Kunstmalers. Man hatte mir gesagt, daß es nicht ernst sei, obwohl Papi auf der Intensivstation lag, und daß er darauf bestanden habe, daß ich meine Reise nach Berlin, wo ich als nächstes eine Vorlesung halten sollte, nicht unterbreche. Für ihn war die Arbeit fast etwas Heiliges. Es gelang mir nicht, mit ihm persönlich zu reden. Die

Telefonverbindungen zwischen Moskau und Rotterdam waren damals schlecht. Ich stand von dem Bett auf, wo ich die Nachricht erhalten hatte, und versuchte, mich davon zu überzeugen, daß er nicht im Sterben lag, wobei ich mich bemühte, die beruhigenden Worte so weitgehend wie möglich entsprechend meinen Bedürfnissen zu interpretieren – bis ich am nächsten Tag erkannte, daß ich nach Hause fahren müsse. Ich sagte alle Verpflichtungen ab, um am übernächsten Tag am Bett meines Vaters sitzen zu können. Aufgrund meines Zögerns kam ich acht Stunden zu spät. So wie bei dem alten Ethan, der krank ist, wollte ich Alter, Krankheit und Tod von meinem auf die Jugend fixierten Leben abschütteln.

Als ich aufwuchs, war Annie meine beste Freundin. Sie verstand mich, und sie war die einzige, die mit mir über Auschwitz und die Zeit danach redete. Sie brach das ominöse Schweigen des bildlosen Alptraums, von dem meine Vorfahren angenommen hatten, sie könnten mich davor schützen, indem sie nicht darüber redeten. Das war wahrscheinlich der Moment, als ich herausfand, daß Stimmungen als etwas existieren, was dich umgibt, auch wenn sie nie mit Worten beschrieben werden. Ich war verliebt in ihre kultivierte Energie und das melodiöse Timbre ihrer Stimme. Sie war zehn Jahre älter als meine Eltern. In ihren Achtzigern stürzte sie und mußte umziehen. Ich wußte, daß diese Entwurzelung der Anfang vom Ende war. Zum ersten Mal zeigte sie mir ihr neues Apartment. Ich hatte später an jenem Abend noch eine zweite Verabredung und blieb nicht einmal eine Stunde bei ihr. Den Tod gibt es einfach nicht. »Ich werde sie wiedersehen«, sagte ich zu mir selbst. Aber ich sah sie nicht wieder. Ich schämte mich. Der Tod ist so erschreckend! Und unmittelbar danach die Verleugnung. In einem Traum wäre Papi fast gestorben, aber er starb nicht wirklich... Papi ist noch nicht gestorben. Sterben dauert eine Ewigkeit; seit seinem physischen

Tod sind mittlerweile drei Jahre vergangen, und er muß in meiner Seele noch immer durch ein Sterben hindurchgehen, das sich an ein »fast, aber nicht wirklich« klammert. Ich erkenne, daß meine Liebe zu ihm mit seinem Tod nicht gestorben ist. Dies ist ein erster Schritt, mir bewußtzumachen, daß er tatsächlich tot ist. Am Ende der Traumserie *weiß* ich, daß er tot ist. Am Anfang umarme ich einen Vater, der lebt; am Ende umarme ich einen Vater, der voller Vitalität und dennoch tot ist. Warum ist das Sterben so lang und das Leben so kurz? Da ist eine Scheune voller Staub. Asche zu Asche, Staub zu Staub. Es heißt, daß alles, was von dort kommt, nur eine kurze Lebensdauer hat. Zwischen Staub und Staub, zwischen Asche und Asche ist ein Leben nur ein kurzer Moment. Ich erinnere mich an das letzte Gespräch, das ich mit meinem Vater hatte. »Es ist alles so schnell vorbeigegangen«, sagte er immer wieder. Ich konnte sehen, daß der Geist der Jugend in seinem müden alten Körper sich noch immer fragte, was eigentlich geschehen war.

Der Tod lauert direkt unter der Oberfläche, wo ein Haifisch sich seinen unterirdischen Weg bahnt und eine Rückenflosse sich durch die Erde pflügt. Er ist hinter meiner Frau her. Er will ihren Tod. Ich hege zweifellos einen Todeswunsch gegenüber dem Menschen, der alles Leben aus mir heraussaugen will. Diesmal ist es Deanne. Außerdem ist die schneidende Bedrohung des Todes uns auf den Fersen, unausweichlich, wo auch immer wir hingehen.

Ich kann zur alten Welt nicht zurückkehren. Die Welt, die für mich einen Sinn ergab, als mein Vater noch lebte, ist mit ihm gestorben. Ich werde krank, wenn ich versuche, mich an das Alte zu klammern. Ich muß flexibler werden, Veränderung zulassen.

Die Erde ist schwarz, und ich fühle einen Schmerz in meiner Brust. Werde ich so sterben, wie mein Vater gestorben ist? Ich bin der nächste, der dran ist.

Gruppe G: Bruderliebe Mein Bruder John war mir zu der Hochzeit mit der Königin im Binnenhof vorausgegangen. Der jüngere Bruder der anderen Braut tritt an sie heran, um etwas zu sagen: ein Kampf zwischen ihm und der Braut (2). Der ältere und einzige Bruder meines Vaters, der Lebemann, kämpft mit meiner Mutter (13). Ethan, der ältere Mann, der aussieht wie der Bruder meines Vaters, ist sehr krank, als ich ihn um des Mädchens willen stehenlasse, das mir Süßigkeiten verkauft (15). Die Frau, deren Schimpfen genauso klingt wie das meiner Mutter, ist auf dem Weg zum Bar-Mizwa-Fest des von der frühen Kindheit bis zum Ende der Jugendzeit einzig wichtigen *anderen* Jungen namens Robbie. Sie tadelt mich dafür, daß ich mir den Nobelpreis wünsche (18). Man sagt mir, ich besäße den *anderen* Teil der Asche meines Kollegen John, dessen Bruder an Aids starb. Seine Asche wurde bei der Beerdigung geteilt. Man sagt mir, ich hätte diese Asche mitgenommen, als ich in den australischen Busch fuhr (19). Im Zimmer meines Bruders John erregen mich reizvolle Frauen, indem sie sich ausziehen. Die Frage ist: »Was willst du werden?« (29). Einer der beiden Brüder wird einen Mord begehen. Einer der *anderen* Brüder, der junge Ethan, wird den Premierminister umbringen (30). Ich besuche den Bruder der älteren Frau (31). Jerry, der sich bewußt ist, daß ich in einer Doppelwelt lebe, ist mein brüderlicher Führer durch das Nachtleben für australische Junggesellen (41). Ich bitte einen Mann, an meiner Statt mit Jerry Kontakt aufzunehmen. Er sagt, er kenne Jerry nicht (42). In der Toilette fühle ich mich sexuell hingezogen zu dem männlichen Liebhaber von Jerrys Bruder; er fragt, wie groß mein... sei (48). Der *andere* Robbie nimmt mich mit zu seinem Haus am Park, der nach der Königin benannt ist, die über die Hochzeiten im Binnenhof präsidierte (49). Mein Bruder John fährt den Wagen; ich selbst sitze auf dem Rücksitz und halte meinen Vater in den Armen. Ich weiß, daß John zugleich nicht John ist (50).

Mein Bruder kam als erster zum Binnenhof der Königin. Er lag vor mir im Schoß meiner Mutter. Er war der junge Mann, hinter dem ich aufwuchs, immer ein paar Kleidergrößen kleiner als er. Er war der Big Bosnak im Vergleich zu meinem Little Bosnak. Wie groß ist dein...? Rivalität!

Mein Vater war ebenfalls ein jüngerer Bruder, und er teilte mit mir die Sehnsucht, gesehen zu werden, die sich zu einem leidenschaftlichen Wunsch nach Anerkennung entwickelte. (»Wenn man sich vorstellt, daß du glaubtest, du würdest den Nobelpreis bekommen!«)

Als ich in den australischen Busch kam, war das erste, was ich in mein Tagebuch schrieb: »Dieser unstillbare Hunger nach Anerkennung erstickt meine Kreativität. Ich mache mir ständig Sorgen darüber, wie ich ankomme, ob die Leute mich mögen. Dieser Hunger treibt mich dazu, nach Ehre, nicht nach Substanz zu streben. Das habe ich mit Papi gemeinsam, der ebenfalls ständig auf der Suche nach Ehre war. Anerkennung erfüllt mich mit Stolz, aber sie befriedigt mich nicht.«

Der jüngere Bruder der *unbekannten* Braut – ich war gekommen, um der Hochzeit der Braut beizuwohnen, die ich kannte –, kämpft mit seiner Schwester. Der unbekannte jüngere Bruder möchte Aufmerksamkeit. Er möchte gehört werden. Um nicht länger unbekannt zu sein? Er kämpft darum, von der Königin gesehen zu werden. Wie sehr unterscheidet sich das von meiner bewußten Wahrnehmung, daß ich das Lieblingskind meiner Mutter war!

Ein in der Gegend umherstreifender Bruder geht auf Raub aus, erfüllt von dem Wunsch zu töten, bereit, jeden zu ermorden, der es wagt, ihn zurückzuhalten. Ist es seine Frau? Bring sie um! Ist es die Verkörperung der Autorität, der Führer des Landes? Der Tod sei sein Schicksal! Er möchte von allen Verpflichtungen befreit sein. Ein Lebemann sein; so leben, wie mein Onkel es in seiner Jugend tat, ein ständiger Karneval mit einer Frau auf jedem Knie. Der junge Mann möchte die Verantwortung und alles, was alt und schwach ist, abschütteln. Aber zugleich bin ich zum Zentrum der Dinge vorgestoßen – wo ich es mit Brüdern zu tun habe, die überall um mich herum an Aids sterben. Ich fühle mich verantwortlich. Ich bringe Ilyatjari, dem Adlervater, meine Aids-Träume. Ich habe das Gefühl, ich muß mit all dem Tod fertig werden, der mich in der Welt der Brüder umgibt. Da gibt es einen Kampf zwischen der Sehnsucht nach der Freiheit der Jugend und der Notwendigkeit, sich um den Vater zu kümmern, verantwortlich zu sein. Was wird aus mir in einer Welt werden, in der *ich* der Vater bin? Ich rücke auf den Platz meines toten Vaters auf, ich, die neue Autorität, der nächste, der sterben wird.

Bruderliebe wird zu etwas Sexuellem. Ich fühle mich zu dem jungen Liebhaber des Bruders meines Freundes hingezogen. Wie wird mein Bedürfnis nach Veränderung meine sexuelle Imagination beeinflussen; erschreckt mich diese Lust auf den Bruder? Ich renne aus der Toilette, wo ich dieser Anziehungskraft der Homosexualität begegne!

Aber das ist nicht die einzige Liebe zwischen Männern, die an die Oberfläche kommt. Auf dem Rücksitz eines Autos halte ich meinen Vater in den Armen, wohl wissend, daß er tot ist; dennoch ist die Liebe zwischen uns stärker, als sie je gewesen ist. Ich erlebe einen Moment, in dem sein Tod keine Rolle spielt, da die jenseitige Welt real ist. Für einen Augenblick hebt sich der Schleier zwischen Leben und Tod. Sein Tod ist in mich eingedrungen.

Der Fahrer des Wagens, der die Liebe zwischen mir und meinem Vater chauffiert, ist mein Bruder John. Der Fahrer ist nicht mein Bruder John! Beides zugleich! Die biographische Vorstel-

225

lung, die ich von meinem Bruder John habe, ist zugleich ein völlig anderes autonomes Wesen, das mich durch die Welt der Vaterliebe, der Liebe zwischen Männern, fährt. Zwei Welten, die so radikal verschieden sind wie Liebe und Tod, existieren zur gleichen Zeit, und es spielt absolut keine Rolle.

Gruppe H: Zwei Welten Eine *Doppel*hochzeit findet an einem Ort statt, der »der Binnenhof« genannt wird (2). Da sind zwei Welten (6) (7), eine Zone des Zwielichts (7). Zwei Seelenverwandte wollen aus der jenseitigen Welt in diese überwechseln. Wir sind an einem Ort, der nicht existiert, antwortet der Außerirdische, nachdem er diese Welt betreten hat (7). Da ist ein gewöhnliches Zimmer und ein erschreckendes Zimmer dahinter (16). Die Liebenden wirbeln von einem Zimmer in das andere, wo er seine Stimme findet (17). Der Tod ist, als würde man in ein anderes Zimmer gehen (33). Wir fahren gegen eine Wand und durchbrechen sie (22). Ein Mann bricht in das Unbekannte ein, in eine jenseitige Welt der ständigen Veränderung (23). Mein japanischer Co-Therapeut sagt: Wir gehen von der Annahme aus, daß es möglich ist zu fühlen, was die andere Person fühlt. Aber das ist nur eine Annahme, weil wir es möglicherweise doch nicht können (34). Wir erkunden einen unbekannten Planeten (24). Es gibt eine äußere Welt und eine Welt, die in einer Liste ist (40). Ich weiß, daß ich in zwei Welten zugleich bin (41). Wenn zwei Geister denselben Raum bewohnen, dann wird jeder von ihnen weniger real (43). Der Detektiv aus *Roger Rabbit*, der in der Doppelwelt von Menschen und Cartoons lebt, hilft dem naiven Robbie (45). Ich frage eine Frau, die eine Schauspielerin ist und zugleich auch nicht, ob sie mich heiraten will (35). Der Fahrer des Wagens ist sowohl mein Bruder als auch nicht mein Bruder.

Erde an Robbie!

Dein Leben ist gegen eine Mauer gefahren. Um Dich davon zu lösen, ist es dringend nötig, daß Du den Durchbruch zu einer anderen Realität schaffst, Kommunikation zwischen dieser und einer jenseitigen Welt herstellst. Es scheint, daß Deine Welt einseitig war, was Deinen Mangel an Stimme, an Ideen erklärt. Du warst nicht offen für Stimmen von der anderen Seite. Kreative Impulse blieben stecken, weil Deine Weltanschauung Dich von der Realität des Todes trennte. Deine Angst vor dem Tod hat deine Kanäle verstopft. Du siehst einen Raum hinter diesem Raum; er erschreckt Dich. Es heißt, der Tod wäre so, als würde man in ein anderes Zimmer gehen.

Du durchbrichst die Wand und gelangst in die jenseitige Welt, eine Welt der ständigen Veränderung. Dein Erleben des Todes muß sich verändert haben, um diesen Durchbruch zuzulassen. Leben begegnet dem Tod, das Diesseits begegnet dem Jenseits, Europa begegnet dem roten Zentrum, westliches Bewußtsein begegnet Wildnis, Mann begegnet Frau. Zwei Welten existieren zur gleichen Zeit – das Leben ist relativ geworden. Jetzt, da zwischen zwei so grundsätzlich verschiedenen Welten eine Verbindung hergestellt ist, ist die Frau aufs neue geheimnisvoll – die Frau wurde erneut zu einer wahrhaft unbekannten Welt, die erkundet werden muß. Wie wird das Dein Denken und, was noch wichtiger ist, Deine Ehe beeinflussen? Und außerdem – wer sind diese Traumwelt-Wesen, jetzt, da die Welt eine doppelte geworden ist? Wenn Du deinen Bruder in einem Traum siehst, dann weißt Du, daß er sowohl aus den Erfahrungen besteht, die Du mit ihm gemacht hast, als auch aus einem Traumwesen, das sich als Dein Bruder präsentiert. Du machst dieser Verdoppelung einen Heiratsantrag, indem Du eine Frau fragst, von der Du weißt, daß sie sowohl *real* als auch eine Schauspielerin – bloßer Schein – ist. Dieses Doppelt-Sein wird Dich für alle Zeiten begleiten.

PS: Bericht, vor kurzer Zeit empfangen, über Untersuchungen, die in einer anderen Welt durchgeführt wurden (41): Während ich in der Realität einer anderen Welt war, in einem Postamt, um mit der Welt zu Hause zu kommunizieren, machte ich ein Experiment, um dem Unterscheid zwischen dieser anderen Welt und der Welt zu Hause auf die Spur zu kommen. Ich schloß die Augen und erinnerte mich in dem Moment, bevor sie sich schlossen, an dieses Postamt. Dann stellte ich es mir vor. Es sich vorzustellen unterschied sich sehr stark von dem Gefühl, wirklich dort zu sein, denn als ich meine Augen öffnete, war in diesem Postamt alles um mich herum real. Daraus folgt: Der Unterschied zwischen Erinnerung und Wirklichkeit ist in der Traumwelt derselbe wie in der physischen Welt.

Gruppe I: Hüte Ich habe zwei gute Hüte; zu meinem Entsetzen schmiert ein kleines Kind sie gänzlich mit Farbe voll; sie sind ruiniert (31). Papi trägt seine weiße Kappe (50). Es geht hier um verschiedene Hüte (51).

Aufsatz in der Grundschule mit der Überschrift »Hüte«, der mit leiser, hoher Stimme vor der Klasse vorgelesen werden soll.

Hüte sind mir wichtig. Mein Großvater wurde in den sechziger Jahren des neunzehnten Jahrhunderts geboren. Er war ein Hutmacher.

Ich habe zwei Hüte. Der eine ist ein Stetson, so, wie ihn die Cowboys tragen. Der andere ist ein Akubra. Ein Akubra ist ein australischer Hut.

Wir machten uns auf den Weg, um diesen kleinen Dreijährigen zu besuchen, der die Hüte mit Farbe vollgeschmiert hatte. Jetzt sind meine Hüte ruiniert. In meinem Hut ist mein Kopf. Ohne einen Hut fliegen alle meine Gedanken davon. Jetzt werden sowohl mein amerikanischer als auch mein australischer Kopf weggeblasen.

Mein Vater liebt seine weiße Kappe. Sie gibt ihm ein sportliches Aussehen. Er mag es, wenn seine Kappe sauber ist. Mein Vater hat weißes Haar. Mein Vater ist alt. Mein Vater ist tot. Sind Geister weiß?

Dies war eine Geschichte über Hüte. Es gibt viele Hüte. Einen für jede Stimmung, einen für jeden Kopf, in dem ich bin.

Gruppe J: Tranformationen Ein beängstigendes Mysterium. Plötzlich ist die »Stiefmutter« weg. Auf dem Anrufbeantworter ist eine Botschaft hinterlassen worden. Sie kehrt mit ihrer Tochter in meinem Alter zurück, aber zugleich sind beide zwanzig Jahre jünger und sehen sehr teigig und erschreckend aus; es sind Gespenster (5). Zunächst sieht es wie Schleim aus, was da aus meinem Penis kommt, dann wie Würmer, dann wie eine frische, saftige Krabbe, dann wie ein Insekt mit Flügeln, langen Beinen und Fühlern von der schleimigen Konsistenz einer Schlange, die in Gelatine liegt (9). Wir müssen herausfinden, wie die Dinge sich verändern (34). Plötzlich verändert sich alles. Es ist ein schrecklicher Schock, obwohl ich weiß, daß es geschieht (35). Zunächst ist das Gebäude neu und schön; dann wird es sehr rasch alt und verschwindet (39). Bei einem Spiel auf der Hochzeit mußte jemand die ganze Zeit Verwandlungen durchmachen. Es hatte mit der Vorstellung zu tun, daß alles in einem geradezu lächerlichen Ausmaß bedeutungsvoll sei (39). Zuerst kommen wir in ein Zimmer, wo Frauen backen; ihre Haut sieht aus wie ein Soufflé aus Eiweiß; eine der Frauen befindet sich plötzlich unter Wasser, und ihr Kopf schrumpft (41). In der anderen Welt sehe ich, wie das Bild auf meinem Führerschein tatsächlich verschwindet, während ich es dem Mann hinter dem Schalter zeige (41).

Einmal gab es in meinem Leben eine ältere Frau, bei der ich das
Gefühl hatte, daß sie für mich wie eine Stiefmutter war, eine
Stiefmutter wie im Märchen von Aschenputtel. Mehr kann ich
nicht sagen. Und tatsächlich hatte sie eine Tochter in meinem
Alter. Das war das erste Mal, daß die Realität sich für mich
schlagartig veränderte. Ich war zu Tode erschrocken, als sie sich
plötzlich in ein Gespenst verwandelte. Ich erlebte sie als die
Große Vernichtende Mutter, die mein rohes Fleisch fraß. Ich
sagte Ihnen schon, daß diese verschlingende Mutter das Haupt-
thema meiner ersten Analyse war. Sehr deprimierend. Alles im
Leben lief glatt, und plötzlich veränderte sich alles. Die Welt
wurde von einem Moment zum anderen dunkel und erschreckend. Am häufigsten kam dieses Gefühl direkt vor einem
kreativen Ausbruch. Deshalb ist es nicht überraschend, daß ich,
nachdem ich ihr begegnet bin, neues Leben herausspritze,
schleimige Klümpchen einer neuen Mutation.

Dann ist da diese Sache mit der Identität. Das Seltsamste geschah: während ich meinen Ausweis in den Händen hielt, ver-
schwand das Foto. Ich sah, wie meine Identität sich vor meinen
Augen auflöste. Das Ganze fand in der anderen Welt statt. Was
meinen Sie, was es bedeutet, daß meine Identität ausgelöscht ist?
In dieser Zeit des Übergangs bin ich mit einer Auflösung der
Identität konfrontiert. Es muß sich auf diesen Traum beziehen,
von dem ich Ihnen erzählte, in dem mein Sexualorgan ausein-
anderreißt, während ich widerwärtige, ursprüngliche Klumpen
ungeformten Lebens gebäre. Ich bin ein gebärender Mann. Was
geschieht mit meiner maskulinen Identität? Schließlich taucht
die verwandelte Lebensform mit den sensiblen Fühlern einer
Schnecke auf, die die geringste Veränderung in der Umgebung
spürt, sich zurückzieht, wenn man sie bedroht, und sich aus-
dehnt, wenn sie neugierig ist. Ein geflügeltes Bewußtsein, weich

wie das Leben in einem Schneckenhaus, ist *en masse* der Welt ausgesetzt. Vielleicht erweist sich meine Identität jetzt, da sie aufgelöst wurde, als ein bloßer Panzer, und hinter dem Panzer wird eine neue Sensibilität geboren. Ist dies ein Aspekt femininer Kommunikation oder die empfindsame Weichheit neuer Männlichkeit – was glauben Sie? Antworten Sie nicht! Manchmal mache ich mir Sorgen, ob ich ihn bei all dieser neuen Weichheit noch immer hochkriege, ob ich funktioniere und meine Aufgabe erfülle wie ein Mann …

Es ist die Veränderung selbst, auf die es ankommt, erzählen mir junge Leute, die meine Methode der Traumarbeit erlernen wollen. Und in der Tat: Was die Traumarbeit für mich bewirkte, ist, daß ich mich durch sie schneller an Veränderungen in meiner Umgebung anpaßte als zuvor – was wichtig ist, wenn du an jedem Arbeitstag in mehreren völlig unterschiedlichen Welten lebst und dafür bezahlt wirst. Es hält dich flexibel. Es hilft auch gegen den Jetlag. Wenn Veränderung der entscheidende Aspekt ist – eine wahrhaft merkurische Perspektive –, dann besteht ein großer Bedarf nach sensiblen Fühlern, um schnell ein Gefühl für die nächste Realität zu bekommen.

In dieser kritischen Zeit des Wandels geraten meine entscheidenden Lebensveränderungen ins Blickfeld: Ich bin in der lunaren Höhle, wo Träume gemacht werden. Die Welt verwandelt sich plötzlich vom Europa des neunzehnten Jahrhunderts in das Amerika des zwanzigsten Jahrhunderts: Texas oder den Mittleren Westen. Jeder Einwanderer kann nachempfinden, welch einen Schock das für das System bedeutet. Ich zog Ende 1977 von Europa in die Vereinigten Staaten. Der Wechsel vom Frack zu schmutzigen T-Shirts und Hosenträgern hat eine enorme Wirkung, dennoch werde ich ermutigt, die Koexistenz meines europäischen und amerikanischen Lebens zu respektieren. Ich erhalte Lektionen in Vielseitigkeit.

Der Kopf einer Person besteht aus einem ganz leichten Soufflé. Er wird unter Wasser gehalten und schrumpft. Kopf-Schrumpfer*), schrumpf dich mal selbst ein bißchen… Langweile ich dich? Hey, schläfst du? Hast du irgend etwas von dem, was ich sagte, gehört?

Gruppe K: Flügel Widerwärtige gelatineartige geflügelte Insekten kommen aus meinen zerrissenen Genitalien hervor (9). Archaische Reptilien steigen mit geisterroten Flügeln aus dem dunklen Abgrund neben dem Weißen Haus empor (11). Mit einem Gefühl der Übelkeit, ausgelöst durch meine Entscheidung, mich an das Alte zu halten, wache ich auf und sehe einen riesigen Adler, dessen Flügel sich quer über den Himmel erstrecken, über meinen Kopf hinwegfliegen (14).

GEDICHT

Was zunächst als Schleim erscheint,
wird durch schreckliche Parthenogenese
zu einer eigenständigen Seele,
bereit zu fliegen.
Ist das Suchen nach süßer Verführung
durch die Jungen
vielleicht eine Sehnsucht nach Betäubung,
um den Schmerz
des Gebärens nicht zu spüren?

Reptilienvögel, seit langem aus der Natur
verschwunden,

---

*) amerikanisch *Head-shrinker,* in Amerika ein Slangwort für Psychiater, Anm. d. Ü.

tauchen von dort auf,
wo das Zentrum der Weißen Welt sich befindet.
Der Himmel ist von uralten Geräuschen erfüllt,
von Flügeln, die darin umherflattern,
vergessen von der Oberfläche der Erde.
Für immer, so schien es.

Aber archaischer Flügelumfang ist wiedergekommen,
angetrieben durch glühendes Rot der Gespenster.

Die Flügel wachsen schnell,
umarmen den Himmel.
Der Adler sucht die Milchstraße,
wo die Vorfahren wohnen.

Dann ein Blitzstrahl.
Es beginnt zu nieseln.
Ich stehe auf, um
unsere Habseligkeiten zu bedecken.

Der Himmelsgeist und
der Blitz der Natur
sind in der Ehe
miteinander vermischt.

Die Begegnung von Natur und Bild
schlägt Funken des Donners.
Es ist nicht länger offensichtlich,
was draußen geschieht
und was drinnen.
Die Welten sind ein Kontinuum.

Gruppe L: Der lange Treck nach Hause (Aus dem Wörterbuch:»Treck: ... eine langsame und mühselige Reise... von holländisch *trekken*, reisen.«) Ein Boot möchte ablegen (11). Ich sehe im Buchladen ein Buch über mein Leben im Freien. Die Farbfotos von mir sehen sehr schäbig aus. Ich bin sehr adrett (17). Die Rückkehr: die Reise zurück über eine enorme Entfernung hinweg (19). Ich reise in den australischen Busch, und jeder weiß, daß die wichtigsten Erfahrungen im Dunkeln und Unbekannten gemacht werden (23). In den Bergen: das Morgenprogramm ist vorüber, und eine Frau versucht, mich zu überreden, eine lange Reise zu machen. Ich bin auf dem Treck; ein langsamer Treck ist sehr viel introspektiver; Ethan, der junge Mörder, fährt rasch den Berg hinunter (30). Wir fahren in ein Dorf in der Nähe, um den Bruder der älteren Frau zu besuchen; man sagt mir, ich solle die Neugier beiseite lassen (31). Erdbeben; ich muß nach Hause fahren; das ganze Dorf ist hinter mir her; mein Motorrad springt nicht an (32). Das ganze australische Dorf ist hinter uns her, um die Frau zu fangen, die zurückgekehrt ist, um das Haus ihrer Kindheit zu besuchen (33). Eine Frau stirbt; wir wünschen ihr eine gute Fahrt, eine gute Reise (33). Wir fahren in einem Raumschiff zu einer Zwischenstation auf dem Mond, bevor wir tief in das All eindringen (35). Jemand bringt uns zu einem Berg. Es findet ein sehr schnelles Rennen statt; zwei Menschen fliegen im freien Fall sehr tief hinab; die Stufen nach oben brechen zusammen (36). Mein Alter ego findet eine alte Landkarte. Es reist in verschiedenen Zeitphasen durch viele Abenteuer und ist fähig, die Landkarte beständig festzuhalten. Schließlich sieht es an der Quelle des Flusses ein Gebäude, genannt »die Blaupause der Welt«. Ein Transformationsspiel wird gespielt, das mit der Vorstellung zu tun hat, daß alles in einem geradezu lächerlichen Ausmaß bedeutungsvoll ist (39).

Ich kann das Nebelhorn des Schiffes hören. Die Reise beginnt. Ich habe nicht sehr viel produziert.

In dieser unkreativen Stimmung finde ich den Katalog meines Verlegers. Es ist eine dicke Broschüre, und es sind viele Farbfotos von mir im Freien darin. Zunächst sieht es so aus, als hätten sie viele meiner Vorträge publiziert. Ich bin glücklich, daß soviel von mir gedruckt wurde. Vielleicht bin ich produktiver, als ich dachte. Dann sehe ich, daß das Buch *Das Leben im Freien* heißt. Die Fotos sind sehr schäbig. Ich sehe fit und gesund aus. Ich habe kein Doppelkinn. Die Fotos sind in Farbe. Über diese Produktion von Robert Bosnak, dem Autor, hatte ich nichts gewußt. Es findet in der freien Wildnis statt. Die Wildnis fördert meine Gesundheit und Robustheit. Sie verleiht mir Farbe.

Ich bin in eine weit entfernte Welt gereist, wo Maschinen Bewußtsein haben. Jeder Fan von Science-fiction, so wie ich es bin, wird verstehen, daß ich in die Zukunft gereist bin, wo das menschliche Bewußtsein mittels Silikon etwas Neues hervorgebracht hat. In dieser entfernten mentalen Welt existieren die Ideen jetzt unabhängig von uns. Der Geist ist aus sich heraus weiter schöpferisch. Wie weit bin ich doch davon entfernt, mich selbst als so unkreativ zu empfinden! Offensichtlich ist es ein langer Treck zurück in die Gegenwart. Ich muß über weite Entfernungen hinweg zu meinem Heim in der Vergangenheit zurückkehren. Der Geist greift zurück nach dem Körper. Die entkörperte Vorstellung vom tiefen Weltall muß auf die Erde herunterkommen.

Die Reise nach Hause, zur Zeit des Ursprungs, geht über den australischen Busch, wo man nichts anderes weiß, als daß die wichtigsten Erfahrungen im Dunkeln gemacht werden. Diese Reisen finden im tiefen Unbekannten statt.

Das Morgenprogramm ist vorbei. Die Lebenssonne ist über

den Zenit gewandert und kehrt zur Nacht zurück. Ich gehöre sozusagen zum alten Eisen. Zeit, sich auf das vorzubereiten, was auf der anderen Seite des Morgens ist. Dennoch möchte ich weiterhin in Windeseile Ski laufen, die Geschwindigkeit der Jugend beibehalten. Aber die Bindungen sind alt, nicht länger sicher. Am Nachmittag des Lebens ist ein langsamer Treck angesagt. Skiläufer, die noch jung sind, können das Eis bewältigen. Andere stürzen im freien Fall in die Tiefe. Ein Fall ohne Rückkehr, da die Leiter, die wieder hinaufführt, verrottet ist und zusammenfällt. »Auf eigenes Risiko«, sagt man mir. »Wir werden sie übertapezieren.« Wir sind jetzt in einem Leben am Fuße des Steilhangs, eine weite Strecke von den Gipfeln der Jugend entfernt. Als ich dies träume, bin ich fünfundvierzig.

Als ich mich auf diesen Weg des Nachmittags begebe, besuche ich zuerst den Bruder der alten Frau. Ich betrete das Haus des alten Paares. (Mir fällt ein Spruch an der Wand in einem Restaurant ein, der lautete: »Vierzig ist das Alter der Jugend, fünfzig die Jugend des Alters.«) Ich muß das Haus des Alters betreten. Aber ich muß die Neugier hinter mir lassen. Sie ist nicht eingeladen. Ich hatte immer gedacht, Neugier führe zum Wissen. Aber Neugier kann auch eine echte Begegnung verhindern. Ich erinnere mich daran, wie ich mit meinem alten Onkel zusammensaß, der durch mehrere Schlaganfälle, die ihn am Ende umbrachten, hilflos geworden war. Ich sah ihn an und war neugierig, was wohl in seinem Kopf vor sich ging. Er wurde sehr ärgerlich und rief vorwurfsvoll aus: »Nichts als glotzen, glotzen!« Ich schämte mich. Was für mich ein Kuriosum war, war für ihn sein Leben. (Er war der Onkel, in dessen Krankenhauszimmer ich schließlich landete, nachdem ich die schleimigen Schnecken zur Welt gebracht hatte. Nicht Neugier, sondern Mitgefühl für das Leid ist es, was zählt.) Neugier kann eine echte Begegnung verhindern. Mein Selbst des Studenten-anderer-Kulturen sollte dies im Gedächtnis behalten, und ebenso sollte der Erforscher der Welt der Träume das tun.

Ich komme zu einem geometrischen Gebäude, möglicherweise achteckig. Irgendeine Art Bibliothek. Ich stehe draußen. Plötzlich gibt es ein Erdbeben. Das ganze Gebäude schwankt und bricht zusammen. Die Bibliothek, die Welt des Geistes, ist in einem unerträglichen Maße schief und krumm. Das geistige Konstrukt fällt zusammen. Der Elfenbeinturm der Gelehrsamkeit liegt in Schutt. Was übriggeblieben ist, ist Unwissenheit und die Sehnsucht, wieder nach Hause zurückzukehren. Ich versuche, auf einem Motorrad zurückzufahren. Es springt nicht an, und ich weiß nicht, wie es funktioniert. Vielleicht weiß ein Freund meines Sohnes, wie es funktioniert, aber ich selbst habe keine Ahnung. Der Motor der Jugend hat kein Benzin. Ich möchte wieder nach Hause fahren! Man schiebt mir die Verantwortung für das Erdbeben zu, das alles in Sichtweite erschüttert hat. Die Dorfbewohner sind hinter mir her. Diese fremde Welt verfolgt mich. Ich möchte weg von hier.

Nach einer langen Verfolgungsjagd, bei der die Dorfbewohner, die denen ähneln, die wir schon früher sahen, hinter uns her waren, kommen wir an das Totenbett einer alten Frau. Sie ist sicher, daß Sterben so ist, wie in ein anderes Zimmer zu gehen. Ihre Überzeugung läßt sie jung und friedlich aussehen. Wir singen »Amazing Grace«. Der Treck, auf dem ich an diesem Nachmittag bin, ist die Reise des Todes, eine Bewegung in ein anderes Zimmer hinein.

Die letzten Momente vor dem Tod meiner Großmutter, einen Monat vor ihrem hundertsten Geburtstag, haben sich tief in meine Seele eingeprägt; wir sahen uns ein paar Stunden, bevor sie starb. Plötzlich leuchtete zwischen den Falten all ihr jugendlicher Elan auf. Ihr Gesicht strahlte. In dem Augenblick waren wir gemeinsam jung, liebten einander im Frühling. Wir beide kosteten diesen Augenblick in der Tiefe unseres Seins aus. Dann trennten wir uns.

Die Odyssee in den Weltraum hat die Zwischenstation zwischen der Erde und der Tiefe des Alls erreicht: den Mond. Der Mond mit seiner glänzenden, seidigen Schönheit, die weibliche Menses, und seinen dunklen, brütenden Stimmungen, erinnerte unsere Vorfahren an die zyklischen Veränderungen, welche Frauen immer wieder erfahren. Sein nächtliches, elfenbeinfarbiges, zurückspiegelndes Licht weckt überall auf der Welt Phantasien. Eine Mitastronautin führt mich zu der lunaren Höhle, wo alles begann, der Gebärmutter von »allem«. Die Höhle wird zu einem Ballsaal im neunzehnten Jahrhundert, wo ich mit meiner Liebsten tanze und sie dabei frage, ob sie mich heiraten will. Dann plötzlich sind wir im Mittleren Westen Amerikas an einer Tankstelle. Sie ist völlig real, und doch findet alles in der lunaren Höhle statt. In dieser Höhle gehen ganze Welten in fortgesetzter Diskontinuität ineinander über. In der Höhle lunarer Imagination entstehen ständig neue Welten, werden ständig neue Leben gelebt.

Auf Seite zwei des ersten Buches, das ich jemals zu einem psychologischen Thema schrieb, gab ich die Parabel der Höhle aus Platos Republik wieder. Die Höhle ist das bei weitem berühmteste Bild in der westlichen Philosophie. Lauschen wir der Stimme von Sokrates, dem Vater unseres westlichen Denkens:

Stelle dir nämlich Menschen vor in einer höhlenartigen Wohnung unter der Erde, die einen nach dem Lichte zu geöffneten und längs der ganzen Höhle hingehenden Eingang habe, Menschen, die von Jugend auf an Schenkeln und Hälsen in Fesseln eingeschmiedet sind, so daß sie dort unbeweglich sitzenbleiben und nur vorwärts schauen, aber links und rechts die Köpfe wegen der Fesselung nicht umzudrehen vermögen;

238

das Licht für sie scheine von oben und von der Ferne von einem Feuer hinter ihnen; zwischen dem Feuer und den Gefesselten sei oben ein Querweg; längs diesem denke dir eine kleine Mauer erbaut, wie sie die Gaukler vor dem Publikum haben, wo sie ihre Wunder zeigen.

So stelle dir nun weiter vor, längs dieser Mauer trügen Leute allerhand über diese hinausragenden Gerätschaften, auch Menschenstatuen und Bilder von anderen Wesen aus Holz…*)

Was diese Menschen, so fährt Sokrates fort, sehen und hören, wären die Schatten, die vor ihnen an die Wand geworfen würden, und das Echo der gesprochenen Wörter. Aber da sie es nicht besser wüßten, hielten sie diese Erscheinungen für die Realität. Ein Mann wird von seinen Fesseln befreit und dreht sich um. Nach einem langen Kampf steigt er ins Licht hinauf – zunächst in das Licht des Feuers und dann in das des Sonnenlichts. Er ist geblendet und verwirrt. Dann erinnert er sich an seinen früheren Platz in der Höhle, empfindet Mitgefühl für seine Kameraden und kehrt um, um ihnen von seiner Erfahrung zu berichten.

… würde er da nicht ein Gelächter veranlassen, und würde es nicht von ihm heißen, weil er hinaufgegangen wäre, sei er mit verdorbenen Augen zurückgekommen, und sei es nicht der Mühe wert, nur den Versuch zu machen hinaufzugehen? Und wenn er sich gar erst unterstände, sie zu entfesseln und hinaufzuführen – würden sie ihn nicht ermorden, wenn sie ihn in die Hände bekommen und ermorden könnten?**)

*) Platon: *Sämtliche Werke*, hrsg. von Erich Loewenthal, Köln und Olten, 6. Auflage 1969, S. 249
**) Ibid, S. 252

Sokrates sieht seine Zukunft voraus: wie er von den Bürgern Athens wegen seiner Philosophie ermordet wird.

Ich habe an die Höhle an der Quelle des westlichen Denkens erinnert, weil sie sich von der lunaren Höhle, die ich auf meinem Treck besuchte, *fundamental* unterscheidet. (Und möglicherweise weil ich, mit all meinen seltsamen Ideen über andere Welten und symbiotische Kommunikation, einen ähnlichen Empfang erwarte wie der Mann, der zu der Höhle zurückkehrte.)

Sokrates' Höhle ist uns heute sehr vertraut. Wir nennen sie »Kino«. Plato, der uns Sokrates' Worte übermittelte, beschreibt eine gefangene Zuhörerschaft, die niemals aus dem Kino herausgekommen ist, überzeugt, daß Filme die absolute Realität wären. In Sokrates' Höhle sind, ebenso wie im Kino, die Bilder selbst Illusion; in meiner lunaren Höhle sind sie völlig real. Nach Sokrates' Meinung kann man die Realität nur im Sonnenlicht außerhalb der Höhle erkennen. »Meine« dazwischenliegende Mondhöhle gibt den inneren Bildern des Mondes, die so real wie nur möglich sind, die gebührende Ehre. Sokrates' Vorstellungen beziehen sich auf die *solare* Welt und haben seither das westliche Bewußtsein geprägt, uns dazu gebracht, den Schleier des Scheins zu zerreißen, um die Realität zu entdecken. Auf der anderen Seite ist da der Mond, der diejenigen Realitäten in sich birgt, denen wir nachts begegnen. Die Nacht ist ebenso real wie der Tag. In der Nacht ist der Schein alles, an das wir uns halten können. In der *lunaren* Höhle ist das, was bloßer Schein ist, real. In dieser Mondhöhle bitte ich eine Frau, die zugleich Schauspielerin (Schein) und real ist, mich zu heiraten. Für die Nacht gibt es keine Hierarchie der Realitäten, in der eine realer ist als die andere, sondern viele Realitäten existieren gleichzeitig. Für unser Träumen *ist* der Schein der Existenz Realität.

Ich bin nach Holland zurückgekehrt, um an der Hochzeitsfeier meiner besten Freunde teilzunehmen. Ich sehe die Braut, die beste Freundin meiner Frau. Sie ist im oberen Stockwerk. Sie ist wunderschön gekleidet, in ein Gewand aus alter Seide. Sie glänzt wie der Mond. Ich verbeuge mich vor ihr, und sie lacht. Sie ist von all ihren Brautjungfern umgeben. Dann finde ich eine Landkarte. Eine sehr alte Landkarte. Ich bin jetzt jemand anders; ein strohblonder Student mit einem klassischen lateinischen Nachnamen, dessen Vater Botschafter war und ein Haus auf einer griechischen Insel besaß. Ein passender Protagonist für eine Odyssee. Ich finde (mich in ihn verwandelnd) die Landkarte. Es ist eine Zeichnung darauf. Auf der Zeichnung ist ein X innerhalb eines Quadrats mit einem zwiebelförmigen Kirchturm darauf. Die Zeichnung erinnert mich an ein Stundenglas. Mit dieser Schriftrolle macht er sich auf den Weg durch viele Abenteuer, durchlebt jede mögliche menschliche Erfahrung. Mein Alter ego muß durch viele verschiedene Leben hindurchgehen.

Am Ende kommt er mit der Schriftrolle unter dem Arm zurück zur Hochzeitsfeier; er hat die Rolle während all seiner Prüfungen und Versuchungen nicht losgelassen. Aber das Fest ist vorbei. Die langen Tische sind leer, und die Stühle sind dagegen gelehnt. Es ist eine Stimmung des Nicht-dabeigewesen-Seins, nachdem er die Party völlig verpaßt hat. Er geht zum Fluß hinüber und setzt sich traurig ins Gras. Plötzlich sieht er zu seiner Linken, an der Quelle des Flusses, ein Gebäude. Es ist genau wie die Zeichnung, die er in all den vielen Leben der Prüfungen und Abenteuer immer bei sich getragen hat. Über dem quadratischen Fundament des zweistöckigen Gebäudes, direkt unter dem Zwiebelturm, steht geschrieben: »Dies ist die Blaupause der Welt.« Er schaut es sich an, und ich stehe neben ihm. Er schaut es sich an, und es sieht phantastisch aus. Dann plötzlich wird es sehr alt. Es verschwindet, völlig verfallen, aus dieser Welt. Es sieht aus, als wenn das gesamte Gebäude davonfahren würde; es verschwindet einfach. Das Gebäude war aus Holz, aus altem Holz. Es hatte eine geometrische Form: ein Würfel (das Quadrat, dessen bin ich mir sehr wohl bewußt, ist ein mittelalterliches Symbol für *Materie*), der das X des Unbekannten enthält, gekrönt vom Zwiebelturm der russischen Seele. In dem Rußland, das ich kennengelernt habe, begegnet der Westen dem Osten, der Orient dem Okzident. Das ganze Gebäude sieht, alles in allem, wie ein Stundenglas, das Symbol der Zeit, aus. Diese »Blaupause« an der Quelle, diese *originelle* Design-Erscheinung, zeigt die Art, wie das ewig Unbekannte – in einer Begegnung der Kulturen – in Materie, Seele und Zeit enthalten ist. Zuerst war es neu und sehr schön. Dann wurde es sehr rasch alt – weil das alles sehr, sehr lange her ist – in einer Es-war-einmal-Zeit, einer Traumzeit. Ich sage zu ihm: »Ich habe einen enormen Respekt vor dir, daß du an dem Bild festgehalten hast. Weil du das tatest, hat das Gebäude wirklich existiert.« Für einen kurzen Moment existierte *Originalität* in all ihrem Glanz.

Die Permanenz der Veränderung läßt diesen blonden jungen Mann, der die griechischen Inseln bereist, völlig kalt. Als auf der Hochzeitsfeier ein Transformationsspiel (genannt »das Spiel der Bedeutung«) gespielt wurde, machte er alle möglichen Veränderungen durch. Einmal sah ich ihn irgendwo als verkleidetes Tier sitzen, als einen angekleideten Elefanten, der wie der Hindugott Ganesh aussah, der Überwinder aller Hindernisse.

Ich würde mich wegen dieses Abenteuers, das mir unglaublich bedeutungsvoll erscheint – eine Art *Konversionserfahrung*, bei der die Bedeutung von allem plötzlich offensichtlich wird wie bei Paulus auf der Straße nach Damaskus –, peinlich berührt fühlen, wenn ich nicht eine Erzählung aus der Antike über einen anderen Blonden, Menelaos, kennte, der von Troja aus seinen Weg zwischen den griechischen Inseln hindurch nach Hause fand. Da ich selbst auf einer langen Reise nach Hause bin, kann ich meine eigene Odyssee mit der ursprünglichen in Beziehung setzen. Ein Sturm warf Menelaos auf die Insel Pharos. Dort sagte ihm die Tochter von Proteus, des alten Mannes des Meeres, er solle ihren Vater, der die Sehergabe habe, nach dem Heimweg fragen. Es war Mittagszeit, und Proteus, der alte Mann des Meeres, schlief inmitten seiner Herde, den Seehunden. Menelaos packte ihn. Proteus begann seine Gestalt zu verändern, verwandelte sich von einem Löwen in eine Schlange, einen Panther, einen Eber, in fließendes Wasser und einen grünenden Baum. Aber Menelaos ließ ihn nicht los, deshalb mußte Proteus ihm prophezeien: »Kehre zum Fluß Ägypten zurück und bringe den Göttern das Opfer, das du ihnen schuldest.« Nachdem er das getan hatte, kehrte Menelaos, nach acht Jahren des Herumirrens auf dem Meer, zu seiner Helena zurück. Proteus' Prophezeiung erinnert mich an Nganyinytjas Worte: »Vielleicht hast du die Rituale des Begräbnisses nicht richtig erfüllt. Vielleicht gibt es da immer noch etwas, was du für die Toten tun solltest.«

Menelaos hatte sein Heim verlassen, um die schöne Helena zurückzufordern, die er verloren hatte. Er verließ ein leeres, karges Haus, um zu einem Heim der Schönheit zurückzukehren. Ich werde für mein eigenes Heim Helena ebenfalls zurückfordern müssen, da es sonst für immer öde und langweilig bleiben wird.

Es gibt eine essentielle Form innerhalb der ständig wechselnden Lebenserfahrungen. Wenn du *alle Erscheinungen festhalten kannst* und nicht zuläßt, daß sie dir durch die Hände rinnen, dann wirst du schließlich deinen Weg zurück nach Hause finden, zur Blaupause des Flusses. Menschen haben auch eine Art Zielfluggerät, so wie heimfliegende Tauben. Unseres wurde durch Schichten rationalen Lernens verschüttet. Zu meiner Überraschung finde ich, daß der Tod meines Vaters mein eigenes Zielfluggerät jetzt, da ich meinen Weg ganz allein finden muß, sehr viel funktionstüchtiger und sensibler gemacht hat. Zuvor war die Welt die Domäne meines Vaters gewesen, und obwohl ich im weit entfernten Amerika lebte, war seine Ermutigung die Stimme von zu Hause, die mir half, die Richtung zu finden. Jetzt, da die weltliche Stimme von zu Hause zum Schweigen gebracht worden ist, tritt mein eigenes Zielfluggerät in Aktion. Es gibt mir ein Gefühl für das Wesentliche innerhalb der vielfältigen Erscheinungen, ein Gefühl der Richtung durch die Wildnis des Träumens. Es hält mich in Kontakt mit der Quelle meines Seins.

Entsprechend dem Mythos des Proteus spricht diese »Blaupause« mit der Stimme der Wahrheit, ganz ähnlich, wie der aus der Höhle Entflohene die Wahrheit spricht, nachdem er das Sonnenlicht erblickt hat. Es gibt nur eine einzige richtige Handlungsweise. Es gibt nur eine Wahrheit. Diese *eine* ultimative Wahrheit ist real, genauso wie die *vielen* Zwischen-Leben in der Mondhöhle so real sind, wie sie sich darstellen. »Einer« ist ein Traum, der sich von »vielen« unterscheidet. Der Eine Gott und die Vielen Götter existieren simultan, jeder einzelne ein totaler Kosmos. Beide Träume – die lunare Höhle vieler und die einzelne Blaupause der endgültigen Wahrheit – folgen rasch aufeinander, beide so real wie die doppelte Realität, angedeutet in der Doppelhochzeit im zweiten Traum an einem Ort, der »der Binnenhof« heißt.

Die Enthüllung der Blaupause von »allem« stand im Zentrum der Hochzeit meiner besten Freunde. Die Ehe hat einen neuen Orientierungspunkt gewonnen, ein neuer Weg wurde gefunden, damit Freundschaft zu schließen. Und was ist Ehe, wenn nicht das Zuhause?

Aber ist all das noch zur rechten Zeit gekommen, oder wird es zu spät sein wie damals, als mein Vater starb? Die Hochzeit ist vorbei; die Stühle lehnen gegen die langen Tische. Der Abenteurer hat die Hochzeit verpaßt. Habe ich die Ehe verpaßt? Wird dieser Menelaos jemals seine Helena zu Hause erreichen?

Gruppe M: An die Öffentlichkeit gehen Mein Freund, der Wiener Psychiater, ist sich gerade bewußt geworden, daß der Verleger, den er gesucht hatte, in dem Gebäude direkt auf der anderen Straßenseite ist, das wie eine Parkgarage aussieht (8). Als ich auf einer C. G. Jung-Konferenz einen Vortrag über die Pitjantjatjara halte, sind die Experten sehr verärgert, daß ich über dieses Thema rede. Es sollte ausschließlich von den Experten diskutiert werden. Ein junger Mann sagt: »Wir haben all diese Untersuchungen durchgeführt, und jetzt halten Sie das Ganze auf, indem Sie hinterherhinken« (27). Ich bin bekümmert, weil ich auf dem Mond meine Videokamera vergessen habe (35). Bevor ich von meinen Erfahrungen mit dem Volk der Aborigines erzählen kann, muß ich zeigen, was »im Kasten« ist (40). Ich bin in einem provisorischen Postamt in der jenseitigen Welt und muß Pakete mit Sachen wieder nach Hause zurückschicken (41). Ein Lehrer zeigt, wie die Dinge mit dem Verstand des Westens gemacht werden müssen; aber als alles richtig in Gang kommt, muß der Mann aus dem Westen gehen. Wir warten auf den richtigen Zeitpunkt, der Geistheiler verfügt nicht mehr (ich glaube, »nicht mehr« ist korrekt) oder noch nicht (dies ist möglicherweise nur ein Wunsch beim Aufwachen) über seine volle Kraft (44).

Ein Jahr ist vergangen

Am Anfang war da ein Bedürfnis, an die Öffentlichkeit zu treten, aber ohne zu wissen, wie. Und doch brauchte man dafür nur eines zu tun: auf die andere Seite zu schauen.

Experten, diejenigen, die es wissen, waren wütend, daß ich

über Menschen von der anderen Seite redete – wie sie sich in ihrem Pitjantjatjara *und* in der träumenden Bevölkerung manifestierten. Nur diejenigen, die es wußten, nicht Dilettanten wie ich, beherrschten diesen Bereich ganz und gar. Ein Anfänger sollte noch nicht reden.

Erst mußte die Erfahrung, die jetzt, wie ein Film, »im Kasten« ist, gezeigt werden. Ich mußte zeigen, was im Kasten ist. Ich mußte das Material verdauen, indem ich es erneut visualisierte und editierte. Erst dann kann das Material veröffentlicht werden. Ich mußte warten.

Der westliche Verstand – der Verstand von Experten im Bereich der Wissenschaft, der strengen westlichen Logik – wurde gebraucht, um dem Prozeß Stoßkraft zu verleihen und ihn zugleich zu steuern und zu kontrollieren. Wir mußten uns an die westliche Logik halten, bis sie sich angesichts der Welt des Geistheilers von selbst enträtselte. Dennoch trat der Geistheiler, der zu- und abnimmt wie der Mond, mehr und mehr in den Hintergrund. Ich wünschte, daß die Dinge anders wären, daß der Geist wachsen würde. Meine Ungeduld zeigte sich, als ich die Traumerfahrung fast falsch aufgezeichnet hätte. Ein ganzer Zyklus des Zu- und Abnehmens mußte stattfinden, bis der Geist wieder angefüllt sein würde. Bis dahin mußte ich mit westlicher Vernunft kooperieren. Ich erinnere mich an Jungs Widerstand gegen seinen Friseur in Chattanooga. Vielleicht war damals die Zeit für neue Kräuselungen in seinem westlichen Verstand noch nicht reif.

Ein Jahr ist verstrichen. Es ist August 1994. Ich bin zum Herzen des roten Zentrums zurückgekehrt, zum großen Felsen Uluru (bzw. Ayers Rock), um dieses Buch noch einmal umzuschreiben. Jetzt endlich ist die Erfahrung »im Kasten« bereit, in die Welt hineinprojiziert zu werden.

Kapitel 9

Mein alter Herr

Am Ende meines australischen Traumzyklus tauchte ein Traum auf, der mich davon überzeugte, daß jetzt der richtige Zeitpunkt ist, an all meinen vorigen Träumen zu arbeiten. Dieses Buch ist ein Ergebnis dieser Überzeugung. Der Vortrag, den ich in dem folgenden Traum (52) halten werde, ist im wesentlichen der Inhalt dieses Buches: Australien, symbiotische Kommunikation, Traumarbeit, Realität des Träumens, Ehe, Tod meines alten Herrn.

> Ich werde meinen Vortrag am Dienstag halten. Am Montag kann ich im Haus eines alten Herrn, den ich kenne, schon einmal einen Probevortrag halten; es werden einige Leute dort sein, unter anderem Freud. Nach ein paar Fehlstarts kriege ich schließlich die Kurve und sage, überzeugt, daß es wahr ist: »Überall, wo die Menschen träumen, denken sie, sie sind in einer völlig realen Welt.« Ein alter Herr zu meiner Rechten schüttelt heftig den Kopf. »Das ist nicht wahr!« ruft er aus. »Ich stimme dem auch nicht zu«, fügt Freud hinzu. Ich bin verblüfft und erkenne, für wie wahr ich diese Realität gehalten habe. Ich bin sehr verwirrt. Die Leute beginnen aufzubrechen. Ich lehne mich auf meinem Stuhl wieder zurück. Der Raum ist

jetzt fast leer, nur Freud und ein paar Nachzügler sind noch da.

»Tja, ich muß jetzt gehen«, sagt Freud.

Ich möchte noch etwas mit ihm besprechen. »Also, Dr. Freud, Sie glauben nicht, daß die Traumwelt real ist?«

»Nein«, antwortet er. »Während Sie träumen, erreichen Sie niemals den kleinen Jungen. Und Sie werden immer in einer Distanz zu den Dingen bleiben, vor denen Sie Angst haben.«

»Das ist wahr«, sage ich, »aber das macht sie nicht weniger real.«

»Also«, sagt Freud, »das stimmt nicht. Sie haben unrecht.« Dieser alte Mann Freud, der nicht aussieht wie Sigmund Freud – sein Gesicht ist viel runder –, spricht mit großer innerer Überzeugung. Er wischt mein Argument mit absoluter Autorität vom Tisch.

Ich entgegne, fast verzweifelt, daß überall auf der Welt, wo ich über Träume diskutiert habe, die Menschen die Traumumgebung beim Träumen immer als real betrachteten.

»Tja«, sagt er schließlich, »überprüfen Sie die Traumberichte von einhundertundeinem Träumer, und Sie werden sehen, daß es nicht stimmt.« Dann geht er. Ich sitze völlig niedergeschmettert auf meinem Stuhl. Ich möchte Freud einen Brief schreiben, um noch einmal auf diese Diskussion zurückzukommen. Aber ich weiß, daß er seit langem tot ist. Daß ich keinen weit zurückliegenden Brief schreiben kann. Ich weiß, daß ich in zwei Welten bin. Dann erkenne ich: Wenn ich den Brief in die Berggasse in Wien schicke, an Freuds Heimatadresse, dann wird es offensichtlich ein neuer Brief sein, und er wird nirgendwo ankommen, weil Freud vor langer Zeit gelebt hat. Ich bin traurig, daß es mir nicht gelingen wird, Freud zu erreichen, um die Diskussion fortzusetzen.

Meine fundamentalste Idee in diesem Buch muß sein, daß die Traumwelt beim Träumen völlig real ist, da dies die Gewißheit ist, die von dem alten Herrn Freud attackiert wurde. Das runde Gesicht des alten Herrn Freud sieht nicht aus wie Sigmund Freud. Mein Gesicht ist rund.

Der alte Herr Freud ist mein Vater aller Väter – der Begründer der Psychoanalyse und der praktischen Traumarbeit, der das Buch *Traumdeutung* schrieb, als sein Vater starb. Dieser Vater früherer Zeiten im Haus des alten Herrn ficht meine zentrale Überzeugung an, erinnert mich, daß meine Sichtweise nur eine von vielen möglichen ist. Die Überzeugung des alten Herrn Freud ist die Gegenposition zu meiner eigenen. Seine Überzeugung ist so stark wie meine. Seiner Überzeugung nach ist die eigentliche psychische Realität, das psychologische Material, in dem Jungen, in infantilen Konflikten, verankert, und das gesamte System des Widerstandes ist darauf ausgerichtet, uns von einer fundamentalen Bewußtheit und Klarsichtigkeit im Hinblick auf die Realität der Kindheit wegzuführen. Es sind entweder die Traumata, die wir in der Kindheit erlitten, oder die Phantasien, die wir über unsere Eltern hatten, die uns zu dem werden ließen, was wir sind.

Anscheinend bin ich mit dem alten Herrn Freud einer Meinung, daß Träume einen vom Kern der Sache ablenken können, uns von dem Punkt wegführen, wo in unserer Seele der Schmerz sitzt. Widerstände können bewirken, daß wir ständig an der Oberfläche des Traumes treiben. Merkur, der Gott des Träumens, ist bekanntermaßen hinterhältig. Dennoch zeigt Traumarbeit, wie man, indem man die Traumwelt als völlig real betrachtet, zur Essenz der Realität hinabsteigen kann. Traumarbeit kann zu einer transformativen Konfrontation mit der Realität führen. Für den rationalen, an der menschlichen Entwicklung orientierten alten Herrn Freud *meines* Traumes ist die Kindheit die wahre Quelle der Neurose: tiefe Einblicke können deshalb nur im Kinderzimmer gewonnen werden.

Während ich eine Weile beobachte, was zwischen dem alten Herrn Freud und Robbie abläuft, stelle ich fest, daß dies eine Diskussion zwischen einem jüngeren und einem älteren Mann ist. Der jüngere Mann klingt defensiv. Er muß mit seiner eigenen Realität leben, die anders ist als die des alten Herrn.

Ich bin mit einer neuen Welt konfrontiert, einer doppelten Welt, wo verschiedene Realitäten, wie das Leben und der Tod, Seite an Seite existieren. Und ich lebe in einer Zeit, die ganz anders ist als die meines alten Herrn.

Da ist noch ein letzter, kurzer Traum. Danach wird das Drama aufhören, sich zu entfalten. Dieser letzte Traum (53) ist wie ein Punkt am Ende einer Geschichte, ein Abschluß dieses Wechsels der Jahreszeit vom frühen zum reifen Mannesalter. Danach erinnere ich mich für eine lange Zeit an keinen weiteren Traum.

Ich sitze mit meinem Vater und Deanne, meiner Frau, zusammen und sage, daß ich mich schrecklich vor dem Tod fürchte. Ich weine. Papi kommt zu mir herüber und ist sehr freundlich. Er stimmt mir zu, daß es sehr wichtig ist, meine Angst zu spüren und zu weinen. In Gegenwart meiner Frau – Zeugin meines gesamten Erwachsenenlebens, bis daß der Tod uns scheidet – fühle ich mich zutiefst getröstet, so wie ich von meinem toten Vater getröstet werde.

ANHANG

Traummaterial, das in Kapitel 8 verarbeitet wurde

Sydney

(1) Auf einer Party. Eine Freundin sitzt an einem langenTisch. Ich küsse sie. Meine Frau Deanne ist da. Sie sieht grau und alt aus. Meine Freundin teilt mir mit, daß sie mir nicht die ganze Geschichte erzählt hat. Sie hat bereits die Scheidung eingereicht. Dann sitzt sie an einem anderenTisch. Ich stehe allein auf und gehe nach Hause und sehe mir einen albernen erotischen Film an. Die Kinder sind daheim und werden sich im Wohnzimmer einen Film anschauen, den ein junges Mädchen gebracht hat. Ich langweile mich.

(2) Auf der Hochzeit der Tochter eines meiner Freunde in Holland. Sie findet in einem Binnenhof statt. Die Königin der Niederlande ist dort. Da die Königin dort ist, werde ich an einem langen Tisch überprüft. Ich sage, mein Name ist Bosnak. John Bosnak, mein älterer Bruder, ist bereits dort. »Gehen Sie einfach hinein«, sagt die Frau. Es ist eine Doppelhochzeit. Auf dem Podium stehen zwei Bräute. Zur Rechten sitzt die Königin ganz allein in einer Kirchenbank. Ich sitze in einer hölzernen Kirchenbank etwa acht Reihen dahinter. Die andere Braut redet mit den Zuhörern. Ihr jüngerer Bruder kommt nach vorn und möchte etwas sagen. Es folgt eine Auseinandersetzung.

Dann sind wir im Hinterhof. Die Königin ist dort und kommt zu mir herüber. Ich sage ihr, daß ich einer ihrer Untertanen in Übersee bin. Sie sagt:»Ach, Sie möchten in einer kleinen Klasse sein.« Ich erkenne, daß sie recht hat, daß ich Probleme damit habe, der einzige Holländer zu sein. Daß es genau das ist, was ich lernen muß. Sie stellt sich als die Ehefrau eines berühmten holländischen Romanciers vor. Jetzt ist sie grau und nicht die Königin.

(3) Auf der Konferenz eines berühmten älteren Lehrers, direkt nach meiner eigenen Konferenz. Er begeistert alle. Jemand sagt mir, daß ich erschöpft aussehe. Alle Bücher um mich herum sind von anderen geschrieben. Ich fühle mich ineffektiv.

(4) Im Bett mit einer jungen Frau, die oralen Sex mit mir will. Zuerst lasse ich es zu, dann hindere ich sie daran. Ich sage, daß es nicht möglich ist. Wir möchten es beide, aber wir müssen damit aufhören.

(5) Überall auf der Welt wird es Kabel-TV geben. Wir bauen auf dem Dach einen Sichtschutz, damit wir das Dach zum Sonnenbaden benutzen können. Eine junge holländische Freundin ist da. In der Wohnung einer starken Frau, die für mich wie eine böse Stiefmutter war. Erschreckendes Mysterium. Plötzlich ist diese »Stiefmutter« fort. Auf dem Anrufbeantworter ist eine Botschaft. Dann gehe ich auf eine Dachterrasse, wo ich die Stiefmutter und ihre Tochter sehe. Sie sind beide sehr viel jünger. Die Stiefmutter ist fünfzig, ihre Tochter dreißig. Sie sehen sehr bläßlich und erschreckend aus. Ich weiß, daß sie Geister sind. Ich schreie. Sie kommen in roter Kleidung auf mich zu. Ich glaube nicht, daß sie real sind, aber sie ängstigen mich zutiefst. Ich berühre die Stiefmutter, und meine Hand greift durch sie hindurch.

254

(6) Ein Geist steht neben einer roten Tür, die in eine andere Welt führt.

(7) In einem Zwielicht-Bereich. Mann liebt Frau, die ihn liebt. Aber sie sind nicht in dieser Welt. Beide werden von jemandem des anderen Geschlechts in dieser Welt geliebt. Sie werden mit Hilfe der Liebe, die ihre irdischen Liebhaber für sie empfinden, zu dieser Welt vorstoßen. Auf die Weise können sie real werden und zusammensein. Sie werden die Liebe der anderen benutzen. Dann erreichen sie einander, und sie sagt: »Wo sind wir?« Er antwortet: »Wir sind an einem Ort, der nicht existiert!« Dann gibt es eine Explosion.

(8) Irgendwo mit meinem Wiener Psychiater-Freund in einem Wohnzimmer mit dem Eßtisch aus dem Haus meiner Kindheit. Während er uns Essen gibt, schaut er hinüber zu einem Betongebäude. Es sieht fast aus wie eine Parkgarage. Er hat gerade erkannt, daß der Verleger, den er suchte, direkt ihm gegenüber auf der anderen Straßenseite ist und schon immer dort war.

Melbourne

(9) Eine Modeschöpferin und Freundin meiner alten, engen Freundin Annie zeigt schöne Kleider in einer Straßenbahn-Show. Sie sind phantastisch. Sie ist nicht an mir interessiert.

Ich habe entsetzliche Tiere ausgepißt. Ich stehe in einer Dusche mit schönem Holz. Wir sind in Melbourne. Zuerst sieht es wie Schleim aus. Dann sehe ich, daß ein Wurm darin ist, der aussieht wie eine frische, süße Krabbe. Dann ist da noch ein Insekt mit Flügeln, langen Beinen und Fühlern von der schleimigen Konsistenz einer Schnecke in Gelatine. Weiß. Es sind viele davon da. Ich sehe, daß mein Penis an der Spitze gerissen ist, um sie herauszulassen. Deanne kommt mit ihrem Vater herein. Sie sagen, nichts ist los. Ich muß ins Krankenhaus fahren. Ihr Vater sagt, er hofft, daß ich einen Raum mit einem Onkel teilen werde, der an einem Schlaganfall starb (aber jetzt war er noch immer lebendig). Da ist ein Einzelbett.

(10) Eine Freundin zieht ihre Kinder mit Verprügeln und Einschüchterung groß. Sie kotzen. »Eine Treppe weiter unten« Nachbarliebe eines reichen Mannes, dessen beide Söhne oben Poolbillard spielen und sich einen Film über uns ansehen. Ich sagte der Frau, sie sei viel zu grob.

Im australischen Busch

(11) Ein Boot will ablegen. Ich gehe zum Weißen Haus und betrete das Oval Office durch eine große Tür. Froh, hier zu sein und daß ich mit dem Ort so vertraut bin. Ich sehe Präsident Clinton, der sehr ängstlich ist. Er ist froh, daß ich da bin und nimmt mich mit zu einer Kabinettsitzung. Ich erkenne nur einen Freund aus Washington. Die Sitzung findet neben einem dunklen, rechteckigen Abgrund statt. Plötzlich flattern prähistorische Vögel empor. Sie sind rot und haben gigantische, glühende rote Flügel. Ich frage meinen Freund, ob dies Flugsaurier sind. Er sagt nein. Es sind archaische Vögel, die ich nie gesehen habe. Dann ist es fünf Jahre später. Ein neues Kommunikationssystem wurde entwickelt, das sehr elegante, feminine Einheiten benutzt, die universellen Zugang gewähren.

(12) »Du wirst mit mehr Respekt als andere (die so ähnlich sind wie er) behandelt«, erzählt man dem Mann. Hinter einem blauen Wagen, der sehr schnell durch den Tunnel in der Nähe des Hauses meiner Kindheit fährt.

256

Ein Teil dieses Traumes wurde mit Ilyatjari und Nganyinytja diskutiert:
(13) Ein Zimmer mit einer doppelten Schiebetür. Im Türrahmen des holländischen Hauses steht, gekleidet wie ein Lebemann, der ältere Bruder meines Vaters. Er streitet sich mit *Mami*, meiner Mutter. Ich ergreife für ihn Partei. Ich vergesse, worum es bei dem Streit geht. Ich sehe meinen Onkel mit einem Schal, der um seinen Hals geschlungen ist, und einem karierten Anzug, möglicherweise mit Knickerbockern, als wäre er für den Karneval verkleidet, den er so sehr liebte. Ich stürme hinaus. An der Tür sehe ich *Papi,* meinen Vater, der auf einer Couch sitzt. Ich schaue ihn an und beschließe, noch eine Weile dazubleiben, da ich ihn so lange nicht gesehen habe. Er war sehr krank und wäre fast gestorben, ist es dann aber doch nicht. Ich gehe hinüber zum Sofa, das an der Tür der gegenüberliegenden Seite steht. Ich umarme ihn und sage ihm, wie sehr ich ihn liebe.

Nachdem man mir den Ngintaka-Pfad gezeigt hatte und ich Diana, unsere Führerin und Dolmetscherin, über die Frau hatte sprechen hören, der von dem Pfad des Erbrechens übel geworden war:
(14) Ich bin mit einer Gruppe zusammen, die das Träumen verstehen will. Es scheint eine alte und eine neue Gruppe zu geben. Ich schließe mich der alten Gruppe an, und mir wird schrecklich übel. Auch an den Tanz des Erbrechens. Als ich aufwache, sehe ich die Wolken über mir. Ein gigantischer Adler mit einer Flügelspannweite, die fast den ganzen Himmel bedeckt, fliegt über meinen Kopf hinweg. Nachdem ich ihn ein paar Sekunden beobachtet habe, verschwindet er. Dann blitzt es, und es beginnt zu nieseln. Ich stehe auf, um unsere Sachen abzudecken.

(15) Ich bin müde und möchte vor dem Mittagessen ein Nickerchen machen. Der alte Ethan ist da, und er ist sehr krank. Ich sehe ihn im Zug. Es gibt keine Medizin für ihn. Eine Frau in

dem Zug wird ihm helfen. Ich möchte Süßigkeiten haben, kann keine finden. Möchte Marzipan. Dann in einer Schweizer Konditorei in der Nähe der Springhouse-Haltestelle. Die Frau ist jung und zeigt mir die Waren. Dann fahre ich weiter, um einen Vortrag zu halten. Ein sehr interessanter Mann in einem Rollstuhl nähert sich mir, um mich über einige Dinge zu befragen. Zugleich kommen die ganze Zeit auch noch andere Leute zu mir, und ich kann nicht zu ihm gelangen. Schließlich ergibt sich aber eine Möglichkeit. Ich durchquere den Saal, um zu ihm zu gelangen. Es ist ein heller Saal (wie der, wo ich am alljährlichen C. G. Jung-Gedächtnistag einen Vortrag von Laurence van der Post gehört hatte, wo ich allen sagte, ich würde nicht in der Schweiz bleiben, sondern in die Vereinigten Staaten umziehen). Als ich mich ihm nähere, kommt eine meiner Jungendlieben herein. Ich bin sehr froh, sie zu sehen, aber ich möchte auch mit dem Mann zusammenkommen. Sie wird ohnmächtig und tanzt schließlich mit mir zur Tür hinaus. Es tut mir leid, daß ich es nicht schaffe, den Mann zu treffen.

Zurück in Alice Springs

(16) Ich bin in einem ganz gewöhnlichen Zimmer. Ich weiß, daß dahinter noch ein weiterer Raum ist. Aber die Angst beginnt, in mir hochzukommen. Sie überwältigt mich, und ich beginne zu schreien. Ich habe diese Angst schon früher gehabt, aber niemals in einem so gewöhnlichen Zimmer.

Wir sind auf einem Traumpfad zu einem niedriger liegenden Ort gebracht worden. Die Rückenflosse eines Hais folgt Deanne. Sehr unheimlich.

Einer meiner langjährigen Schüler ist sehr verärgert über die Veränderungen in meiner Arbeitsweise. »Jeder kann bei seiner Arbeit so vorgehen, wie er Lust hat«, sage ich. Dann essen wir zu

Abend. Ich sitze neben einer sehr attraktiven Frau. Muß ihr sagen, daß ich verheiratet bin. Sie ist sehr enttäuscht.

Adelaide

(17) Ich bin auf einer Konferenz. Wir sitzen an langen Tischen. Ich sitze mit zwei Frauen zusammen, die ich als Analytikerinnen ausbilden soll. Eine sagt, daß sie nicht in meiner Vorlesung war, sich aber ein altes Tonband von mir angehört hat. Das Thema sei »der Schatten« gewesen. Die andere war überhaupt nicht bei meinem Vortrag. Ich bin enttäuscht, daß niemand bei meinen Vorträgen war. Ich gehe hinaus. Ich drängle mich an den Menschenschlangen vorbei. Dann redet James Hillman, einer meiner Lehranalytiker. Das Ganze findet anscheinend zu seinen Ehren statt. Und alle schreien James, James, James, James, James. Es ist seine Konferenz. Ich bin neidisch auf ihn, weil er so produktiv ist. Natürlich wollen die Leute ihn. Ich habe nicht das Gefühl, irgend etwas zu schreiben. Ich habe nicht sehr viel produziert. Dann sitze ich in Adelaide mit einer Organisatorin meines Seminars zusammen. Sie hat meine Vorlesungen in allen Einzelheiten aufgezeichnet. Es geht darin um die Eleusinischen Mysterien, die Mysterien der Frauen. Jeder Moment des Satzes ist da wie eine schon zuvor geschriebene Symphonie. Aber es ist nicht meine Rede. Es ist das, worüber ich ihrer Erwartung nach reden soll. Ich habe es nicht so detailliert im Kopf, wie sie es auf dem Papier hat. Sie hat die Rede Punkt für Punkt auf Durchschlagpapier. Ich gehe zur Tür hinaus und schlendere die Straße hinunter. Eine Straße mit einem Bürgersteig. Ich möchte das Programm meines Vortrags haben, um zu sehen, was ich versprochen habe. Ich gehe hinaus, um es zu holen. Ich bin in einem Buchladen, wo ich den Katalog meines Verlegers finde. Es ist eine dicke Broschüre, und darin sind viele Fotos von mir im

Freien. Zuerst sieht es aus, als hätten sie viele meiner Vorträge veröffentlicht. Ich bin glücklich, daß so vieles, was ich gesagt habe, gedruckt worden ist. Dann sehe ich, daß das Buch *Das Leben im Freien* heißt. Bilder von mir. Die Fotos sind sehr schäbig. Ich sehe sehr fit und gesund aus. Ich habe kein Doppelkinn. Sie sind farbig. Ich nehme das Buch mit. Ich gehe mit einer Frau spazieren und sage ihr, daß ich meinen Vortrag nicht anhand jenes Skriptes halten könne, so wie diese Frau es von mir will. Ich muß das auf meine Art machen. Mein Vortrag ist möglicherweise nicht so gut gegliedert wie ihrer, aber es ist meiner. Sie stimmt mir zu. Dann komme ich in ein Zimmer, wo ein Mann und eine Frau tanzen. Er hat keine Stimme, aber er weiß, wenn er weiter mit ihr tanzt, dann wird sie schließlich wiederkommen. Er weiß, daß seine Liebe zu ihr ihm schließlich die Stimme bringen wird. Sie ist jung. Es ist so eine Art »Disney-Gefühl« damit verbunden. Sie sieht wie eine Disney-Version der kleinen Meerjungfrau aus. Schließlich wirbeln sie in das andere Zimmer, wo das Klavier steht, und tanzen immer weiter. Als ihre Zeit um ist, hat er seine Stimme wieder. Er singt mit einer lauten, klaren und schönen Stimme: »Wir haben jetzt die seltsamste Liebe, die seltsamste Liebe; wir haben jetzt die seltsamste Liebe, die seltsamste Liebe, die seltsamste Liebe; wir haben jetzt ...« Und sie wirbeln herum, und sie sind sehr glücklich, sehr, sehr glücklich.

(18) Ich bin an einer Straßenkreuzung. Ich biege nach links ein, aber ich muß wenden und zurückfahren. Dann bin ich an einem Ort auf der Straße nach Boston. Ich biege nach links ein, und dort komme ich an eine Kreuzung, wo jede Straße eine Einbahnstraße in der falschen Richtung ist, deshalb kann ich nicht weiterfahren. Rechts neben mir ist eine grauhaarige Frau, eine depressive Patientin, die ich eine Zeitlang in einem psychiatrischen Krankenhaus betreute. Sie sitzt auf einem Rad, während

ich versuche zu wenden, um zurückzufahren. Ich berühre sie nur ganz leicht mit meinem Wagen, und sie wird völlig hysterisch, so, wie sie es oftmals auf der Station war. Sie kreischt: »Wenn man sich vorstellt, daß Sie gedacht haben, Sie würden einen Nobel-Friedenspreis bekommen!« »Ich hab das nie gedacht; *Sie* waren es, die das immer gesagt hat«, erwidere ich. Sie ist jetzt meine Mutter, sehr gereizt. Meine Antwort bringt sie zum Schweigen, weil sie wahr ist. »Aber wohin mußten Sie fahren?« frage ich. Wir sind am Rande der geteilten Allee, auf der ich nach Hause zurückfahre. »Ich muß zum Bar-Mizwa von Robbie gehen.« Sie meint den anderen Jungen, der in meiner Kindheit Robbie genannt wurde. Ich frage sie, wo. Sie sagt es mir. »Sie können vielleicht geradeaus fahren, aber auf dem Fahrrad ist es ein langer, langer Weg.« Sie sagt mit gereizter Stimme: »Lassen Sie mich bloß in Ruhe!« Sie klingt wie meine Mutter in dem Traum mit dem Lebemann-Bruder meines Vaters: verärgert und märtyrerhaft. Sie wird wieder meine depressive Patientin. Sie ist mit einer Freundin zusammen, einer älteren Frau, die versucht, sie zu beruhigen. Ich bin im Auto mit jemandem zusammen; es scheint eines meiner Kinder zu sein. Der Mitfahrer fragt: »Ist sie verrückt?« Ich sage: »Ja.«

Sydney

(19) Wir sind an einem futuristischen Ort mit interessanten Maschinen, die ihre eigenen Ideen haben. Eine Frau ist dort, um mir für mein Kommen zu danken. Und um mir zu sagen, wie sehr sie davon profitierte. Es hat mit der Rückkehr zu tun, damit, eine weite Strecke zurückzureisen. Wir treffen uns mit diesem Mann, der groß und massig ist und rote, ein wenig schüttere lockige Haare hat. Er sagt: »Natürlich haben wir uns schon einmal getroffen. Ich kenne Sie.« »O ja, irgendwie kommen Sie mir auch

bekannt vor«, erwidere ich. »Sie sind mir irgendwie vertraut.« Er sagt: »Ja, Sie haben den anderen Teil von John (Kollege).« Ich sage: »Nein«, aber ich erinnere mich daran, daß ich auf der Beerdigung war. John wurde verbrannt, und die Asche wurde aufgeteilt, und dieser Mann nahm einen Teil und ich den anderen. Er sagte: »Ja, als Sie in den Busch gingen, haben Sie die Asche mitgenommen.« Wir stehen in einer Art Küche, und Deanne hat uns einander vorgestellt.

(20) Ein Mann wird dafür sorgen, daß ich einen Tag freibekomme, und er wird für die Frau sorgen, mit der ich zusammen bin, so daß ich mich ein wenig ausruhen kann und die Frau ebenfalls. Wir sind beide sehr glücklich darüber. Die Leute sagen: »O mein Gott, Sie machen soviel!« Ich sage: »Ja. Aber Sonntag werde ich schlafen.« Wir sitzen auf einer Terrasse oder Veranda und reden miteinander. Wir sind alle junge Studenten.

(21) Mitten in der Nacht wache ich aus einem Traum auf, in dem schwarze Erde, schwarzer Sand vorkommt, und ich spüre einen Schmerz in der Brust.

(22) Ich bin mit einer Gruppe von Leuten zusammen. Jemand übernimmt die Führung auf dem Weg, den Australien geht. Wir sind in einer Art Zeltformation, und plötzlich fahren wir sehr, sehr schnell. Vor kurzem fand eine Wahl statt, und die Leute sind sich darüber im klaren, daß dieser Führer die Wahlen nicht gewinnen wird. Die seriöseren Kräfte werden die Wahl gewinnen. Wir fahren sehr, sehr schnell, und wir prallen gegen eine Wand, und dann brechen wir durch sie hindurch; wir sausen durch sie hindurch, und alles ist wieder in Bewegung – was auch sein Ziel war. Er ist ein wilder, junger Australier. Er unterstützt Macquaries Vorstellung von der Akademie, die in ständiger Revolu-

tion, ständiger Bewegung ist. (Der einzige Macquarie, von dem ich je gehört habe, war einer der ersten Gouverneure von New South Wales. Ich habe keine Ahnung, was seine Ansichten waren.) Es ist einfach total bewegend und erschütternd. Der Pilot liebt es, weil es das ist, was er will, und weil die Welt eben so ist. Es bricht hindurch, fliegt davon und ist völlig neu.

(23) Ich fahre in den australischen Busch. Da ist eine Gruppe. Es ist bekannt, daß die wichtigsten Erfahrungen im Dunkeln, im Unbekannten, gemacht werden. Dann ist da noch jemand, der eine andere Gruppe anführt, und er bricht in das Unbekannte, in eine Welt der ständigen Veränderung ein. Skrupellos. Zu Anfang denke ich, es ist alles verkehrt. Nicht gut. Aber später scheint es, daß sie das respektieren. Daß er seinen Weg hindurch gefunden hat. Und daß sie etwas von der Konzentration der anderen Welt wollen, um mit sich selbst umzugehen.

(24) Es gibt da einen unbekannten Planeten, den wir erforschen. Wir passen uns einem staubigen, roten Kreis an, der durch die Landschaft von rotem Staub rollt, aber wir schaffen es nicht richtig.

(25) Ich werde wegen sexuellen Fehlverhaltens des Amtsmißbrauchs angeklagt. Alle Anklagepunkte sind widerlegt worden. Wir sind in Leiden, meiner Alma mater. Es gibt Studenten, die für mich aussagen, vor allem ein junger Mann, der an meine Tür kommt. Zuerst habe ich ihn gesehen, als er in der Nähe des Kanals stand, der an dem Akademiegebäude vorbeifloß. Er steht draußen, und ich lasse ihn herein. Dann kommen andere ebenfalls herein. Einer ist ein außerordentlich brillanter Mann, mit dem zusammen ich meine Ausbildung machte und den ich beneidete. Eine junge Frau von der juristischen Fakultät sagt: »Die

Zeit, in der du nicht gearbeitet hast, ist verloren. Man wird dich nicht entschädigen. Aber es wird auch keine Anklage gegen dich erhoben werden, weder zivil- noch strafrechtlich. Die Sache wird wahrscheinlich einfach ad acta gelegt.«

Los Angeles

(26) Das Zimmer ist groß. Rundherum an den Wänden sind Bilder wie in einem richtigen Studentenzimmer in meiner Zeit in Leiden.

(27) Auf einer Konferenz, wo wir über die Pitjantjara reden. Es ist eine C. G. Jung-Konferenz, und alle Australien-Experten sind sehr verärgert, weil wir darüber eigentlich nicht reden sollten. Es sollte im Bereich der Experten bleiben. Jemand sagt, daß wir versuchen sollten, die einzelnen Personen zu verstehen. Ich sage: »Nein, es ist wichtig, zunächst einmal die Fremdheit der gesamten Kultur zu fühlen. Erst dann können wir anfangen, das Individuum zu verstehen und zu fühlen.« Ich spüre, daß es eine künstliche Spaltung zwischen dem Individuum und der Kultur gibt. Einer der Experten kommt herein. Ein junger Mann wie ein ernster Student. Er sagt: »Wir haben all diese Untersuchungen vorgenommen, und jetzt machen Sie das. Am Ende werden Sie uns hinterherhinken.«

Zu Hause

(28) Gegenüber meinem Haus, auf der anderen Straßenseite, findet eine Demonstration statt. Zunächst denke ich, sie hat mit Existentialismus, Xenophobie und der Behandlung von Außenseitern zu tun. Aber es ist irgend etwas Kommerzielles. Nicht echt. Irgend etwas wie Benetton. United Colors. Eine Menge

Leute finden sich schließlich in der Küche ein, und ich muß sie bitten, wieder zu gehen, weil ich ein bißchen Zeit mit meiner Tochter verbringen will, die vom College nach Hause gekommen ist und uns besucht.

(29) Nackte Frauen haben sich im Haus meiner Kindheit im Zimmer meines Bruders John eingefunden, um sich einen Film anzusehen. Jemand liegt auf der Couch, und alle Frauen fangen an, sich auszuziehen. Ich werde sehr erregt, aber dann sind sie fertig, bevor ich zum Orgasmus komme. Ich möchte, daß sie sich noch einmal umziehen. Und eine zieht sich halb um. Eine Freundin von John fragt: »Und was wirst du sein?« (Im Sinne von: wenn du erwachsen bist.) »Aber ich *bin* bereits«, antworte ich. »Aber was willst du *sein*?« wiederholt er. Ich erzähle ihm, daß ich eine ordentliche Praxis für Psychoanalyse in Cambridge habe und daß die Leute von überall herkommen, um mich aufzusuchen. Ein australischer Kollege, der zuhört, unterstützt mich. Er sagt: »Viele Leute sind arbeitslos, aber er hat Arbeit.«

(30) Ich bin in den Bergen. Ich fahre im roten Sand Ski. Das Morgenprogramm ist vorbei, und eine Frau versucht, mich dazu zu überreden, eine lange Wanderung zu machen. Ich gehe zu einer Frau und frage sie, was sie möchte, und sie sagt, sie will sich einfach nur unterhalten. Sie sagt, eine langsame Wanderung ist sehr viel stärker introspektiv. Aber ich möchte entweder sie oder Ski laufen gehen. Deshalb gehe ich hinüber zum Skiladen. Ein Japaner versucht, mir Skier mit sehr alten Bindungen zu leihen. Ich lehne es ab und sage, ich möchte Skier mit Bindungen, die nicht älter sind als 1970. Er findet die Bindungen. Aber der Wind wird so stark, daß ich nicht länger Ski laufen gehen kann. Ich bin auf dem Treck. Ein Mord sollte begangen werden, und ich dachte, daß einer der Brüder ihn beginge. Aber es schien, daß

einer der anderen Brüder, der junge Ethan, sich anschickte, den Premierminister umzubringen. Er war ein böser Mann. (Ethan oder der Premierminister?) Ich kriege Gänsehaut, wenn ich diesen jungen Mann, Ethan, den Berg hinunterfahren sehe. Er singt den romantischen Titelsong aus *Anatevka.* Er ist sehr aufgeregt. Aber er wird seinen eigenen kleinen Sohn nicht besuchen, weil er ihn nicht dadurch verwirren will, daß er nur kurz auftaucht und dann wieder verschwindet.

(31) Ich bin in einer kleinen Stadt und habe meine beiden Hüte. Den Stetson und den Akubra. Ich bin sehr stolz auf sie. Sie sind wunderschön. Dann bin ich im Bett und unterhalte mich mit jemandem. Da ist ein Dreijähriger, der mit Farbe spielt, und wir sind unfähig, ihm Grenzen zu setzen. Er beginnt, die Hüte mit Farbe vollzuschmieren. Ich bin zutiefst bekümmert. Das hat die Hüte ruiniert. Wir wollen den Bruder der alten Frau besuchen, die in einem nahe gelegenen Dorf wohnt. Auf der Landepiste für Flugzeuge. Wir kommen in dem Dorf an. Man sagt mir, Neugier sei nicht gut. Also versuche ich, sie wieder auszuladen. Seine ältliche Ehefrau bittet mich herein.

(32) Einige Jungen tricksen mich aus. Dann brechen sie in die Bibliothek ein, um sich Bier zu beschaffen. Ich muß nach Hause gehen. Einer der Lehrer soll die Schule verlassen, und wir gelangen an einen Ort, wo das ganze Gebäude sich plötzlich zu drehen beginnt. Es gibt ein Erdbeben, und alles bricht zusammen, und ich muß mit meinem Motorrad wegfahren. Aber es ist kein Benzin mehr im Tank. Ich kann es nicht in Gang bringen. Und der Telefonist fragt, was ich getan habe. Ich sage, ich habe alle möglichen Knöpfe gedrückt, und er sagt: »Ja, Sie haben wirklich alles durcheinandergebracht. Hier haben Sie Ihr Geld zurück, 6000, und ich möchte nichts mehr mit Ihnen zu tun

haben.« Deshalb fahren wir weiter und kommen an einen Ort und legen das Motorrad auf den Boden. Ich war gemein zu allen, auch zu meinem Sohn, der nicht aussieht wie mein Sohn. Alles bricht zusammen, und die Leute sind wütend auf mich und sind hinter mir her. Dann laufe ich mit dem Motorrad ein Stück mit, aber es springt noch immer nicht an, und jemand anders kommt aus der entgegengesetzten Richtung. Ein Freund meines Sohnes David. David sagt: »Dad, dies hier ist … Er kann es in Ordnung bringen.« Aber es ist noch immer leer, und am Ende schaffen wir es nicht, es in Gang zu setzen.

(33) Das ganze Dorf jagt uns. Es ist sehr bitter. Es fühlt sich an wie dasselbe Dorf, durch das ich fuhr, als ich mit dem Motorrad verfolgt wurde. Wir überholen die Dorfbewohner und können gerade noch entkommen. Sie sind besonders wütend auf eine Frau, die mit uns reist und die zum Haus ihrer Kindheit zurückgekehrt ist. Sie versuchen, sie auszutricksen, aber es gelingt ihnen nicht. Dann kommen wir zu einem Haus. Plötzlich bekommt die Mutter von jemandem einen Herzanfall. Sie ist eine sehr religiöse Frau und bittet darum, daß man ihr die Bibel auf die Brust legt. Sie wird um 6 Uhr 37 sterben, und wir sitzen um sie herum und erfüllen ihr ihre letzten Wünsche. Am Ende beginnen wir, »Amazing Grace« zu singen. Sie ist sehr gelassen und fühlt, daß es so, wie es ist, gut ist. Das Ganze findet auf einer Farm statt. Sie sagt: »Es ist, als würde man in ein anderes Zimmer gehen, und dorthin gehe ich jetzt.« Wir wünschen ihr eine gute Fahrt. Eine gute Reise. Wir sind sehr traurig, aber es ist nicht schlimm. Im Augenblick vor ihrem Herzstillstand sagte ich zu ihrer Tochter: »Sei jetzt vorsichtig, weil deine Mutter bald sterben wird.« In ihren letzten Augenblicken ist sie jung. In ihren Dreißigern. Wir sitzen in einem Kreis. Da ist ein langer Couchtisch. Es ist ein ziemlich düsteres Zimmer. Sterben ist leicht, wenn man den Glauben hat.

(34) Einige neue Leute im Traumseminar diskutieren die Methode, und sie sagen, es ist genauso interessant zu sehen, was eine Veränderung der Dinge bewirkt. Hanako, der Co-Therapeut meiner Traumgruppe in Tokio, lacht und sagt: »Wir gehen von der Annahme aus, daß es möglich ist zu fühlen, was die andere Person fühlt. Aber das ist bloß eine Annahme, weil wir es vielleicht doch nicht können.« Ich höre sehr genau zu und sage: »Das ist eine gute Idee, zu sehen, was die Dinge dazu bringt, sich zu verändern.« Weil ich unzufrieden bin, daß wir immer bei diesem Paradox landen. Es ist immer dasselbe, und wir einigen uns darauf, zu beobachten, wie die Dinge sich verändern. Ich sage, dies ist eine gute Idee, weil das das Problem bei C. G. Jung ist, daß du immer beim Paradox landest. Es wird auch langweilig.

(35) Wir sind in einem Raumschiff wie in *2001*. Wir werden zur ersten Zwischenstation, dem Mond, gebracht, und dort nimmt mich eine der Frauen beiseite und zeigt mir alles. Es ist ein dunkler Ort. Wahrscheinlich ist es Nacht. Wir sind irgendwo angekommen, und wir sind in unserer Raumfahrerkleidung, die nicht die ist, die man gewöhnlich bei einem Mondspaziergang zu sehen bekommt. Die Sachen sehen aus wie Overalls. Vielleicht sind sie orange, aber ich bin nicht ganz sicher. Es ist eine Nachtlandschaft. Auf dem Boden sind kleine Steinchen. Und ich sage: »O mein Gott, ich habe meine Videokamera nicht mitgebracht!« Und eine Frau, mit der zusammen ich spazierengehe, eine der Astronautinnen, sagt: »Oh, mach dir keine Sorgen. Siehst du all diese Pakete?« Da stehen eine Menge Pakete herum. »Sie müssen sie irgendwo eingepackt haben.« Sie sagt: »Schau, das sind die einzigen Sprecher! Mein Gott, sie sind so teuer!« »Ja, das sind sie«, sage ich. »Sie müssen im Weltall eine Menge Beschimpfungen hinnehmen.« In dieser Zwischenstation auf dem Mond kommen wir zu einem Platz, der wie eine umlaufende Terrasse ist. Sie sagt,

als würde sie sich plötzlich an etwas erinnern: »Oh, komm, ich werde dir den Ort zeigen, wo alles begann.« Sie nimmt mich bei der Hand und führt mich rasch zu einer Höhle. Wir kommen in die Höhle und ich weiß irgendwie, was geschehen wird. Irgendwie weiß ich es. Die Transformation findet sofort statt. Wir tanzen Walzer. Und wir sind eindeutig im neunzehnten Jahrhundert. Wir sind in der Zeit zurückgereist, aber im Augenblick bin ich mir dessen nicht bewußt. Obwohl ich es andererseits weiß. Sie trägt die Kleidung des neunzehnten Jahrhunderts, und ich trage einen Frack. Das Zimmer ist groß. Alle um uns herum tanzen Walzer. Ich sage in gebrochenem Deutsch: »Gnädige Frau, ich möchte Sie heiraten.« Sie antwortet in demselben gebrochenen Deutsch mit einem englischen Akzent: »Ja, ich möchte Sie auch heiraten.« Ich weiß, daß etwas komisch ist. Dann ist es so, als wäre sie eine Schauspielerin; aber gleichzeitig weiß ich, daß wir im neunzehnten Jahrhundert sind. Und *plötzlich* verändert sich alles. Da sind Leute an Tankstellen mit schmutzigen T-Shirts, und ich erinnere mich an das Wort Euro-Hosen: schlottrige Hosen mit Hosenträgern. Wir sind wieder in irgendeiner Stadt des zwanzigsten Jahrhunderts, irgendwo im Mittleren Westen Amerikas oder in Texas. Es ist ein schrecklicher Schock, obwohl ich weiß, daß es passiert. Aber trotzdem ist die Transformation ein gewaltiger Schock. (Während ich dies aufschreibe, habe ich überall eine Gänsehaut. Und ich weiß, daß dies sehr wichtig ist.) Dies ist eine Mission, die weiterhin damit zu tun hat, an Träumen zu arbeiten. Die Mission ist so etwas wie in dem Film *2001: Eine Odyssee im Weltraum*. Und ich muß der Sache auf der Spur bleiben!

(36) Jemand führt uns einen Berg hinauf, und er ist sehr steil. Es findet ein Skirennen statt. Es geht sehr, sehr schnell. Ich sehe die besten jungen Skiläufer, die ich kenne, als erstes starten. Erst

fährst du mit einem Fahrstuhl hinunter. Dadurch kommst du in Fahrt. Dann wirst du auf die Rennbahn geschleudert, und die ist extrem vereist. Ich entschließe mich, es nicht zu tun. Mein Sohn und meine Tochter sind dort. Ich sehe jemanden springen und fliege im freien Fall, zusammen mit jemand anderem. Sie fallen immer weiter. Es ist sehr hoch. Ich beschließe, zusammen mit dem Skilehrer hinunterzugehen. Wir gehen die Treppe hinunter und kommen an die Talstation. Eine Menge Leute. Ich will wieder hinaufgehen und sage: »Auf Wiedersehen.« Ich gehe wieder hinauf, weil ich dort oben noch mein Jackett habe. Die Treppe ist sehr alt und beginnt zusammenzubrechen, und ich versuche, weiter hinaufzugehen, und dann fällt die ganze Wand ein. Es ist alles aus verfaultem Holz, und es bricht seitlich weg. Ich gehe zu dem Mann am Fahrkartenschalter und sage: »Die Wand ist gerade zusammengefallen.« Er sagt: »Alles auf eigene Gefahr. Keine Rückvergütung.« Ich sage: »Nein, das ist es nicht, was ich meine. Ich möchte sagen, daß die Wand eingefallen ist.« Er sagt: »Okay, wir werden sie übertapezieren.« Davor hatten wir diese Diskussion gehabt, ob ich jetzt, da die Wand zusammengefallen war, zahlen müßte. Ich sage: »Nein, es ist ein internationales Rechtsprinzip. Sie sollten froh sein, daß ich Sie nicht anzeige. Ich bin nicht dafür verantwortlich, daß alles verfault ist.« Und dann sehe ich meine Tochter in der langen Menschenschlange, die sich durch die Talstation windet. Sie will wieder hinaufgehen und meinen Mantel holen. Dann wird sie damit herunterkommen.

(37) Ich bin in einer Scheune, und alles ist staubig und sandig. Wir werden nur sehr wenig Zeit haben. Alles, was von dort kommt, wird in sehr kurzer Zeit geschehen müssen.

(38) Ich bin im Haus meiner Kindheit und schaue zum Fenster hinaus. Eine junge holländische Freundin von mir ist oben. Sie

sagt mir, ich solle hinaufkommen, weil ich von dort oben einen besseren Ausblick habe. Deshalb gehe ich hinauf in ein anderes Zimmer auf demselben (obersten) Stockwerk. Sie sagt: »Komm, komm her, hier wirst du besser sehen.« Deshalb gehe ich in das Zimmer. Es ist meine große Jugendliebe. Sie ist genauso schön wie früher. Ihre Beine sind mit einer Wolldecke bedeckt, und ich küsse ihre Füße durch die Wolldecke hindurch.

(39) Wir sind in einem Haus, das einen sehr schwierigen Durchgang hat. Man mußte sich durch einen sehr schmalen Teil in der Nähe des Treppenschachts hindurchzwängen. Wir sind in Holland bei der Hochzeit meiner besten Freunde. Ich sitze am schmalen Ende des Tisches neben der Mutter des Bräutigams und gegenüber seinem Vater. Mir gegenüber ist eine schwarze Frau. Zuerst sticht eine Nadel aus ihrer Haut heraus. Dann fühle ich, daß eine Nadel auch aus meiner Haut heraussticht. Irgend etwas anderes sticht unter dem Auge heraus. »Jack«, »Game of Jacks«. Dann nehme ich eine Steckdose aus meinem Mund. Es ist eine mit vier Seiten. Immer mehr Steckdosen kommen aus meinem Mund. Das passiert auch der schwarzen Frau. Zu Anfang finden die Eltern des Bräutigams das lustig. Aber dann beginnen sie, es schrecklich zu finden. Sie sagen: »Robbie, dies ist verrückt, dies geht zu weit. Das kannst du nicht machen. Dies ist lächerlich. Schrecklich.« Sie stehen auf. Ich laufe vom Tisch fort und gehe irgendwohin. Ich sehe die Braut. Sie ist oben. Jetzt sind keine Steckdosen mehr in meinem Mund. Sie ist wunderschön gekleidet. Sie trägt ein Gewand aus alter Seide. Es glänzt wunderschön. Es hat eine Farbe wie helles Elfenbein. Es sieht auch ein wenig wie Taft aus. Ich verbeuge mich vor ihr, und sie lacht. Sie ist umringt von all ihren Brautjungfern. Dann finde ich eine Landkarte. Eine sehr alte Landkarte. Ich bin jetzt jemand anders. Ein blonder Student mit einem klassischen lateinischen Nach-

namen, dessen Vater ein Botschafter mit einem Haus auf einer griechischen Insel gewesen war. Ich/er finde/t die Landkarte. Es ist eine Zeichnung darin. Und auf der Zeichnung ist ein Quadrat mit einem X darin, mit einem zwiebelförmigen Turm darauf. Das ganze Bild erinnert mich an ein Stundenglas. Er geht mit dieser Zeichnung durch viele Abenteuer. Viele Dinge passieren, die er irgendwie durchstehen muß. Und am Ende kommt er mit einer Schriftrolle unter dem Arm zu der Hochzeitsfeier zurück – er hat es geschafft, die Schriftrolle trotz all der Prüfungen, die er bestehen mußte, festzuhalten. Aber jetzt ist alles vorbei. Er schämt sich schrecklich wegen all der Unordnung, die er dort angerichtet hat. Die langen Tische sind leer, und die Stühle lehnen dagegen. Es ist wirklich eine Stimmung von »Nach-der-großen-Party«, die er völlig verpaßt hat. Dann geht er hinüber zum Fluß und setzt sich ins Gras. Plötzlich sieht er zu seiner Linken, am Flußufer, ein Gebäude. Das Gebäude ist genau, aber ganz genau, die Zeichnung, die er während all dieser Prüfungen und Abenteuer bei sich getragen hat (während ich dies aufschreibe, habe ich eine intensive Gänsehaut). Darauf steht in holländisch: »*Dit is het ontwerp van de wereld.*« (»Dies ist die Blaupause der Welt.«) Er sieht es an, und ich stehe neben ihm. Er sieht es, und es ist phantastisch anzuschauen. Und dann wird es sofort sehr alt. Es verschwindet, völlig verwittert, aus dieser Welt. Es sieht aus, als wenn das ganze Gebäude davonfährt; es geht weg. Ich sage zu ihm: »Ich habe einen enormen Respekt vor Ihnen, daß Sie all dies getan haben! Weil es wirklich dort war. Sie haben an dem Bild festgehalten. Weil Sie es so gemacht haben, wie Sie es gemacht haben, waren Sie fähig, an dem Bild festzuhalten. Das Bild war wirklich präsent. Das Gebäude hat tatsächlich existiert. Niemand außer Ihnen weiß es. Sie haben das Bild bewahrt. Sie wissen es. Und ich glaube nicht, daß ich jemals fähig gewesen wäre, das zu tun. Ich habe schon Angst bekommen, als die Dinge an dem Tisch mit den Steckdosen in meinem Mund neben den Eltern schiefliefen. Ich hab bereits das als ein schreckliches Erlebnis empfunden.« Das Gebäude war aus Holz gemacht; aus altem Holz. Es war eine geometrische Form. Zuerst, als es neu war, war es sehr schön. Und dann wurde es sehr rasch alt. Weil das alles lange, lange her ist. Ein bestimmtes Spiel wurde vor der Hochzeitsfeier gespielt. Jemand ging die ganze Zeit durch eine bestimmte Transformation. Weil ich ihn plötzlich irgendwo als ein bekleidetes Tier sitzen sah. Etwas, was mit einem Elefanten zu tun hat. Das Spiel hatte mit der Vorstellung zu tun, daß alles Bedeutung habe und daß alles in einem lächerlichen Ausmaß bedeutungsvoll sei. Ich bin erstaunt, daß er es alles in Gang hielt. Daß er tatsächlich immer weitergemacht hat, so daß er schließlich das Gebäude sah. Den Entwurf. Es war wie eine Mühle, in der Korn gemahlen wurde. Sehr alt; sehr, sehr alt.

(40) Bevor ich von meinen Erfahrungen mit den Aborigines erzählen kann, muß ich zeigen, was im Kasten ist. Irgendwie hat der Kasten etwas mit der Ursache zu tun (wie in Ursache und Wirkung). Die ganze Zeit gibt es Möglichkeiten für einen Eintritt in diesen Raum, der jetzt im Kasten ist.

Da ist ein Mann, der mit mir in seinem Kasten fliegt. Er ist ein älterer Mann.

(41) Ich habe ein Treffen mit einem attraktiven Mann, Jerry, der mir das Nachtleben einer großen australischen Stadt zeigt. Wir sind mit drei Freunden zusammen. Wir sind in einem Auto. Einem weißen alten amerikanischen Clunker. Mein Führer durch das Nachtleben lenkt den Wagen auf der rechten Seite. Ich erzähle ihm bereits davon, in zwei Welten zugleich zu sein. Er versteht es vollkommen. Wir haben eine sehr gute Kommunikation. Ich sitze auf dem Beifahrersitz auf der linken Seite. Die an-

deren beiden sind möglicherweise in einem anderen Wagen. Ich habe Dinge bei mir, die ich wieder nach Hause zurückschicken muß. Ich bin sehr überrascht, daß ich an zwei Orten zugleich bin. Er und zwei seiner Freunde werden mich ausführen, damit wir uns mit einigen ihrer schwarzen Freundinnen treffen, mit denen wir Sex haben werden. Zuerst kommen wir in ein Zimmer, in dem Frauen backen. Ihre Haut sieht wie Brot aus. Oder mehr wie ein Soufflé aus Eiweiß. Sie ist sehr erotisch, feucht von Schweiß und heiß. Eine der Frauen gerät plötzlich unter Wasser, und ihr Kopf schrumpft. Ein wenig wie die böse Hexe des Westens in *Der Zauberer von Oz*, aber doch anders. Nicht bedrohlich. Dann sind da einige Sachen, die ich wieder in die andere Welt zurückschicken muß. Wir gehen in ein Postamt, wo man von mir verlangt, daß ich mich ausweise. Auf meinem Führerschein ist kein Bild. Ich kann tatsächlich sehen, wie das Bild verschwindet, während ich dem Mann hinter dem Schalter den Führerschein zeige. Sie werden ein Foto machen und es auf den Paß legen, so daß ich mich in dieser Welt ausweisen kann. Ich sage zu meinem Führer durch das Nachtleben: »Dies ist genau dasselbe wie in anderen Geschichten, die man über Geister hört.« Ich meine damit, daß sie kein Gesicht haben, kein Spiegelbild. Es sieht fast aus wie ein provisorisches Postamt. Ich bin an zwei Orten zugleich. Ich bin in Amerika, und ich bin hier in Australien, und das ist unmöglich. Er nickt; er kennt das Problem. Er erzählt in einer Sprache, die ich nicht verstehe, seinem Freund davon. Deshalb muß ich diese Dinge wieder nach Hause zurückschicken und sie einpacken und in eine Kiste legen. Die Kiste ist auf der rechten Seite des Postamts. Aber ich kann nicht die hölzerne Kiste nehmen, die dort steht. Ich muß eine andere Kiste nehmen, und meine Freunde brechen auf. Ich möchte den Sex nicht verpassen, deshalb sage ich zu dem Postbeamten, daß ich die Kiste hierlassen und wieder zurückkehren werde, weil ich in diesem Doppelleben nichts tun kann, ohne daß man mir auf die Schliche kommt. Ich habe das Gefühl, überhaupt keine Verpflichtungen zu haben. Deshalb renne ich hinter ihnen her einen Hügel hinunter und sehe sie nicht. Es ist ein niedriges Gebäude, und die Häuser stehen in einer kleinen Siedlung eng beieinander. Ich renne umher, um sie zu finden. Überall finden Partys statt. Junge Leute wie auf Martha's Vineyard. Es ist sieben Uhr morgens. Ein Mann kommt auf mich zu, der drei Monate in Japan gelebt hat. Ich sage, Japan ist ein großartiges Land. Wir sind in Japan. Dann sehe ich wieder meine Freunde, die drei Männer. Ich bin sehr glücklich. Ich hoffe, wir werden jetzt an den Ort gelangen. Dann beginne ich, den Kontakt zur Realität zu verlieren. Ich versuche sie festzuhalten, aber sie verblaßt. Ich wache auf. (Während ich in diesem anderen Leben bin, mache ich ein Experiment. Ich schließe die Augen und stelle mir vor, daß ich in diesem anderen Leben bin. Dieses Experiment unterscheidet sich sehr von der Erfahrung, tatsächlich dort zu sein, denn als ich die Augen öffne, ist alles um mich herum völlig real. Und ich fühle es, und ich weiß es, und ich kann es berühren, und es ist völlig und gänzlich real. Aber wenn ich es mir mit geschlossenen Augen vorstelle, ist es noch immer vage und nicht real. Also ist der Unterschied zwischen Erinnerung und Wirklichkeit in der Traumwelt genau so wie in der physischen Welt.)

(42) Ich bin mit einem Mann zusammen und bitte ihn, für mich mit Jerry, meinem australischen Führer durch das Nachtleben, Kontakt aufzunehmen. Er sagt, daß er ihn nicht kennt. »Ich dachte, er sei ein Freund von dir.« Er weigert sich, mir seine eigene Telefonnummer zu geben, um ihn erreichen zu können.

(43) Wenn zwei Geistwesen denselben Ort bewohnen möchten, wenn sie zur selben Zeit durchkommen möchten, dann müssen

beide ein bißchen weniger Realität haben, weil sie nicht beide sowohl real sein als auch hereinkommen können. Deshalb müssen sie einen kleinen Mantel tragen, um ihre Realität abzuschwächen. Sonst können sie nicht beide zugleich am selben Ort sein. Genau das ist es, was geschehen ist. Ich habe das Gefühl, Ngankari-Lektionen zu bekommen.

(44) Ein Lehrer wird mir zeigen, wie die Dinge gemacht werden. Aber es muß in Zusammenarbeit mit dem westlichen Verstand gemacht werden, und deshalb dauert es lange, und wenn es wirklich in Gang gebracht werden kann, muß der Mann aus dem Westen gehen. Um einen runden Tisch herum, auf den richtigen Moment wartend. Der Geistheiler hat nicht mehr oder noch nicht zu seiner vollen Kraft gefunden.

(45) In Amsterdam auf unserem Weg zum Hotel. Wir (meine Frau Deanne und ich mit einer Menge Koffer) verirren uns in den Kellern und finden uns schließlich in der Nähe der Slums wieder. Wir gehen zurück zum Leiter des Reisebüros. Er ist der stämmige Detektiv aus dem Film *Falsches Spiel mit Roger Rabbit*. Er beschließt, uns zu helfen, weil es gefährlich ist. Mein bester Freund und ich gehen zurück, um das Gepäck durch die Keller zu tragen. Am Ende kehrten wir zurück und waren im Rotlichtviertel von Paris. Jemand sagt: »Hier weißt du, was du bekommst. Du versuchst, dir das zu beschaffen, was du dir wünschst. Und es ist nicht so gefährlich, wie sich in den Kellern zu verlaufen.«

Die erste Woche wieder zurück am Arbeitsplatz

(46) Zwei Doppelbuchungen nacheinander in meiner Praxis. Mit einem Patienten habe ich dies jetzt zweimal hintereinander

gemacht. In meinem Büro steht ein Bett, das ich zusammen-klappen muß.

(47) Wir reden über Annies Freundin, die noch immer wütend auf mich ist, weil ich Annie in ihrem letzten Lebensjahr im Stich gelassen habe. Meine Mutter denkt, es ist ganz vernünftig, daß sie wütend ist.

(48) Mit meiner Frau und Tochter auf einer langen Fahrt im Auto. Wir kommen zu einer Raststätte. Wir gehen hinein. In die Männertoilette, um zu pinkeln. Der Bruder von Jerry, meinem australischen Führer durch das Nachtleben, kommt mit seinem Liebhaber herein. Sie gehen Arm in Arm. Der Liebhaber ist schlank mit dunklem Haar. Der Bruder ist eher dunkelblond. Er sagt: »Ja, mein Bruder war verreist, aber er wird dir bald schrei-ben.« Ich bin sehr froh, weil ich wieder Kontakt mit ihm auf-nehmen wollte. Ich möchte die Toilette nicht benutzen wegen des schwulen Bruders und dem Gefühl, daß ich mich zu seinem Liebhaber hingezogen fühle. Dieser sieht aus wie ein vornehmer Studentenfreund. Er fragt, wie groß mein… ist. (Ich kann das Wort auf meinem Tonbandgerät nicht verstehen. [sic!])

(49) Der andere Robbie aus meiner Kindheit bringt mich zu sei-nem Haus am Park, der nach der Königin benannt wurde, die an der Hochzeitsfeier im Binnenhof teilnahm. Wir gehen die Treppe hinauf. Wir sind allein. Ich sage: »Mensch, ich bin seit Ewigkeiten nicht hier gewesen… Das stimmt nicht«, korrigiere ich mich. »Ich habe deinen Vater hier besucht, bevor er starb.« Der Teich hinter dem Park ist wunderschön, in den wunder-schönen Orangetönen eines Sonnenuntergangs. Er fragt, ob ich einen Drink möchte. Ich bitte ihn um Tonic water.

(50) Wir sind in einem Schnellrestaurant. Der Tisch ist aus weißem Marmor, auf einem einzelnen Stahlbein. Mit Mami, Papi und meinem Bruder John. Papi war in der Tat sehr krank, aber er scheint sich zu erholen, und Mami möchte wieder anfangen zu reisen. Sie möchte nach Paris fliegen. Ich frage Papi, ob das nicht alles ein bißchen zu viel für ihn ist. Er sagt: »Ja. Na gut, wir werden sehen.« Er sieht besorgt aus und beginnt zu weinen, weil er zu müde ist und nicht mitfahren kann. »Tja«, sage ich, »dann kann Mami allein fahren, und John kann dir am Wochenende Gesellschaft leisten. Und ich würde auch gern mal für ein Wochenende kommen.« Ich betrachte seine Haut. Ich liebe ihn so sehr! Er weint und beginnt, in sich zusammenzusinken, fast unter den Tisch zu rutschen. Ich setze mich neben ihn. Dann sind wir im Auto. Ich denke: »Mensch, ich war bei seiner Beerdigung. Wie ist denn das möglich? Also muß er sehr krank gewesen sein.« Dann erkenne ich, daß ich wahrscheinlich träume. Er sitzt zu meiner Rechten. John sitzt am Steuer, aber es ist nicht John. Und das einzige, was ich weiß, ist, wie sehr ich Papi liebe. Er trägt seine weiße Kappe.

(51) Es geht hier um unterschiedliche Hüte. Im neunzehnten Jahrhundert.

(52) siehe Traum in Kapitel neun (S. 247)

(53) Siehe Traum in Kapitel neun (S. 250)

Bibliographie

Über Australien:

Cowan, James: *Offenbarungen aus der Traumzeit. Das spirituelle Wissen der Aborigines.* München: Goldmann, 1997.

Elkin, A. P.: *Aboriginal Men of High Degree. Initiaton und Sorcery in the World's Oldest Traditions.* Rochester, Vt.: Inner Traditions, 1994.

Tacey, David: *Edge of the Sacred. Transformation in Australia.* Melbourne: Harper Collins, 1995.

Über das Träumen:

Bulkeley, Kelly: *The Wilderness of Dreams.* Binghamton, N.Y.: State University of New York Press, 1994.

Bynum, Edward Bruce: *Families and the Interpretation of Dreams,* Birmingham, N.Y.: The Harrington Park Press, 1993.

Constable, G. (Hrsg.): *Dreams and Dreaming.* New York: Time-Life Books, 1990.

Corbin, Henry: *Creative Imagination in the Sufism of Ibn-Arabi,* Princeton, N.J.: Princeton University Press, 1969.

Delaney, Gayle: *Lebe Deine Träume. Anleitung zum aktiven Träumen.* Zürich: moderne industrie, 1988.

Faraday, Ann: *Positive Kraft der Träume*. Bindlach: Gondrom, 1996.

Franz, Marie Luise von: Ausgewählte Schriften, Band 1: *Träume*. Einsiedeln: Daimon, 1985.

Freud, Sigmund: *Über Träume und Traumdeutungen*. Frankfurt a. M.: Fischer, 23. Aufl., 1994.

Gackenbach, Jayne / Bosveld, Jane: *Herrscher im Reich der Träume. Kreative Problemlösungen durch luzides Träumen*. Braunschweig: Aurum, 1991.

Garfield, Patricia: *Kreativ träumen*. Interlaken: Ansata, 1993.

Gendlin, Eugene T.: *Dein Körper – Dein Traumdeuter*. Salzburg: Otto Müller, 1987.

Hall, James A.: *Jungian Dream Interpretation. A Handbook of Theory and Practice*. Toronto: Inner City Books, 1983.

Hartmann, Ernest: *The Nightmare. The Psychology and Biology of Terrifying Dreams*. New York: Basic Books, 1983.

Hillman, James: *Pan und die natürliche Angst. Über die Notwendigkeit der Alpträume für die Seele*. Zürich: Schweizer Spiegel, 2. Aufl., 1995.

Hobson, J. Allan: *Schlaf. Gehirnaktivität im Ruhezustand*. Heidelberg: Spektrum, 1990.

Jung, C. G.: *Traum und Traumdeutung*. München: dtv, 1990.

Jung, C. G.: *Erinnerungen, Träume, Gedanken*. Düsseldorf: Walter Vlg/CVK. 10. Aufl., 1997.

Kelsey, Morton: *Dreams. A Way to Listen to God*. Mahwah, N. J.: Paulist Press, 1978.

Krippner, Stanley (Hrsg.): *Dreamtime & Dreamwork*. Los Angeles: Jeremy Tarcher, 1990.

LaBerge, S. L.: *Lucid Dreaming*. Los Angeles: Jeremy Tarcher, 1985.

Mack, John: *The Nightmare*. New York: Columbia University Press, 1989.

Maguire, Jack: *Traumarbeit und Transformation*. München: Knaur, 1991.

Maybruck, Patricia: *Pregnancy & Dreams*. Los Angeles: Jeremy Tarcher, 1989.

Reed, Henry: *Getting Help from Your Dreams*. Virginia Beach, Va.: Inner Vision, 1985.

Savary, Louis M. / Berne, P. H. / Williams, S. K.: *Dreams and Spiritual Growth. A Christian Approach to Dreamwork*. Mahwah, N.J.: Paulist Press, 1984.

Siegel, Alan B.: *Träume können Ihr Leben verändern. Ihr persönlicher Schlüssel zur Traumsymbolik*. Düsseldorf: Econ, 1993.

Taylor, Jeremy: *Where People Fly and Water Runs Uphill*. New York: Warner Books, 1992.

Ullman, Montague / Zimmerman, Nan: *Mit Träumen arbeiten*. München: dtv, 1994.

Van de Castle, Robert: *Our Dreaming Mind*. New York; Ballantine Books, 1994.

Watkins, Mary: *Walking Dreams*. Dallas: Spring Publications, 1992.

Wiseman, Ann Sayre: *Nightmare Help. A Guide for Adults and Children*. Berkeley, Calif.: Ten Speed Press, 1986.

Danksagungen

Dieses Buch verdankt seine Existenz Deanne, Learka, David, Annemie und Arthur Bosnak

Und außerdem John Bosnak, David Tacey, John Baber, Diana James, Nganyinytja, Ilyatjari, Rodney Cole Ravenswood, Trevor Baker, Anne Noonan, Brendon McPhilips, Susan Dwyer, Christine Zsizsmann, Dianne Sutton, Pemo Theodore, Sybe Terwee, Petra Branderhorst, Monica Linschoten, Aad von Ouwerkerk, Rudolf Ritsema, James Hillman, Henry Corbin, Aniela Jaffé, Adolf Guggenbühl-Craig, C. G. Jung, Sigmund Freud, Toni Frey-Wehrlin, Mario Jacoby, Angelyn Spignesi, W. Fred Long, Stephan Rechtschaffen, Mickey Lemle, Ling Lucas, Jean Christoph Boele von Hensbroek, Hanako Hamada, Juliana Simon, Monique, Robert Sheavly, Sarah Jackson, Roger Talbot, Greg Shaw, Maggie Bromell, Deidre Barrett, Roseanne Armitage, Rita Dwyer, Kimberly Anthony Nichols, Dawn Werneck, Donna Clark, Barbara Fish Lee und Françoise Gaarland-Kist und meinen klugen Lektoren Ed Vesneske, jr., und Stephanie Cunning.

GOLDMANN

Esoterik in der Praxis

Petey Stevens, Entdecken Sie Ihre
übersinnlichen Fähigkeiten   12268

Bote Mikkers,
Das Pendel-Arbeitsbuch   12264

Faith Javane/Dusty Bunker,
Zahlenmystik   12248

Kala u. Ketz Pajeon,
Talisman-Magie   12224

Goldmann · Der Taschenbuch-Verlag

GOLDMANN

Die großen Weisheitslehren

Das Lexikon des Buddhismus   12661

Das Lexikon des Hinduismus   12663

Das Lexikon des Taoismus   12664

Das Lexikon des Zen   12666

Goldmann · Der Taschenbuch-Verlag

GOLDMANN

Ganzheitlich Heilen – Die Kraft des Atems

Ina Odira Koosaka,
Das ganzheitliche Atembuch　　13764

Marietta Till,
Die Heilkraft des Atems　　13795

Hiltrud Lodes,
Atme richtig　　13798

Helmut G. Sieczka, Chakra – Energie
und Harmonie durch den Atem　13806

Goldmann · Der Taschenbuch-Verlag